ULLA FRÖHLING

Unser geraubtes Leben

Die wahre Geschichte von
Liebe und Hoffnung in
einer grausamen Sekte

BASTEI
LÜBBE
TASCHENBUCH

BASTEI LÜBBE TASCHENBUCH
Band 61660

1. Auflage: März 2012

Zum Schutz der Persönlichkeitsrechte wurden
einzelne Namen und Details verändert.

Dieser Titel ist auch als E-Book erschienen.

Bastei Lübbe Taschenbuch in der Bastei Lübbe GmbH & Co. KG

Originalausgabe

Textredaktion: Monika Hofko, Scripta Literaturagentur
Titelbild: © Popperfoto/Getty Images; © getty-images/Lise Metzger
Tafelteil: Fotos © Ulla Fröhling, Ida Gatz, Gudrun Müller, Wolfgang Müller
Die Strophe aus dem Gedicht »Plena mujer, manzana carnal« von Pablo Neruda auf
Seite 217 wurde mit freundlicher Genehmigung entnommen aus:
Pablo Neruda: *Hungrig bin ich, will Deinen Mund – Liebessonette.*
Nachdichtung und Nachwort von Fritz Rudolf Fries,
© 1997 by Luchterhand Literaturverlag, München,
in der Verlagsgruppe Random House GmbH
Umschlaggestaltung: Pauline Schimmelpenninck, Büro für Gestaltung,
Berlin
Satz: hanseatenSatz-bremen, Bremen
Gesetzt aus der Adobe Garamond Pro
Druck und Verarbeitung: CPI – Ebner & Spiegel, Ulm
Printed in Germany
ISBN 978-3-404-61660-2

INHALT

VORWORT

Spurensuche

Die Vergangenheit ist nicht tot,
sie ist noch nicht einmal vergangen.
William Faulkner, Requiem für eine Nonne, *1951*

Gudrun und Wolfgang Müller, deren Liebesgeschichte in diesem Buch erzählt wird, haben fast fünfzig Jahre Gehirnwäsche und Folter überlebt. Trotz allem standen sie bis 2005 treu zu ihrem Führer, ihrem Gott, Paul Schäfer, der sie belogen und betrogen, verschleppt, misshandelt und missbraucht hatte.

Dann erfuhren sie die Wahrheit und zogen die einzige Konsequenz, die ihnen richtig erschien: Sie verließen ihr mit Stacheldraht und Stolperfallen abgeriegeltes Gefängnis in Chile, das sie fast ihr ganzes Leben lang als Heimat betrachtet hatten.

Am 24. April 2010 starb der deutsche Sektenführer Paul Schäfer im Gefängniskrankenhaus von Santiago de Chile. Vier Jahre zuvor war der Chef der deutschen Auswanderersiedlung im Süden Chiles, der Colonia Dignidad[1], zu zwanzig Jahren Haft verurteilt worden – wegen Missbrauchs chilenischer Kinder in 27 Fällen.

Doch diese 27 Fälle sind nur die Spitze des Eisbergs. »Der durchschnittliche pädophile[2] Triebtäter missbraucht 50 bis 150 Kinder, bevor er verhaftet wird (und danach noch viele andere)«, schreibt die Kriminalpsychologin Anna Salter.[3] Viele überführte und verurteilte Sexualstraftäter verbringen ein paar Jahre im Gefängnis und machen dann weiter. Bei einem langen Leben – Schäfer wurde 88 und war nur die letzten fünf Jahre in Haft – kann man von der hundertfachen Dunkelziffer an Taten ausgehen.

Die meisten Opfer sexueller Gewalt werden nicht zu Tätern. Doch einige schon. Studien bestätigen, dass sexuelle Gewalt in der

Kindheit ein ganzes Leben prägen kann. Und seit Kurzem weiß man, dass sie sogar Spuren im Erbgut hinterlässt.[4]

Mehr als sechzig Jahre lang konnte Schäfer ungestraft Menschen körperlich, sexuell und seelisch quälen und von sich abhängig machen. Niemand gebot ihm Einhalt. Die 1961 aus Deutschland nach Chile entführten Kinder hatten keine Wahl – ihre Eltern schon. Am Anfang jedenfalls. Die meisten Erwachsenen waren ihm freiwillig gefolgt – es waren gläubige und gottesfürchtige Menschen, die gute Werke tun und ein urchristliches Leben führen wollten. Ihre Folterkammern errichteten sie selbst: Am Fuße der chilenischen Anden besiedelten rund vierhundert Deutsche ein riesiges Gebiet, machten es urbar, bauten Häuser, Straßen, Brücken, errichteten Fabriken, landwirtschaftliche Betriebe, Krankenhäuser, Restaurants. Ein sauber gewienertes deutsches Mustergut. Geschaffen in Zwangsarbeit. Genannt »Colonia Dignidad« – »Kolonie der Würde«, in zynischer Tätersprache. Dem chilenischen Militärdiktator General Augusto Pinochet und seinem Geheimdienst DINA[5] in den 1970er und 1980er Jahren zur Verfügung gestellt zum Foltern, Morden und zum Verscharren der Leichen.

Paul Schäfers Flucht (1997), seine Verhaftung (2005), Verurteilung (2006) und sein Tod (2010) bedeuten nicht das Ende seiner Herrschaft. Viele Anhänger, denen er Freiheit, Gesundheit, Menschenrechte und Würde raubte – manchen unwiederbringlich auch den Verstand –, sind ihm weiterhin treu ergeben. Die Türen ihres Gefängnisses stehen jetzt offen, aber aus dem inneren Gefängnis lösen sie sich nur schwer. Manche kehren nach Deutschland zurück und leben hier. Vielleicht wohnen sie nebenan? Viele geraten sofort in den Sog der nächsten Sekte, zum Beispiel der Freien Volksmission in Krefeld unter Ewald Frank. Einige versuchen selbstbestimmt zu leben – nach fünfzig Jahren, in denen sie keine eigenen Gedanken, kein privates Gefühl zeigen durften. Welches Erbe werden sie alle weitergeben an ihre Kinder und deren Kinder wiederum an die Enkel?

Immer wieder verfangen Menschen sich im Netz sektenartiger Wahnsysteme, geben ihre Freiheit auf und folgen charismatischen Führern in den Abgrund, manchmal sogar in den Tod. Wie können sie so abhängig gemacht werden? Und warum verharren sie dort? Mit welchen Strategien arbeiten die Täter? Welche Sehnsüchte in uns stillen sie? Welche Leere füllen sie, und welche Wunden nutzen sie aus? Mit anderen Worten: Wie funktioniert Gehirnwäsche?

Diese Fragen beschäftigen mich seit Langem. Mein erster Freund aus Kindertagen – wir wohnten in derselben Straße und gingen die ersten vier Jahre gemeinsam zur Schule – wuchs in einer christlichen Sekte auf, die ihm viele seiner kindlichen Freiheiten raubte. Ich bemerkte nichts. Erst Jahrzehnte später erzählte er mir davon.

In den 1980er Jahren lernte ich Ernst-Wolfgang Kneese[6] kennen, dessen Flucht aus der Colonia Dignidad 1966 Schlagzeilen machte. »Wie funktioniert Gedankenkontrolle?«, fragte ich ihn. Er antwortete: »Bei jeder kleinen Entscheidung – trinke ich Kaffee oder Tee – treffe nicht ich die Wahl, sondern in meinem Kopf steht Paul Schäfer auf und entscheidet. Und ich kriege ihn da nicht weg.«

Ich traf Scientologen. Meine Nachbarn wurden Anhänger von Bhagwan, dem 1980er-Jahre-Guru mit einem Faible für goldene Luxuskarossen und die Farbe Orange. Plötzlich war die Wäsche auf der Leine nebenan durchgefärbt: Orange für Vater, Mutter und zwei Kinder. Sannyasin, so hießen die Anhänger, wurde auch die stellvertretende Chefredakteurin des Magazins *Brigitte*, bei dem ich damals arbeitete. Ein Freund ging zu Maharishi Mahesh Yogi wie Beatle George Harrison, erzählte vom Fliegen durch transzendentale Meditation und hob ab in unerreichbare Fernen. Eine Freundin berichtete von jahrelangem Missbrauch durch den katholischen Dorfpfarrer. Gottgefällig zu leben brachte er ihr bei. Zu lügen und ihm sexuell zu Diensten zu sein auch. Ihre Familie war arm; wenig musste auf viele verteilt werden. Die sexuellen Übergriffe schockierten und ekelten sie, brachten aber auch Privilegien: in seinem Wagen mitfahren, kleine Geschenke – für sie ganz allein, nicht für die Geschwister. Ein perverses Bindungsmuster, aus dem sich viele Opfer nie befreien können. Manche fühlen sich selbst schuldig, verlieren den klaren Blick dafür, dass sie benutzt, ausgebeutet werden. Oder sie haben diesen klaren Blick nie gewonnen: Kinder lieben ihre gewalttätigen Eltern, weil sie keine Wahl haben. Sektenopfer verteidigen den Ausbeuter zur Not mit ihrem Leben. So wie manche Entführte sich mit ihren Entführern solidarisieren: Stockholm-Syndrom[7] nennt man dieses Phänomen seit der fünftägigen Geiselnahme in einer Stockholmer Bank im Jahr 1973. Die Muster ähneln sich: Immer geht es um Macht und Unterwerfung.

Vieles bleibt öffentlich unsichtbar. Die Medien berichten nur über spektakuläre Fälle, Massen(selbst)morde wie die der People's Temple in Jonestown/Guayana, der Davidianer in Waco/USA, der Sonnentempler oder der Sekte »Heaven's Gate«, deren Mitglieder einen tödlichen Cocktail trinken mussten, in Erwartung, von einem UFO im Schweif des Kometen Hale-Bopp abgeholt und in höhere Sphären gebracht zu werden – mit Nike-Schuhen an den Füßen.[8]

Auch wenn man von den unauffälligeren Sekten nichts hört – solche geschlossenen verrückten Systeme existieren weiterhin – ohne Kontrolle oder Korrektiv von außen. Ohne erkennbare Vorwarnung können sie implodieren oder explodieren.

Vor zwanzig Jahren begannen meine Recherchen zu »ritueller Gewalt« und multiplen Persönlichkeiten[9], ein heiß umstrittenes Thema. Folter und rituelle Morde in Deutschland? Gibt es nicht, hieß es oft. Wo sind denn die Opfer? Dieses Buch gibt einige Antworten. Wer vor fünfzig Jahren in den Bannkreis von Paul Schäfer geriet wie Gudrun aus Österreich und Wolfgang aus Deutschland, die Hauptpersonen dieses Buches, und ihm nach Chile folgte, wie die Kinder dem Rattenfänger von Hameln in den Abgrund gefolgt sind, der versteht, wovon rituell misshandelte Menschen berichten; ob sie in okkultistischen, faschistischen Gruppen gequält wurden, ob sie Voodoo-Ritualen oder extremem Fundamentalismus unterworfen wurden – sei er christlich oder islamistisch. Alle schildern ähnliche Folterqualen. Der Unterschied: Die Existenz der Colonia Dignidad ist unbestritten; ihre Morde, ihre Verbrechen gegen die Menschlichkeit und ihre anderen kriminellen Taten sind bewiesen und von chilenischen Gerichten verurteilt. Belegt sind auch gemeinsame Folterkurse für deutsche Siedler der Colonia Dignidad und für DINA-Angehörige nach Anleitungen aus der Nazizeit.[10]

Aber auch wenn das Unrecht in Chile gerichtlich anerkannt ist, die überlebenden Opfer in der Kolonie sind immer noch nicht entschädigt. In Deutschland stellten sich die Gerichte lange taub. Das Auswärtige Amt erschwert die Akteneinsicht in dieses dunkle Kapitel seiner Geschichte immer noch erheblich. Die meisten Überlebenden werden alleingelassen und leben an der Armutsgrenze. Wie Gudrun und Wolfgang Müller, die voller Entsetzen über den Abgrund an Gewalt, Missbrauch und Lügen, der endlich auch für sie deutlich sichtbar wurde, die Colonia Dignidad verließen. »Auf diesem Boden, an dem das Blut unschuldiger Menschen klebt, können wir nicht bleiben.«

»Wir schütteln den Staub von unseren Füßen«[11], schrieben sie in ihrem Abschiedsbrief an die Zurückbleibenden und kehrten dem perversen Reich eines Päderasten den Rücken, einer Enklave, in der die Zeit seit den Fünfzigerjahren stillstand, mitten in einem Land, dessen Sprache sie nicht lernen durften. Wie in einer Zeitreise finden sie sich plötzlich im 21. Jahrhundert wieder und begreifen allmählich, was man ihnen geraubt hat.

Als sie mir davon berichteten, wollte ich ihre Geschichte erzählen. Denn es ist eine Geschichte über Resilienz – über die Fähigkeit, Unerträgliches zu erleben, sich aber dennoch einen unzerstörten Kern zu bewahren. Wie konnte es ihnen gelingen, sich die Hoffnung auf ein besseres Leben zu bewahren?

Ulla Fröhling

PROLOG

Villa Baviera, Parral, Chile
Im März 2000, zwischen 2 und 4 Uhr morgens

Wie ein angeleinter Hund in der Nacht hockt er im Dunkel des schmalen Raumes, das eine Ende des Stricks am eisernen Feldbett festgeknotet, das andere um den Hals. Jetzt nur noch die Schlinge zuziehen, sich fallen lassen. Nur noch.

Sein Name ist Wolfgang. Doch sie nennen ihn den Pfuscher. Oder Herbert. Manchmal weiß er seinen eigenen Namen nicht mehr. Spitznamen sind lustig, sagen sie; wer keinen hat, bei dem stimmt's nicht.

Wolfgang lauscht, doch alles bleibt still. Das rasselnde Schnarchen aus dem Nachbarzimmer im Neukra, wie sie das neue Krankenhaus nennen, ist das Einzige, was er hört.

Günter[12], der Kranke, der dort liegt, wird ihn nicht stören. Selbst wenn der jetzt erwachte, er könnte ihn nicht von seinem Vorhaben abhalten, so wie der Schlaganfall ihn zurückgelassen hat. Allein kann der nicht einmal das Bett verlassen. Wolfgang muss ihn versorgen, ihn füttern, waschen, muss ihn in den Rollstuhl heben. Doch zuerst muss er in die Metzgerei, muss schlachten, zerlegen, schleppen. Dann wieder zurück zu Günter, der nicht aufwachen will. Denn Schlaf ist für viele die einzige Zeit ohne Qual. Ihre Tage sind voller Leid und Demütigungen. Wie für Helmuth Schaffrik, den anderen Gelähmten. Mit dem niemand sprechen darf, über den sich alle lustig machen. »Mit dir stimmt's nicht«, sagen sie zu ihm, »wirst schon wissen, was du getan hast, dass du im Rollstuhl sitzen musst.« Und drehen sich weg, gehen weiter, wenn er stecken bleibt mit seinem Rollstuhl im Sand und Geröll der Wege. Gestern hat Wolfgang gewartet, bis alle weg waren, dann hat er Helmut durch den Sand geschoben.

Nur wenige Stunden Schlaf gibt es. Manchmal bleibt er traumlos. Das ist am schönsten. Denn die Gewalt folgt einem auch in die Träume.

Doch heute ist alles anders. Heute bleibt Wolfgang in seinem Zimmer. Mit dem Strick um den Hals. Den hat er sich schon vor Wochen besorgt. Heimlich. Aus der Werkstatt. Da hinzugehen ist unverdächtig; dort, bei seinem Lehrherrn und Meister, arbeitet er oft. »Alles gehört allen«, sagen sie. Doch nehmen darf man sich nichts. Denn ihnen, die hier arbeiten, manchmal sechzehn Stunden am Tag, jeden Tag, bis die Tage ineinandergeflossen sind ohne Unterschied, ihnen gehört gar nichts. Sich etwas zu nehmen wird schwer bestraft. Wenn es herauskommt. Und es kommt fast immer heraus. Auch wenn der, den sie am meisten fürchten und am meisten lieben – ihr Führer, ihr Gott Paul Schäfer – längst fort ist, seit Jahren schon. Es kommt heraus, weil alles gebeichtet werden muss. Gerade das Heimliche. Doch auch wer beichtet, wird bestraft. Wegen der Schuld. Sie schlagen auf einen ein, alle, die gerade in der Nähe sind, die zur Stelle sind. Mit Fäusten, Stöcken, Kabelenden. Oder treten zu, bis man zusammenbricht. Dann tragen sie einen ins Neukra, das neue Krankenhaus, und nehmen den Elektroschocker, bis nur die eigene Schuld in der Erinnerung bleibt, alles andere ist weg. Gelöscht.

Ihn, Wolfgang, der so stark ist, dass er gefährlich werden könnte, hatten sie ruhiggestellt mit Medikamenten, seine Gefühle abgeschaltet, bis ihm der Speichel aus dem Mund lief und er nur noch lallen konnte.

Wer aber nicht beichtet, der wird verraten. Denn Verrat ist Pflicht. Wer nicht verrät, wird bestraft. Denn meist beobachtet jemand auch den, der etwas sieht. Auch dieser muss seine Beobachtung melden. Denn auch ihn könnte jemand gesehen haben.

Dennoch muss das Heimliche geschehen. Sonst würde man den Verstand verlieren. Das, was noch übrig ist. Aber was für einen Sinn hat das Heimliche, wenn man allein bleibt damit? Über vierzig Jahre hat Wolfgang gewartet, und jetzt, da sich alles ändern soll, hat er niemanden. Was soll ich noch auf der Welt, wenn ich allein sein muss?, denkt er, knotet den Strick fester und zieht die Schlinge zu.

»Sie kommt, sie kommt, sie kommt.«

Was war das? Hat jemand gesprochen, oder war das eine Stimme in seinem Kopf? Günter nebenan schnarcht weiter, der hat nichts gehört.

Vielleicht sollte man doch noch warten, schießt es Wolfgang durch den Kopf. Was für einen Unterschied macht schon ein weiterer Tag, hier, wo ein Tag ist wie der andere?

Aber das war nicht ihre Stimme. Die kennt er genau. Es kann gar nicht ihre Stimme gewesen sein, denkt er; sie würde nie mehr mit ihm sprechen. Nie mehr. Damals, vor zwölf Jahren, haben sie ihm den Brief gezeigt, in ihrer Handschrift. Dass sie ihn nie wiedersehen will, stand da, dass sie nie wieder etwas mit ihm zu tun haben will und wird. Am nächsten Tag kam er dann weg. Ans Meer. In die Verbannung.

Egal, wohin sie ihn auch verbannen würden und wie lange, immer bleibt doch das Bild in seinem Kopf, wie sie aussah, vor fast einem halben Jahrhundert, als er sie zum allerersten Mal erblickte.

Es war bei seiner ersten Versammlung, einer Evangelisationsfreizeit in den Ferien. Rechts stand das große Zelt. Dahinter floss die Oker. Er trat aus dem Versammlungszelt, davor sang der »Wagner-Chor«. Wagner, so hieß ihre Familie. Wunderschön haben sie gesungen. Der Fluss warf die späten Sonnenstrahlen zurück, das Gras duftete. Und da war sie, vorne rechts an der Seite, die Kleine mit der hohen Stirn und dem dunkelblonden Kranz auf dem Kopf. Sie gefiel ihm, wie sie dort stand, im weit schwingenden Sommerkleid. Ganz in sich versunken. Und im Gesang. Das ist sie, dachte er. Meine Frau. Er denkt es auch jetzt.

*

Dies ist eine Geschichte von Liebe und Sehnsucht.

Die Geschichte einer Liebe, die systematisch und gewaltsam zerstört werden sollte. Mit Folter, Elektroschocks, Isolation, Gehirnwäsche. Und die doch immer wieder aufflackerte, fünfzig Jahre lang.

Und eine Geschichte von Angst und Verrat. Von Gewalt und Vernichtung. Von Schuld. Von Menschen und von Regierungen, die wegsehen, weil sie feige sind oder weil sie von der Gewalt profitieren.

Sie begann, als Wolfgang neun Jahre alt war.

TEIL 1

Die Saat der Gewalt
Deutschland 1945-1961

»Die Würde des Menschen wurde mit Füßen getreten. Man nannte es Demut, wenn man es ertrug, zu Unrecht einer Schuld bezichtigt zu werden. Man nannte es Hochmut, wenn man sein Recht forderte, und [als] geisteskrank wurde der bezeichnet, der Schäfer einer Schuld überführte oder offen über Missstände klagte.«

Willi Georg, Schulkamerad Paul Schäfers, 1966[13]

KAPITEL 1

Ein' feste Burg

1956[14]

Gesellschaft: Die ersten 50 Gastarbeiter aus Italien treffen ein;
Bravo erscheint; die Fresswelle beginnt.
Im Kino: … *denn sie wissen nicht, was sie tun* (James Dean);
Sissy (Romy Schneider).
Schlager: *Heimweh* (Freddy Quinn).
Politik: Ungarn-Aufstand; der BND wird gegründet;
Minister für Atomfragen.
Franz-Josef Strauß wird Verteidigungsminister.
Satz des Jahres: *Wenn die Tendenz der Verwahrlosung und Verrohung anhält, hat man mit einer Gefahr für die Gesellschaft zu rechnen, die schlimmer ist als die Atombombe.*
(FAZ über die Halbstarken)

Groß Schwülper, Sonntag, 5. August 1956, mittags
WOLFGANG MÜLLER

Mit aufgeschlagenen Knien, zufrieden und stolz sitzt Wolfgang Müller neben seinem Vater im VW Käfer. Der Neunjährige ist Torwart beim TSV Lutter, so wie sein Vater und dessen Vater vor ihm, eine Familientradition. Wolfgang hat Talent, ist flink und groß; mit sechs Jahren schon war er in der Schülermannschaft, jetzt bei den Knaben. Heute war ein Spiel in Braunschweig, keinen Ball hat er durchgelassen.

Wolfgang fährt gern mit seinem Vater Auto, wenn sie Fußball gespielt haben. Das ist ihre Verbindung. Als Deutschland Weltmeister wurde, vor zwei Jahren in Bern, da saßen sie miteinander vor dem Radio. Zu sagen wissen sie sich nicht viel. Gemeinsame Zeit, das zu üben, gibt es nicht oft. Beide Eltern arbeiten, der Vater auf der Zeche, die Mutter in der Puddingfabrik, sechs Tage die Woche, oft zehn Stunden am Tag. In Lutter am Barenberge, einer Bergbaustadt am Rande des Harzes, wächst Wolfgang auf, ein Einzelkind, um das sich die Eltern wenig kümmern können. So bleibt er für sich, immer etwas ungelenk und schüchtern gegenüber Fremden, und wenn er spricht, holpert er durch die Sätze.

Mit fünf Mark Taschengeld bringt Wolfgang sich durch. Sein Geld muss er sich gut einteilen, auch Schulhefte und Kleidung davon bezahlen. Er wird früh selbstständig. Morgens auf dem Schulweg kauft er sich Brötchen mit Gehacktem und Zwiebeln, oder Schillerlocken, das sind Waffeltüten mit Schlagsahne. Lecker. Oder er schmiert sich selbst eine Klappstulle, wickelt sie in altes Zeitungspapier und betrachtet die Bilder aus einer anderen Welt. Neulich war eine Fürstenhochzeit dabei, Monaco stand darüber; wo das ist, weiß er nicht, aber sehr schön hat die Braut ausgesehen.

»Wir fahren noch zu Mama nach Groß Schwülper«, sagt der Vater. Wolfgang sagt nichts, aber etwas enttäuscht ist er schon, denn oft gibt es Streit zwischen den Eltern. Vielleicht musste er deshalb auch im Bett zwischen ihnen schlafen, bis er acht Jahre alt war, denkt er, damit es keinen Streit gab. Die Mutter macht gerade Urlaub mit einer Nachbarin, Arbeiterin in der Puddingfabrik wie sie, die hat sie mitgenommen zu einer Zeltfreizeit in Groß Schwülper. Da ist was los! Ein Paul Schäfer soll dort die Bibel auslegen und Erwachsene taufen. Ein faszinierender Mann, sagen sie, ein Gottesmann, einer, der etwas bewegen will. Einer, durch den Gott spricht. Das klingt gut, auch für Wolfgangs Mutter, die eher auf der Suche nach Unterhaltung ist, nach Ablenkung vom Alltag, als nach religiöser Einkehr.

Wolfgangs Eltern haben im letzten Kriegsjahr geheiratet, ihr Unglück dadurch eher verdoppelt als halbiert. Zügig, im Jahr darauf, kam Wolfgang zur Welt. Kindererziehung entfällt aus Mangel an Zeit und Neigung. Wolfgang wächst bei den Großeltern auf und in den Familien der Nachbarskinder; Cousins und Cousinen sind auch dabei. Fußballspielen, Kinderstreiche und Kirschenklauen sind die Lichtblicke in seiner Erinnerung.

Auf der Suche

Groß Schwülper, eine kleine ländliche Gemeinde zwischen Harz und Heide im Zonenrandgebiet, nahe der Ostzone, ist in Aufruhr an diesem Wochenende im Sommer 1956. Auf den Wiesen am Ufer der Oker, die hier nur wenige Meter breit ist, zwischen Pferdeweiden, Rüben- und Kartoffeläckern macht sich eine Zeltstadt breit. Kleine Schlafzelte für drei bis fünf Personen, ein großes Zelt für gemeinsame Mahlzeiten, ein Versammlungszelt für Gebete, Predigten, Evangelisation. Und das Wasser im Staugraben der Schunter, einem kleinen Nebenfluss der Oker, um die Bekehrten darin zu taufen.

Menschen auf der Suche sind hier zusammengekommen. Suche nach Gott, nach Gemeinschaft, nach Halt. Es sind Christen, meist Freikirchler, Baptisten, Pfingstler und andere, denen die evangelische Kirche zu wenig Kraft, Erleuchtung, Leidenschaft, zu wenig Erschütterung und Führung bietet. Das Bedürfnis, sich bedingungslos hinzugeben – diesmal einem Führer, der es gut mit ihnen meint –, das verbindet sie. Viele Kinder sind dabei. Vielleicht kann man noch ein bisschen Fußball spielen, denkt Wolfgang und schaut sich um, als sein Vater den VW Käfer am Feldrain geparkt hat und sie beide am Kühler lehnen, vor sich viele unbekannte Menschen, und die Mutter ist nirgends zu sehen.

Fünfzig, vielleicht achtzig Menschen bevölkern heute die Okerwiesen, Mädchen in bunten Sommerkleidern oder in Rock und weißer Bluse, die meisten tragen lange Zöpfe, Frauen in weiten Röcken und flachen Schuhen, mit Dutt, Knoten oder Haarkranz, erwartungsvoll. Viele haben eine Strickjacke übergezogen, denn dieser August 1956 ist viel zu kalt für einen Sommermonat. Stumm stehen die Frauen beieinander, schauen zu, wie die halbwüchsigen Jungen spielen. Viele ältere Männer in kariertem Hemd mit Strickweste, dünn sind sie und müde vom Krieg, der vor zehn Jahren zu Ende ging, der ihnen aber immer noch in den Knochen steckt. Und in der Seele.

Millionen Flüchtlinge aus Osteuropa mussten untergebracht werden, eher geduldet als mit offenen Armen aufgenommen, so erleben sie ihr Schicksal. Herumgestoßen, verachtet. Freikirchler aus Ostpreußen, aus Schlesien sind nach der Flucht hier in Groß Schwülper gelandet, gestrandet und müssen sich für ihre Gottesdienste die kleine Kapelle mit einer anderen Minderheit teilen, katholischen Flüchtlingen aus dem früheren Galizien, eine Region, die sich heute vom südlichen Polen bis in die Ukraine erstreckt.

Wolfgangs Familie musste nicht flüchten, sie lebte immer in Lutter. Aber auch durch die Straßen seiner Kindheit ziehen die Kriegsversehrten, Einbeinige mit Krücken, das leere Hosenbein mit Sicherheitsnadeln hochgesteckt. Die Kinder laufen zusammen, wenn wieder ein Leierkastenmann in ihrer Straße auftaucht, einer hat einen angeketteten Affen dabei, der sammelt mit einem Hut die Pfennige und Groschen auf, die die Kinder ihm hinwerfen. Doch Wolfgang hat kein Geld zum Wegwerfen.

Für die Jugendlichen und die Erwachsenen erwacht nachts im Traum der Schrecken des Krieges wieder zum Leben, mit Brandbomben, Vergewaltigungen, Gefangenschaft. Auch die Qual der anderen: das Leid der Zwangsarbeiter, die Folter, die Demütigungen und Massenmorde in den Konzentrationslagern.

Überall in Deutschland sind die Folgen von Diktatur und Krieg noch zu spüren. Nicht mehr so deutlich wie 1945 – die Ruinen sind aus dem Wege geräumt, die Wirtschaft blüht auf, die Menschen wollen leben, kaufen, haben. Der Aufbau nimmt alle Kräfte in Anspruch. Hervorragend geeignet zum Verdrängen. An eine Aufarbeitung der Nazizeit ist noch lange nicht zu denken.

Während Wolfgang und sein Vater nicht recht wissen, wie sie sich unter diesen fremden Menschen bewegen sollen, macht sich einer schon auf den Weg zu ihnen: Paul Schäfer. Den rotblonden Jungen in der kurzen Fußballhose hat Schäfer sofort erspäht, als dieser aus dem VW Käfer klettert und mit seinem Vater den Versammlungsplatz in Groß Schwülper betritt. Er geht auf Wolfgang zu.

»Rote Haare, Sommersprossen sind des Teufels Volksgenossen«, sagt Schäfer munter, ein Spruch aus jüngst vergangener Zeit, fährt Wolfgang mit der Hand durch die Haare, fragt: »Wer bist du denn? Ich bin der Onkel Paul« und drückt den Jungen an sich. Ein Test. Dies ist Wolfgangs erste Begegnung mit Paul Schäfer. So aufmerksam wahrgenommen zu werden ist ungewohnt für den kleinen Jungen. Im Sommer 1956 ist Wolfgang noch ein Kind. Ein vernachlässigtes Kind, hungrig nach Zuneigung. Manche hänseln ihn, dann wird er so rot wie seine Haare. Paul Schäfer erkennt diese Kinder. Er weiß um ihre Bedürftigkeit und um ihre Wehrlosigkeit. Er nimmt ihre Spur auf.

Doch jetzt geht es ins Zelt zum Essen. Dabei verfliegt das eigenartige Gefühl schnell, das Wolfgang nicht benennen kann. Im Zelt stehen schon die Frauen, verteilen Brot und Suppe. Und da ist auch die Mutter.

Ein' feste Burg ist unser Gott, ein' gute Wehr und Waffen.
Er hilft uns frei aus aller Not, die uns jetzt hat betroffen.

Wolfgang hört den vielstimmigen Chor, er geht vor das Zelt, seinen Teller noch in der Hand. Paul Schäfer hat er schon wieder vergessen. Die Sonne steht hoch über dem Horizont, ihre Strahlen lassen die kabbeligen Wellen des kleinen Flusses aufblitzen. An der Flussbiegung springen einige Dorfkinder ins Wasser. Neugierig gucken sie zu den Menschen der Zeltmission herüber, über die man im Dorf so einiges munkelt. Ganz Mutige schleichen sich hinter den Büschen heran. Irgendwo wiehert ein Pferd. Wolfgang sieht die überhängenden Weiden, er riecht das gemähte Gras, hört den Gesang. Er geht näher zum Chor hin. Fünf Mädchen und Frauen stehen an der rechten Seite. Sie sehen sich ähnlich. »Der Wagner-Chor«, sagen die Leute, verstummen und lauschen. Da entdeckt Wolfgang die Kleine. So denkt er: die Kleine; ihren Namen kennt er noch nicht. Die Kleine, dabei ist er neun und sie vierzehn Jahre alt. Aber er ist groß für sein Alter und sie klein. So eine Kleine, Feine, sie ist so zart. Er mag sie sofort.

Viel ist da zusammengekommen an diesem Tag, der Fußballsieg und die Fahrt mit dem Vater, der Duft des Sommers, ein wenig Freiheit, so viele fremde, neue Gefühle. All dieses Entzücken bündelt Wolfgang für alle Zeit im Anblick des kleinen Mädchens mit der klaren schönen Stimme und dem dicken Zopf auf dem Kopf. In dem weißen Sommerkleid mit den schwarzen Tupfen und mit dem weit schwingenden Rock. Dass Paul Schäfer ihm mit Blicken folgt, bemerkt Wolfgang nicht, während er verträumt die Kleine betrachtet und weiter dem alten Kirchenlied von Martin Luther lauscht:

Der altböse Feind, mit Ernst er's jetzt meint;
groß Macht und viel List sein grausam Rüstung ist,
auf Erd ist nicht seinsgleichen.

Als der Vater nach zwei Stunden heimfahren will, ist Schäfer wieder zur Stelle.

»Lass doch den Jungen hier«, schlägt er ihm vor.

Aber Wolfgangs Vater will nicht. Was ihn davon abhält, könnte er nicht sagen, er denkt auch nicht darüber nach. Es ist bloß so ein Gefühl. Und über Gefühle spricht man nicht. Schon gar nicht als Mann. Wolfgangs Erziehung durch den Vater ist streng, aber ohne körperliche Gewalt.

»Es ging alles mit Blicken, dann saßen wir stramm wie die Zinnsoldaten«, erinnert er sich später.

Die einzige Ohrfeige von seinem Vater wird er zwei Jahre später bekommen, bei der »Schlacht von Göteborg«, als Schweden im Halbfinale der Fußballweltmeisterschaft gegen Deutschland gewinnt. Wolfgang und sein Vater sitzen bei dem Nachbarn auf der

Couch, Müllers selbst haben noch keinen Fernseher. Gespannt verfolgen sie das Spiel. Als Fritz Walter verletzt vom Platz getragen wird und Deutschland 3:0 verliert, kullern Wolfgang die Tränen übers Gesicht. Und sein Vater haut ihm eine runter. Ein Junge weint nicht. Schon gar nicht vor Fremden. So eine Lektion muss nicht wiederholt werden.

»Lass doch den Jungen hier«, sagt Paul Schäfer.

»Nein«, sagt der Vater.

Zehn Jahre zuvor, mit 26 Jahren, war der Jugendpfleger Paul Schäfer wegen Verdachts des sexuellen Missbrauchs an minderjährigen Jungen von der evangelisch-lutherischen Kirche in Bayern entlassen worden. Es folgte eine kurze Zeit als Betreuer behinderter Jugendlicher in Bethel. Gesichert sind weitere Entlassungen in Gartow bei Lüchow-Dannenberg, in Heidenheim, Mönchengladbach, damals noch München Gladbach; vermutlich gab es noch mehr. Anzeige wurde nicht erstattet. Nicht ein einziges Mal. Schäfer beschäftigte sich gern mit angeblich schwer erziehbaren Jugendlichen. Wer glaubt denn denen schon? Und er bevorzugte kirchliche Arbeitgeber.

Fünfzig Jahre später arbeitet die amerikanische forensische Psychologin Anna Salter die Hintergründe der unheiligen Bindung zwischen Sexualstraftätern und Kirche heraus. »Ich habe gefilmte Interviews mit diesen Tätern; sie sagen, ich mag die Kirchenleute am liebsten, weil sie nach dem Besten in den Menschen suchen, weil sie glauben, dass in jedem Gutes ist. Und die Täter rutschen direkt unter diesem optimistischen Radar hindurch.«[15]

Inzwischen deckt auch die weltweite Heimkinderbewegung das ungeheure Ausmaß an körperlicher, sexueller und seelischer Misshandlung von Kindern in kirchlichen, staatlichen und privaten Heimen auf. Schließlich auch das in deutschen Heimen. Organisierte und kommerzialisierte Gewalt gegen Kinder.[16]

Damals aber, Anfang der Fünfzigerjahre, fand man kaum Worte, um über den sexuellen Missbrauch von Jungen zu sprechen. Undenkbar für viele, dass es so etwas überhaupt gab. Welch ein Schutz für diese Täter – wie eine Tarnkappe muss das gewesen sein.

Dennoch: Zwar wird Paul Schäfer in den evangelischen Einrichtungen nicht angezeigt, wohl aber wird er entlassen. Nun wandert er von Bundesland zu Bundesland. Von Bayern nach Nordrhein-Westfalen, nach Niedersachsen, nach Baden-Württemberg und wieder nach Nordrhein-Westfalen. Schäfer ist auf der Suche nach einem sicheren Ort – sicher für ihn –, an dem er auf Dauer bleiben kann und von wo niemand ihn vertreibt.

Man kann davon ausgehen, dass der 35-jährige Paul Schäfer schon eine Spur der Verwüstung hinterlassen hat, als sein Blick auf den neunjährigen Wolfgang fällt. Wen aber sieht Wolfgang? Schäfer ist ein kleiner Mann, 1,68 Meter, mit zurückweichendem Stirnhaar und einem auffälligen Glasauge. Manche fühlen sich durch diesen Blick eingeschüchtert oder verwirrt, denn man weiß nie genau, wohin er guckt. Auf andere wirkt es hypnotisch. Die Hemdsärmel hochgekrempelt, die Ellbogen abgewinkelt, mit dominanten Gesten erscheint er auf den wenigen Fotos, die aus jener Zeit von ihm existieren. Gern auch mit einer Mundharmonika. Charismatisch soll er gewesen sein.

Doch nicht alle lassen sich blenden.

Einer von denen, die Paul Schäfer von Anfang an misstrauen, ist Harry Friedrich, der der evangelisch-freikirchlichen Gemeinde in Groß Schwülper angehört, einer reinen Flüchtlingsgemeinde. Und wie man mit denen umging, vergessen die meisten nie. »Polnische Edelsäue« nannte sein Dorfschullehrer die Freikirchler, die aus dem Osten geflüchtet waren. Sicher ist Harry nicht der Einzige, dem das verächtliche Wort des Lehrers nach Jahrzehnten noch in den Ohren steckt.

Harry Friedrich ist 24, als er Schäfer das erste Mal sieht. Sein Cousin war dem Jugendpfleger schon 1953 im Jugendheim in Gifhorn begegnet.

»Den kenne ich«, flüstert er Harry zu, als zwei Vertraute Schäfers 1954 vor die Gemeinde in Groß Schwülper treten und den

Gemeindeprediger Helmut Witt großspurig zur Seite schieben mit den Worten: »Jetzt hält Paul mal die Stunden.«

Wie ein Schlangenbeschwörer kommt Schäfer ihm, Harry Friedrich, vor, und sein Blick mit dem irritierenden Glasauge erinnert ihn an Albrecht Dürers Kupferstich *Ritter, Tod und Teufel.* Mit Schäfer als Teufel.

Harry Friedrichs Großeltern haben die freikirchliche Gemeinde in Groß Schwülper mitbegründet. Daher entwickelt der Enkel eine besondere Beziehung zu der kleinen Gruppe und beobachtet sehr genau die Strategie, mit der Schäfer neue Anhänger um sich schart. Die erste Zeltfreizeit in dieser Gemeinde legt Schäfer in den Urlaub des Predigers Witt, sicher nicht zufällig. Das überraschte Ehepaar Witt macht bei der Rückkehr aus dem Urlaub gute Miene zum bösen Spiel, besucht Schäfers Abendveranstaltungen und erlebt die ungeheure Faszination, der viele nicht widerstehen können. Eines Tages kommen Schäfer-Anhänger unverfroren zu Margarete Witt, setzen sie unter Druck und verlangen von ihr ein Bekenntnis zu Schäfer und gegen ihren Mann. Was sie allerdings ablehnt.

Als bei einer Gemeindestunde aber plötzlich 23 Leute aufstehen und hinausgehen, um die Gemeinde zu verlassen und Schäfer zu folgen, ist Harry endgültig alarmiert.

Der kann reden, was er will, denkt er bei sich, aber nicht mit mir.

Als frecher Halbstarker verlegt Harry sich auf Sabotage, vertauscht Zündkerzen, verstopft den Auspuff von Schäfers Wagen, damit der mit seinen Leuten nicht mehr zur Kapelle kommt. Mit Autos kennt Harry sich aus, hat er doch einen der begehrten Arbeitsplätze bei VW im benachbarten Wolfsburg ergattert. Und während der Zeltfreizeit im August 1956, an der auch Wolfgang und dessen Vater kurze Zeit teilgenommen haben, braust Harry Friedrich schließlich mit Freunden in einem alten Adler Trumpf 1936 – nicht mehr zugelassen, aber legendär – mitten durch die Okerwiesen und stört die Versammlung.

Doch da sitzt der kleine Wolfgang, der das – wie jeder kleine

Junge – sicher gern miterlebt hätte, schon wieder neben seinem Vater im Auto und ist auf dem Weg nach Hause. Wenige Stunden nur haben sie auf der Zeltfreizeit verbracht. Ohne es zu ahnen, hat der Vater seinem Sohn noch ein Jahr Kindheit geschenkt. Nur noch eines.

Zur selben Zeit, dreihundert Kilometer weiter südwestlich, macht der deutsche Bundeskanzler Urlaub. In seinem Ferienort Bühlerhöhe gibt Konrad Adenauer den volksnahen Kanzler. Aus gutem Grund: Im nächsten Jahr ist Bundestagswahl. Auf seinen Spaziergängen begleiten »ganze Züge Schaulustiger« den achtzigjährigen Kanzler – wie der *Spiegel* berichtet und auch im Bild zeigt. Heute bewirtet Adenauer die 120 Sänger des Werkschors der Dynamit Nobel AG aus Troisdorf bei Köln. Zusammen mit ihnen schmettert der Kanzler »Muß i denn zum Städtele hinaus«. Der Werkschor aus Paul Schäfers Heimatort – Schäfer hatte auch bei Dynamit Nobel gearbeitet – revanchiert sich dafür auf Adenauers Wunsch hin mit dem Schubert-Lied »Im Abendrot«:

O wie schön ist deine Welt,
Vater, wenn sie golden strahlet!
Wenn dein Glanz herniederfällt
Und den Staub mit Schimmer malet,
Wenn das Rot, das in der Wolke blinkt,
In mein stilles Fenster sinkt!

In Wolfgangs Ohren klingen noch die Lieder des Wagner-Chors nach, und die Kleine mit dem blonden Kranz geistert durch seine Gedanken, während er und sein Vater Heinz nebeneinander schweigend die Rückfahrt nach Lutter hinter sich bringen, jeder allein in seinen Gedanken.

Groß Schwülper, Sonntag, 5. August 1956, mittags
GUDRUN WAGNER

Mit unsrer Macht ist nichts getan,
wir sind gar bald verloren;
es streit' für uns der rechte Mann,
den Gott hat selbst erkoren.

Ganz hingegeben ist Gudrun Wagner an den Gesang. Den kleinen rothaarigen Jungen, der sie wie verzaubert anschaut, einen Nachmittag lang, und der sie nicht vergessen wird, sein Leben lang, den hat das vierzehnjährige Mädchen noch nicht einmal bemerkt. Hier laufen so viele kleine Jungen herum.

Ihr Blick sucht Alfred, nur für ihn hat sie Augen. Alfred Matthusen ist fünf Jahre älter als sie, ein richtiger Mann. Im Jahr zuvor war Alfred nach Graz gekommen, in Gudruns Heimatstadt, im Tross von Paul Schäfer, der durch die Lande zieht wie ein Wanderprediger, auf der Suche nach Seelen, auf der Jagd nach Körpern. Alfred ist es, der Gudrun für die Schäfer-Gemeinde einfängt und dem sie nun zusammen mit ihrer Familie aus ihrer Heimatstadt Graz nach Groß Schwülper gefolgt ist. Vorerst nur für zwei Ferienwochen.

Alfred Matthusen ist einer der »Ältesten«, einer der »Brüder«. So nennt Paul Schäfer seinen engeren Kreis, die sechs jungen Männer, mit denen er von Gartow im Wendland aus durch die Lande zieht. Gerhard Mücke, Rudolf Cöllen, Heinz Kuhn, Horst und Herbert Münch. Mit Schäfer sind sie sieben.

Gudrun ist in einer sehr musikalischen Familie aufgewachsen. Gern und oft wird gesungen. Sie spielen viele Instrumente, treten zusammen auf. Wagner-Chor, diesen Namen haben sie schnell weg, denn sie sind die tragende Kraft auf den Versammlungen, singen alle Stimmen: Sopran, Tenor, Alt, Bariton, Bass – alles dabei. Auch Gudruns Tante Resi und Onkel Wöhri gehören dazu; mit dem Onkel zusammen singt Gudrun die dritte Stimme. Hannchen*[17], die älteste Schwester, singt die zweite Stimme, Hilde und die Mama die erste, und Papa gibt den Bass.

Aber heute ist Gudrun verwirrt, sie fühlt sich schuldig und hat Angst. Erschöpft und übermüdet ist sie außerdem; in den letzten Tagen musste sie dreimal den weiten Weg von Graz nach Groß Schwülper zurücklegen. Aber das alles verschwindet, wenn sie singen kann. Im Gesang kann Gudrun alles vergessen.

Mit unsrer Macht ist nichts getan,
wir sind gar bald verloren;
es streit' für uns der rechte Mann,
den Gott hat selbst erkoren.

Der rechte Mann, denkt Gudrun, das muss dann wohl Paul Schäfer sein, jedenfalls sagt er das. Wohl ist ihr nicht bei dem Gedanken. Als sie ihn ein Jahr zuvor zum ersten Mal sah, erschrak sie, und eigenartige gemischte Gefühle stellen sich immer wieder ein, wenn er auftaucht. Einerseits bewundert sie ihn, andererseits ist er ihr unheimlich. Auch an diesem Wochenende. Zwar verdankt sie ihm, dass sie überhaupt hier sein darf, in Alfreds Nähe. Aber sie wird ihm auch etwas beichten müssen, und davor fürchtet sie sich. Auch ihre Mutter wirkt bedrückt, und Gudruns kleiner Bruder Basti*, der eigentlich gar nicht hatte mitkommen sollen, weicht der Mama nicht von der Seite.

Einige Tage zuvor war Gudrun aus Graz in den Norden getrampt, um beim Aufbau der Zelte zu helfen. Sobald die Zelte standen, sollte sie wieder zurück nach Hause trampen, um auf die jüngsten Geschwister aufzupassen, den siebenjährigen Basti und die vierjährige Hedi, damit die Eltern, Mina und Wilhelm Wagner, mit Hannchen nach Norden reisen und ungestört die Zeltfreizeit genießen könnten.

Doch Paul Schäfer hat andere Pläne. Er nimmt Alfred und Herbert beiseite und weist sie an, Mina Wagner in Graz zu überreden, ihre beiden Jüngsten unbedingt mitzubringen. So könne auch Gudrun an der Freizeit teilnehmen und müsse nicht zur Aufsicht der Kleinen in Graz zurückbleiben. »Auf die Kleinen wird aufgepasst«, lässt er ausrichten. Eine merkwürdige Anweisung, ein eigenartiges Hin- und Herfahren. Was kümmert ihn Gudrun? Aber Schäfers Befehle werden nicht hinterfragt. Was hätte er auch sonst sagen sollen? Die Wahrheit sicher nicht: Ich hab den kleinen Basti gesehen und will ihn haben. Schäfers fürsorglicher Hinweis, dann könne auch Gudrun an der Freizeit teilnehmen, ist wohl nichts als Tarnung. Ob Schäfer diese Wahrheit vor sich selbst noch zugibt, oder ob er auch glaubt, was er verkündet?

Gudrun macht sich keine Gedanken darüber; je länger sie mit Alfred unterwegs sein kann, desto besser. Egal, wohin, egal, ob sie trampen müssen oder mit einem von Schäfers Wagen fahren dürfen. Gudrun ist vierzehn und so verliebt, dass Alfred, der Mann neben ihr auf dem Rücksitz des braunen VW Bulli, mit einiger Vorfreude die zehnstündige Fahrt von Groß Schwülper in Niedersachsen nach Graz in Österreich antritt, auf die Paul Schäfer ihn schickt. Alfred Matthusen ist viel größer als Gudrun. Glücklich strahlt die Kleine zu ihm hoch. Für sie war es Liebe auf den ersten Blick. Sie glaubt, für ihn auch. Aber sie reden nie darüber.

Zu viert treten sie die Reise an, um die Grazer Familien abzuholen: Alfred, Herbert, Ingrid und Gudrun, die Jüngste. Dabei kommt es zu »engeren Kontakten«, so formuliert Gudrun das. Sie knutschen auf dem Rücksitz. Doch noch wichtiger als das Knutschen scheint es für Alfred zu sein, diese sündige Tat als Erster bei Paul Schäfer zu beichten. Gudrun muss ihm versprechen, dass sie ihm den Vortritt lässt.

Dass die Küsse auf dem Rücksitz ein ganz privates Vergnügen sein können, das man einfach für sich behält, ist für beide unvorstellbar. In ihren Augen ist es eine Schuld, ein Vergehen gegen Gott, das man beichten muss. So etwas dürfen sie nicht tun. Aber was eigentlich? Was wirklich geschah, weiß Gudrun am Ende der Fahrt nicht mehr. Nur dass sie kurz vor Graz, ein wenig aufgelöst, auf dem Rücksitz des Autos aufwacht und nicht fragen mag, was geschehen ist.

Die Verhandlungen mit Mina Wagner in Graz gestalten sich schwierig. Gudruns Mutter will die Jüngsten partout nicht mitnehmen. Misstraut sie Schäfer schon? Jedenfalls hält sie deutlich mehr Abstand als ihr Mann, der Schäfers Nähe sucht. Schließlich gibt sie doch nach, und alle machen sich zusammen auf die Reise. Zuerst nach Salzburg, wo eine weitere Familie zusteigt. Nun wird es eng im Wagen, Gudrun und Alfred müssen aussteigen und von Salzburg nach Groß Schwülper trampen. Im Bus wird viel gesungen. Fast der ganze Wagner-Chor ist in Schäfers VW Bulli versammelt. Sie üben Lieder, die sie auf der Freizeit vortragen wollen. Mit einem dieser Lieder wird Gudrun dann, ganz nebenbei und ohne es zu bemerken, den kleinen Wolfgang Müller mitten ins Herz treffen.

Zwei Wochen voller Arbeit, Kinderbetreuung, Küchendienst, Saubermachen, liegen vor Gudrun: Aufgaben, die die Frauen und Mädchen ganz selbstverständlich erfüllen, sie werden nicht besonders erwähnt. Wichtig sind die Andachten und Gebete von morgens bis abends, in großen und in kleinen Gruppen, prophetische Reden von Schäfer, Zungenreden und Teufelsaustreibungen in freier Natur. Mitglieder aus den Gemeinden Hamburg, Salzgitter, Gronau, Gerstetten, Groß Schwülper, Graz und Gartow sind dabei.

Einige Fotos von damals sind noch erhalten: eine Sommerwiese, niedergetreten von vielen Füßen, ein Wall, bewachsen mit Büschen, Laubbäumen und Krüppelkiefern, kleine Zelte. Rechts, etwas abseits, hocken Gudruns jüngste Geschwister Basti und Hedi und fremdeln. In der Mitte die Gruppe von dreißig Personen, sie blicken in die Kamera, erwartungsvoll. Die Vergangenheit ist düster, was bringt die Zukunft? Worum geht es im Leben? Wenn nicht in dieser Welt, dann in der nächsten. »Es geht um Ewigkeitszubereitung«, das jedenfalls behauptet Schäfer in seinen Rundschreiben. Doch für die Jugend geht es auch um ein wenig Spaß, ein wenig Vergnügen, oft mit schlechtem Gewissen. Für einige, wie für die 22-jährige Ida Ritz, die diese Fotos gemacht hat, geht es außerdem um sehr konkrete Ziele, um eine Ausbildung, einen Beruf, beides muss und will sie sich erkämpfen. Zur Not auch gegen Paul Schäfer.

Als es Abend wird an diesem Sonntag im August, läuft ein Gerücht durch Groß Schwülper, dass Ungeheuerliches geschieht auf dieser Zeltfreizeit: Im Wald hat man sie gesehen, wie sie sich peitschen mit Birkenzweigen, man hat gehört, dass sie sich auf den Boden werfen, sich herumwälzen, Unverständliches stammeln oder lallen. Vom Teufel ist die Rede, der da ausgetrieben wird. Und um eine Eiche sollen sie getanzt haben. Vorchristlich klingt das. Heidnisch.

An einigen Abenden wandern die Ältesten mit einer kleinen Gruppe in den Wald, zum inbrünstigen Beten und in der Hoffnung, dass Gott sie erhört. Sie beten um das Geschenk der Zungensprache. Und Gudrun erlebt, wie nach langen, sich steigernden Gebeten, nach Bekenntnissen, demütigem Niederknien, Flehen um göttliche Botschaften und großer Erschöpfung die unverständlichen Worte und Laute schließlich auch über ihre Lippen kommen. Sogenannte Zungensprachen sind nach dem wörtlichen Bibelverständnis einiger evangelisch-fundamentalistischer Gruppen, wie der Pfingstler, eine Gnadengabe des Heiligen Geistes. Sie empfinden in diesem Gebet besondere Nähe zu Gott[18]. Gudrun selbst versteht nicht, was sie in ihrer Entrücktheit sagt, aber sie fühlt, dass etwas anderes durch sie gesprochen hat. Sie könnte es auch nicht wiederholen, aber dass es wichtige Botschaften sind, die andere, Kundigere auslegen können, das weiß sie wohl.

Erschüttert und erhoben fühlt Gudrun sich durch dieses Erlebnis. Eine Berührung durch Gott, da ist sie sicher. Sprechen kann sie über diese Erfahrung nicht. Das ist auch gar nicht nötig, denn die anderen wissen Bescheid, als sie sie sehen. Als Gudrun wieder aus dem Wald kommt und zu den Zelten geht, flüstert Tante Resi aus Graz ihr zu: »Du brauchst mir nichts zu sagen, du strahlst ja, ich weiß es auch so.« Gudrun fällt ihr in die Arme, sie drücken sich voller Freude.

Noch fünfzig Jahre später ist etwas von ihrer Erschütterung

spürbar, wenn Gudrun verschämt und bewegt in ihre Erinnerungen hinabtaucht und die Gefühle des vierzehnjährigen Kindes von damals wiedererweckt. Errötend, wie ein junges Mädchen von ihrem ersten Schwarm, erzählt Gudrun von diesem Erlebnis, das ihr heute noch kostbar ist. Ein Gottesgeschenk, da ist sie sicher.

Zungenreden oder Glossolalie, verzücktes Stammeln in religiöser Ekstase, gehört aus Sicht vieler Pfingstgemeinden zu den Gaben des Heiligen Geistes, so wie Krankenheilung, Prophetie (Weissagung) und Evangelisation, also die Fähigkeit, »Ungläubige« zu bekehren. Die unverständlichen, oft melodisch klingenden, rhythmisch vorgetragenen Wörter und Laute müssen von Kundigen aus der Gemeinde übersetzt werden.

Hirnstrommessungen zeigen, dass die Selbstkontrolle in dieser Ekstase stark eingeschränkt ist. Die Aktivität des Frontalhirns wird verringert, andere Teile sind stärker aktiviert: Bewegungen werden zügellos, die Sprache enthemmt, das Schamgefühl schwindet; die Gefühlserfahrungen dagegen werden intensiv wahrgenommen – man könnte sagen: für wahr genommen.[19] Umso leichter sind diese Menschen zu steuern. Sektenführer in aller Welt wissen das. Psychologisch gesehen ist Zungenreden ein Regressionszustand, der Glücksgefühle auslösen kann. Besonders bei Menschen, die starker Kontrolle und Regulierung unterliegen, kann ritualisierte Ekstase unterdrückte Gefühle freisetzen. Ist der kritische Verstand ausgeschaltet, empfinden sich Gläubige umso leichter als Werkzeug Gottes.[20]

Ekstase – Außer-sich-Sein: Menschen suchen diesen Zustand, den sie als ein Aus-sich-Heraustreten, Über-sich-Hinauswachsen erleben. Sie sehnen sich danach, suchen es in Sexualität, Meditation, Drogenrausch, Religion, Askese und Exzess. Allein, in Gruppen oder in Menschenmassen wie bei der *Love Parade*.

Das Alltagsbewusstsein verlassen, sich leer machen für neue Erfahrungen, sich öffnen für neue Empfindungen. Intensive Gefühle erleben, die zittern und beben lassen: Alle Religionen kennen die Ekstase. In der griechischen Antike bescherte der Gott des Weines den Menschen dionysische – ekstatische – Erfahrungen im Rausch. Im alten Rom war es Bacchus. »Im Begreifen ergreift der Erkennende das Erkannte, in der Ekstase aber ergreift das Erkannte den Erkennenden«, schrieb Bonaventura, Philosoph und Theologe schon im Jahre 1255.

In den Sechziger- und Siebzigerjahren des vorigen Jahrhunderts waren es bewusstseinsverändernde Drogen – von Haschisch über LSD bis Kokain[21], Heroin. Das Musical »Hair« bündelte Erfahrungen der Hippie- und Friedensbewegung; der indische Yogi Maharishi Mahesh lehrte die Beatles – und Millionen Menschen weltweit – Transzendentale Mediation. Transzendiert werden sollte das normale Alltagsbewusstsein, dann könnte man angeblich aus eigener Kraft fliegen.

Schon Gudruns Großvater empfing Botschaften von Gott. »Nimm deine Familie und geh nach Kärnten«, befahl ihm eine Stimme, als er 1928 auf einem Acker in der Nähe von Bromberg in Posen bei der Feldarbeit war. Dreimal ordnete die Stimme das an, aber es war niemand zu sehen. Wenige Jahre zuvor war er von Österreich nach Westpreußen gezogen. Und jetzt sollte er wieder zurück? Er seufzte, aber er fügte sich und kehrte mit Frau und fünf Kindern heim nach Österreich. Auch seine Schwester folgte ihm, die dreizehn Brüder aber blieben in Bromberg zurück. Alle wurden ermordet – so jedenfalls erzählt es die Familiensaga. Warum und durch wen, sagt sie nicht. Falls die Geschwister bis 1939 bei Bromberg geblieben waren, könnten sie Opfer des »Bromberger Blutsonntags« geworden sein, eines Kampfes zwischen Polen und volksdeutscher Minderheit im polnischen Korridor, bei dem vermutlich 5 437 Deutsche ums Leben kamen – zwei Tage nach dem Überfall Nazi-Deutschlands auf Polen am 1. September 1939, dem Beginn des Zweiten Weltkriegs.[22]

Falls diese Rekonstruktion zutrifft, hätte Gott mit elfjähriger Vorlaufzeit eine Frühwarnung abgegeben. Leicht zu verstehen, dass diese Familie auf göttliche Botschaften lauscht. Auch Wunderheilungen soll es gegeben haben. Der Großvater, von dem dieses ausging, wurde 97 Jahre alt, ein gesegnetes Alter. Mina, eine der Töchter dieses beeindruckenden Mannes, heiratete den Gärtner Wilhelm Wagner aus dem österreichischen Burgenland; zusammen bekamen Mina und Wilhelm sieben Kinder, eines von ihnen ist Gudrun. Drei Kinder waren schon auf der Welt, als Wilhelm Wagner als Panzerfahrer im Zweiten Weltkrieg das Gelübde ablegte, eine eigene Pfingstgemeinde zu gründen, sollte er je lebend aus Russland nach Hause kommen. Er kam nach Hause. Er gründete die Gemeinde.

Diese kleine Gemeinde wird Paul Schäfer auf einem seiner Raubzüge erbeuten.

Groß Schwülper, Sonntag, 5. August 1956, nachts
PAUL SCHÄFER

Auch Paul Schäfer lauscht dem Gesang des Wagner-Chors. Besonders ein Vers ist ganz nach seinem Sinne:

Nehmen sie den Leib, Gut, Ehr, Kind und Weib:
lass fahren dahin, sie haben's kein' Gewinn,
das Reich muss uns doch bleiben.

Sein eigenes Reich will Schäfer errichten, eines, aus dem niemand ihn verjagen kann. Im Frühjahr hat er vor den Brüdern seiner Gemeinde ausführlich zu biblischer, geistlicher, menschlicher, leiblicher Zucht und Ordnung in der Ehe gepredigt. »Sündig, sündig, sündig, ihr seid alle sündig!«, hat er sie angeschrien. So wie Gott es ihm eingab. Ehelosigkeit ist das Ziel, und wenn nicht das, dann wenigstens eine Ehe ohne Fleischeslust. Wie es das alte Luther-Lied sagt: »Kind und Weib lass fahren dahin, sie haben's kein' Gewinn.«

Sein Blick bleibt an dem kleinen Basti hängen, der matt auf der Wiese hockt. Den sollte man erst mal fasten lassen, denkt Schäfer, aber vielleicht ist der nur müde und muss ins Bett. Zuerst muss er sicher gewaschen werden. Dabei gehen ihm die Worte durch den Kopf, die er seiner Gemeinde im Mai im letzten Rundbrief zu Vers 13,17 aus dem Johannes-Evangelium über die Fußwaschung geschrieben hat: »In Wahrheit meint der Herr hier dich. Ich meine *waschen* und *gewaschen werden.* Kostet es dich viel Anstrengung zu merken, wovon ich rede? – Worauf es bei dir ankommt? – Selig zu sein!!«

Und dann stellt er sich vor, wie er den Kleinen wäscht.

Das Lagerfeuer ist fast heruntergebrannt, die Mädchen haben sich längst in ihre Zelte zurückgezogen, manche der »Herren« schlafen auch schon, nur eine kleine Gruppe Neuankömmlinge hockt noch müde zusammen. Ein junger Mann tritt zu der Gruppe und zeigt auf einen der Jungs: »Du darfst heute bei Paul schlafen.« Die anderen schauen den blonden Elfjährigen an. Was für eine Ehre! Was für eine Auszeichnung! Sie sind neidisch. Warum gerade der? Der junge Mann bringt den Kleinen in das Zelt von Schäfer, das etwas abseits aufgeschlagen wurde. Sie gucken hinter ihm her. Dann gehen auch sie schlafen in das Gemeinschaftszelt der Jungen.

Allmählich wird es still in den Zelten.

Gegen fünf am Morgen beginnt es zu dämmern. Die ersten sind schon wach, gehen zum Fluss, um sich zu waschen. Oder an die Waschschüsseln in einigen Zelten, eine Schüssel für drei Personen, erst obenrum, dann untenrum.

Es ist noch recht kühl. Schäfer braucht morgens immer länger, um hochzukommen, seine Vertrauten wissen das. Heute ist er aber schon unter den Ersten, er geht zu den Zelten der Mädchen und ruft zwei Namen. Die Schwestern kriechen aus ihren Schlafsäcken.

»Euer Bruder ist weggelaufen«, sagt Schäfer, »verprügelt ihn.« Eine der Schwestern macht sich sofort auf die Suche nach ihrem kleinen Bruder. Als sie ihn gefunden hat, schlägt sie dem blonden Elfjährigen ins Gesicht und beschimpft ihn.

Niemand fragt, warum.

Keiner der Jungen, die in den Nächten zuvor die Ehre hatten, bei Onkel Paul zu übernachten, spricht über die nächtlichen Ereignisse, die immer auf dieselbe Weise ablaufen. Zuerst betet Schäfer ausführlich mit dem Jungen, dann streichelt er ihn, nimmt ihn zärtlich in den Arm, und dann kommt das Geheimnis: »Und jetzt machen wir etwas, das ist unser Geheimnis, darüber reden wir mit niemandem.« Und dann folgt der sexuelle Missbrauch. Zum Abschluss wird wieder gebetet. Damit ist der Pakt besiegelt, das Schweigegebot erteilt. Gott ist ihr Zeuge.

Eine perfide Strategie: Schäfer bettet seine sexuelle Gewalt in Gebete ein. Manche nennen es rituellen Missbrauch.

Seine Opfer sucht er in Heimen und in überlasteten Familien; wenn der Vater Arbeit in einer anderen Stadt findet und die Mutter viele Kinder versorgen muss – dann greift er zu. Nur wenige wissen sich zu wehren. Und wer sich wehrt, wird schuldig, versündigt sich gegen Gott, denn Schäfer ist sein Prophet. Er ist nicht der einzige.

KAPITEL 2

Wunderheiler – Wanderprediger
Karlsruhe – Graz, 1955-1956

Für die meisten Deutschen und Österreicher ist mit dem Nationalsozialismus auch ihre persönliche Weltsicht zusammengebrochen, ihr Irrglaube, zu einer auserwählten Rasse zu gehören. Ihr Halt. In der Nachkriegszeit irren viele von ihnen umher auf der Suche nach Führung. Wunderheiler wie Bruno Gröning[23] tauchen auf, Gesundbeter. Erweckungsprediger aus den USA haben Zulauf. Am 24. Juni 1954 erleben 25 000 Begeisterte in Düsseldorf Billy Graham, den Baptistenprediger aus den Südstaaten der USA, 80 000 sind es am 26. Juni im Berliner Olympiastadion. Im selben Jahr gründet L. Ron Hubbard aus Nebraska im Bundesstaat Kalifornien die erste Scientology-Niederlassung. Im August 1955 führt der Endzeitprediger und Gesundbeter William Marrion Branham aus Kentucky Massenveranstaltungen in Karlsruhe mit scheinbaren Wunderheilungen durch. Am letzten Tag, dem 19. August 1955, sind auch Paul Schäfer aus Troisdorf bei Köln, der 22-jährige Ewald Frank aus Danzig und Rosa Krieger aus Graz unter den begeisterten Zuschauern und begegnen einander. Eine Begegnung mit schwerwiegenden Folgen bis weit in das 21. Jahrhundert hinein.

William Marrion Branham ist ein charismatischer Mann. Der Pfingstprediger hat Visionen und Lichterscheinungen, die jene der Bernadette von Lourdes verblassen lassen. Branhams ruhige, warme Stimme kann Tausende in Trance versetzen – hypnotisch, mantraartig Worte wiederholend, vor dem Klangteppich einer Orgel, die eine getragene, eingängige Version des alten schottischen Liedes »Auld Lang Syne« spielt, das als Pfadfinderlied weltweit bekannt ist. Branhams Wunderheilung eines angeblich blinden Mädchens findet am 19. August 1955 in Karlsruhe statt, auch Schäfer, Frank und Krieger hören, wie Branham die Menschen auffordert, den Kopf zu neigen, die Augen zu schließen. Immer wieder ermahnt er sie, die Augen zu schließen. »Jedes beugt bitte dein Haupt, jedes einzelne, niemand schaut auf, nicht dein Haupt aufheben, bis dass wir dich drum bitten. Lasst eure Häupter gebeugt sein, alle bitte«, wiederholt er mehrmals. Und Tausende schließen gehorsam die Augen. Das Gemurmel wird leiser, während Branham beschwörend sagt: »As I hold this darling little child, a girl, up against my body ...« – »Als ich dieses arme kleine Mädchen gegen meinen Leib halte ...«[24] Im Raunen der Massen nach erfolgter Heilung spürt man, wie bewegt die Menschen sind. Jedenfalls die, die bewegt werden wollen. Und das wollen viele.

Cowboy sucht Jesus

Der Amerikaner William Branham wuchs in Armut auf. Sein Vater, Holzfäller, war achtzehn Jahre alt, als William geboren wurde, seine Mutter erst fünfzehn. Als Erstgeborener mit neun Geschwistern musste William früh Geld verdienen; für die Schule blieb keine Zeit. Als Cowboy, Boxer, Wildhüter, Geräteprüfer im Gaswerk schlug er sich durch, bis ihm bei einer Nahtoderfahrung während einer Blinddarmoperation Jesus erschien. Die darauf folgende Suche nach Gott verband Branham mit der Suche nach Heilung seines Augenleidens und seiner Magenprobleme. Mit 22 Jahren wurde Branham Hilfspastor einer Baptistengemeinde, gründete eine Zeltmission und die noch heute existierende Gemeinde »The Tabernacle«. 1946 führte er öffentliche Gesundbetungen in großem Stil durch und wurde zum Heilungsevangelisten. Mit 37 Jahren stand Branham am Beginn eines kometenhaften Aufstiegs, der ihn in viele Länder führte.

Der charismatische Auftritt des 46-jährigen Wanderpredigers William Branham auf dem Höhepunkt seiner Macht inspiriert den 34-jährigen Paul Schäfer aus Troisdorf bei Köln. Schäfer hat einen ähnlich gebrochenen Lebenslauf wie Branham, ist allerdings ein unscheinbarer Mann. Der jüngste von drei Söhnen, als Einziger aus dem Krieg zurückgekehrt, Nesthäkchen und Liebling der Mutter. Auch er hat gesundheitliche Probleme, besonders der Verlust eines Auges, vermutlich durch einen Unfall in der Kindheit, macht ihm zu schaffen. Wie Branham besitzt auch Schäfer nur geringe Schulbildung. Paul Schäfer war ein unbeliebtes Kind, ein Außenseiter und ein schlechter Schüler; zweimal blieb er in der Volksschule sitzen. Mit fünfzehn begleitete er einen Kraftmenschen über die Jahrmärkte, mit sechzehn bis achtzehn Jahren arbeitete er bei Dynamit Nobel in Troisdorf. Die folgenden zwei Jahre fehlen in seiner Biografie. 1941, mit zwanzig Jahren, wurde Schäfer zur Wehrmacht eingezogen und zum Sanitäter der Luftwaffe ausgebildet. Seine Einsätze sind unbekannt; aus den Wehrmachtsakten wurde die entsprechende Seite herausgerissen.

Anders als Branham ist Schäfer kein guter Redner, wohl aber ein packender, mit besonderen Fähigkeiten: Manipulation, Spaltung, Einschüchterung. Jede Gemeinde, in der er auftaucht, spürt zuerst etwas Neues, Frisches, einen Aufbruch, der fasziniert und mitreißt. Viele sehnen sich nach geistlichem Wachstum und nach einem, der ihnen überzeugend und unzweifelhaft die Richtung weist. Den Weg zu Gott, mag er auch noch so steinig sein. In dieser Anfangsphase wirkt Paul Schäfer tatsächlich belebend, berauschend. Dann beginnt er zu spalten: Wer nicht für ihn ist, ist gegen ihn. Wer gegen ihn ist, wird bekämpft, mundtot gemacht, vernichtet. Im Verlaufe von fünf Jahren spaltet Schäfer freikirchliche Gemeinden in Groß Schwülper, Gronau, Hamburg, Salzgitter, Graz, vielleicht noch mehr. Anhänger gewinnt er, indem er Familien spaltet: die Ehepartner untereinander, die Kinder von den Eltern. Man kann sich fragen, ob Schäfer selbst gespalten war.

Der Krieg hatte viele aus der Bahn geworfen, vielleicht auch Schäfer. Vielleicht aber hatte er die Bahn schon viel früher verlassen. Einer von vielen, denen es lange nicht gelingt, wieder Fuß zu fassen. In der Begegnung mit Branham aber offenbart sich Schäfer ein Weg, Menschen zu beherrschen. Endlich. Warum soll er es nicht genauso machen? Dort in Karlsruhe lernt er viele aufrichtig Begeisterte kennen. Vermutlich auch den jungen Ewald Frank, Flüchtling aus Danzig, der zum Übersetzer von William Branhams Reden und Schriften wird. Später wird Frank eine eigene Organisation gründen, die »Freie Volksmission e.V.« in Krefeld. Sie sieht sich in der Nachfolge von Branham und wächst auch im zweiten Jahrzehnt des 21. Jahrhunderts noch weiter. In den Augen von Ewald Frank war William Branham der größte Prophet des 20. Jahrhunderts. Selbst wenn das von Branham auf 1977 datierte Ende der Welt sich immer weiter verzögert. Wie Branham nimmt auch Frank die Bibel wörtlich und glaubt darüber hinaus – um nur eines der Dogmen zu nennen –, dass Abel von Eva und Adam gezeugt wurde, Kain aber von Eva und der Schlange. Daraus ergibt sich, dass Frauen bei Ewald Frank keine besondere Wertschätzung genießen.

Wunderheiler, Wanderprediger und Endzeitverkünder ziehen durch die Lande und missionieren. In den Fünfzigerjahren wird Paul Schäfer einer von ihnen.

Getreuer Hoffnung stilles Bild

Am 2. September 1955, nur zwei Wochen nach der Karlsruher »Erweckung« durch William Branham, zieht Paul Schäfer in Graz ein und verkündet, er habe die Botschaft empfangen, er solle nach Österreich gehen.

Schon wieder einer.

Zuerst besucht er Rosa Krieger, der er in Karlsruhe begegnet ist. Diese macht ihn mit der Schwester von Gudruns Vater bekannt, Tante Resi, und diese bringt Schäfer zu den Wagners, wo er Gudrun, ihre fünf Schwestern, ihre Eltern und schließlich auch ihren sechsjährigen Bruder Basti kennenlernt.

Tante Resi ist für Gudrun nicht nur eine liebe Tante, sondern »eine ganz wertvolle Person«. Gudrun respektiert sie und vertraut ihrem Urteil, sie ist überzeugt, Tante Resi irrt sich nicht und schaut immer ganz klar und nüchtern auf alles. Leider nicht auf alles und nicht immer. Eines Tages wird auch Tante Resi ihre Nichte Gudrun im Stich lassen.

Der erste Blick auf Paul Schäfer erschreckt Gudrun: ein kleiner Mann steht in der Tür, kaum größer als sie selbst, sein Blick ist beunruhigend. Ein Gedanke schießt ihr sofort durch den Kopf: kein Christ, eher ein Verbrecher. Sie schämt sich ihrer Gedanken und versucht, sie zu vergessen. Dass er ein Glasauge hat, weiß sie zu diesem Zeitpunkt noch nicht. Später denkt sie: Was kann er dafür, dass ihm ein Auge fehlt?

In Graz übernachtet Schäfer bei einer kinderlosen reichen Witwe. Er mag es gern komfortabel, und bei den Wagners ist es doch recht eng mit den vielen Töchtern.

Schäfer wird begeistert aufgenommen. Er versteht sich darauf, Begeisterung zu entfachen und zu schüren und das Leben zu organisieren. »Jetzt hält Paul mal die Stunden«, hatten seine Getreuen schon in Groß Schwülper 1954 angeordnet. Nun auch in Graz. Locker liest Schäfer aus der Bibel vor, erzählt, was er sich dazu denkt, dramatisch spricht er davon, dass man den Teufel blamieren müsse, indem man seine Sünden beichtet. Nicht nur sündige Taten und Worte, sondern auch die Gedanken, damit die sich gar nicht erst im Kopf festsetzen können. Denn die bösen Gedanken kommen vom Teufel, und wenn man sie offen ausspricht, wird der Teufel blamiert und verliert damit seine Macht. Sagt Paul. Am besten beichtet man die Taten und Gedanken ihm, Paul. Alles, auch das Belangloseste. Noch besser, man schreibt die sündigen Gedanken auf. Und dann schreibt man sie noch einmal ab – einschließlich aller Korrekturvorschläge und Verbesserungen von Paul. Und dann unterschreibt man das Ergebnis und händigt es Paul aus, der es für einen verwahrt. Denn wo kann es sicherer verwahrt sein?

Und tatsächlich: Die Menschen reißen sich darum, bei Paul zu beichten und die versprochene Erleichterung zu spüren. Aber Paul nimmt nicht jeden. Gudrun zum Beispiel lehnt er ab – hat er ihre spontane Abwehr bei der ersten Begegnung bemerkt? Doch Erleichterung verspüren längst nicht alle. Die meisten erleben sogar noch stärkere Schuldgefühle. Doch auch da weiß Paul Rat: Sie waren nicht gut genug in ihrer Beichte – nicht aufrichtig genug, nicht tief genug, nicht gläubig genug. »Dein Gebet ist leer«, sagt Paul, »du lügst, du stinkst.« So müssen sie sich noch mehr anstrengen, um zu den Auserwählten zu gehören. Und sie strengen sich noch mehr an, denn Schuld bindet. Erleichterung dagegen hätte befreit, und das ist nicht in Schäfers Interesse.

Zuerst sieht es aus wie ein Spiel: Schäfer leitet die Versammlungen mit leichter Hand, gestaltet das Singen, das Toben und das Spielen. Für diese Seite von Paul Schäfer ist Gudrun heute noch dankbar. »Man konnte richtig mal rauskommen aus sich, nicht so eingeengt sein, sondern im Wald rumtoben, auch Kibbel-Kabbel und andere Spiele spielen. Bei uns auf dem Hof, im großen Garten waren Möglichkeiten genug zum Spielen. Der Wald war so nah.«

Und sie sind oft im Wald.

So verwischt sich schnell das Bild, dieser Schock, als sie Schäfer zum ersten Mal gesehen hatte und dachte: kein Christ, eher ein Verbrecher. Doch wieder ist einer da, der sich nicht beirren lässt: der alte Großvater. »Lasst euch nicht mit diesem Mann ein«, warnt er seinen Schwiegersohn, »das ist ein Antichrist.« Dabei hatte er Paul Schäfer noch nicht einmal angeschaut, sondern nur von ihm gehört. Doch mit diesen Worten kann die dreizehnjährige Gudrun nichts anfangen, kann sich gar nichts darunter vorstellen. Aber sie behält sie im Gedächtnis. Auch die Mutter ist vorsichtig. Warum der Vater nicht auf den Großvater hört? Wer weiß? Warum sie selbst es nicht tut, das weiß Gudrun genau: Im Tross von Paul Schäfer ist auch Alfred Matthusen in Graz aufgetaucht. Und in ihn hat Gudrun sich verliebt.

Nach den fröhlichen Tagen im September 1955 verschwindet der Trupp mit seinem braunen VW Bulli T1, das Leben wird wieder gleichförmiger. Im Dezember kehrt Schäfer – für Gudrun überraschend – zurück, bringt Herbert Münch und Alfred Matthusen mit. Welch schöneres Weihnachtsgeschenk könnte es geben? Inzwischen ist Gudrun vierzehn.

Ein vierzehnjähriges Mädchen und ein neunzehnjähriger Mann. Sie tauschen Zärtlichkeiten aus. So nannte man das früher. Aber es ist etwas Merkwürdiges um Gudruns Erinnerungen. Oft erinnert sie sich nur bis zu einer Grenze, und dann scheint sie einzuschlafen. An das Erwachen erinnert sie sich dann wieder. Dieses Phänomen gab es schon früher in ihrem Leben. Es wird in den folgenden Jahrzehnten immer wieder auftauchen.

Doch nun ist erst einmal Weihnachten. Paul Schäfer und sein kleiner Trupp feiern zusammen mit den Wagners und der Grazer Pfingstgemeinde. Der bisherige Prediger macht gute Miene zu Schäfers Spiel, es geht ja auch um seinen Posten.

Man kann es sich inzwischen leisten, einen Saal zu mieten, die Mitgliederzahl wächst, fünfzig bis achtzig Personen sind meist anwesend. Für seine Tätigkeit wird der Prediger mit einer freiwilligen Zahlung von jedem Mitglied entlohnt. Diese Zahlung orientiert sich in evangelisch-fundamentalistischen Gemeinschaften wie den Pfingstkirchen und den Freikirchen meist am biblischen »Zehnten«, also zehn Prozent vom Bruttoeinkommen.[25]

Alles ist wieder so locker wie beim ersten Treffen. Schäfer – zwei junge Männer an seiner Seite – betritt den Saal, schlägt die Bibel scheinbar zufällig an irgendeiner Stelle auf und erzählt, was ihm dazu einfällt. Dann reicht er die Bibel weiter, andere lesen vor, man spielt Gitarre, lernt das Lied »Am Weihnachtsbaume die Lichter brennen«, das Gudrun noch nicht kennt.

Am Weihnachtsbaume die Lichter brennen,
wie glänzt er festlich, lieb und mild,
als spräch er: Wollt ihr in mir erkennen
getreuer Hoffnung stilles Bild.

Gudrun singt begeistert mit. Ein neues Lied, ganz anders als die Kirchenlieder, die sie sonst singen. Schäfer kümmert sich intensiv um die Jugend, bietet viel Abwechslung, lockt mit Schlittenfahrten, mit Spielen. Jungen und Mädchen zusammen, durcheinander, er scheint keinen Unterschied zu machen. Für Gudrun hat dieses Lockere, Ungezwungene einen großen Reiz.

Dann ist Schäfer wieder verschwunden und mit ihm Alfred. In Graz geht der Alltag für die Familie Wagner weiter. Erst im August 1956 sieht sie Alfred wieder. Nach der Zeltfreizeit in Groß Schwülper bleiben Alfred Matthusen und Herbert Münch, von Schäfer abkommandiert, ein ganzes Jahr in Graz. Alfred arbeitet als Bäcker, Herbert als Autoschlosser. Abwechselnd wohnt jeder eine Woche lang bei der Familie Wagner, dann eine Woche bei der Familie Wöhri und betreut die beiden Familien seelsorgerisch gegen Kost und Logis. Gehalt und Berichterstattung aber gehen direkt an Schäfer, denn Alfred und Herbert sind »Kreuzler«, die ein Jahr lang das Kreuz der unentgeltlichen Arbeit auf sich nehmen, damit Schäfers Traum Wirklichkeit wird: ein Heim, wo seine Regeln gelten.

Eine geschickte Strategie von Schäfer: Kontakt halten, Überblick bewahren, aber verhindern, dass Beständigkeit aufkommt, dafür sorgen, dass eine relative Fremdheit erhalten bleibt. Nah, aber nicht zu nah. Jede Woche umziehen, ein Jahr lang, vermutlich sehr stressig für Alfred und Herbert. Nicht einmal diese beiden dürfen in der Fremde zusammenwohnen. Auch bei kürzeren Besuchen gilt diese Regel. Keine Bindung heißt das Motto. Keine, außer zu Paul.

Flirty Fishing

Sechs junge Männer sind schon seit Jahren Paul Schäfers Begleiter. Mit ihrer virilen Ausstrahlung, mit viel Musik, Energie und frischem Wind steht ihm, Schäfer, ein erprobtes Mittel der Kundenwerbung zur Verfügung. Das Prinzip ist bekannt: verlockend und klebrig – der Fliegenfänger. »Flirty Fishing« nennt die »Kinder-Gottes-Sekte«[26] zwei Jahrzehnte später sehr viel direkter die religiös begründete Prostitution, mit der weibliche Mitglieder auf

Mitgliederfang gehen. Doch während diese genau wissen, was ihre Aufgabe ist, hat sich Alfred vermutlich wirklich in Gudrun verliebt. Das kann nicht schwer gewesen sein, auf den Bildern ist sie ein entzückendes junges Mädchen, eigentlich ein Kind, neugierig auf die Welt. Und Alfred marschiert stramm auf den Höchststand männlichen Testosteronspiegels zu. Zwischen Arbeit, Seelsorge, Gottesdienst, Gesang, wöchentlichem Wohnungswechsel und erotisch aufgeheizten Begegnungen bleibt ihm sicher keine Zeit, um vertieft über Paul Schäfers Strategien der Manipulation nachzudenken.

Nicht nur Gudrun und ihrer Familie gefällt Schäfers scheinbar freiere Art: Gleich dreißig Mitglieder der Grazer Pfingstgemeinde laufen über zu Schäfers noch namenloser Privatsekte. Ein Eklat: Für diesen Bruch muss sich Gudruns Vater vor den Ältesten aller Pfingstgemeinden in Österreich verantworten und wird aus dem Bund der Pfingstgemeinden ausgeschlossen. Er steht es durch und hält weiter treu zu Schäfer. Mehr noch: Auf einige wirkt Wilhelm Wagner schon jetzt abhängig – Schäfer befiehlt, Wagner folgt. Welche Macht hat der arbeitslose Junggeselle Paul Schäfer über Wilhelm Wagner? Wagner ist ein gläubiger Mann, fest in Familientraditionen eingebunden. Als angestellter Gärtner ernährt er eine neunköpfige Familie und hat es in kurzer Zeit geschafft, auf eigenem Grund und Boden für seine Familie ein Haus zu bauen. Aber den Zehnten aufzubringen, den er Schäfer zahlt, fällt Wilhelm Wagner sehr schwer. Mit seinem Lohn als Gärtner seine Familie zu ernähren, zu kleiden, ihnen ein Haus zu bauen, ist ohnehin eine gewaltige Leistung. Wenn Gudrun nachts nicht schlafen kann, schleicht sie manchmal leise die Treppe hinunter in die Küche und hockt sich zu ihrem Vater, der am Küchentisch sitzt und rechnet. Seine Sorgen kann sie spüren.

Es gibt ein Foto aus dieser Zeit von der Familie Wagner. Der Wagner-Chor, stolz aufgereiht vor dem eigenen Haus am Stadtrand von Graz.

Die Haare aus dem Gesicht gekämmt, die Augen unter der hohen Stirn ein wenig zusammengekniffen gegen die Sonne, so schauen die sechs Mädchen und jungen Frauen in die Kamera. Unverkennbar eine Familie. Manche lächeln, die Mutter blickt ernst. Sorgfältig aufgebaut vom Fotografen, wie man das eben so macht in den Fünfzigerjahren: vorne in der Mitte Vater und Mutter sitzend, er im Anzug, mit Schlips und Kragen, sie sittsam die Hände im Schoß, der dunkle Rock bedeckt die Knie, die Füße im festen Schuhwerk stehen akkurat nebeneinander. Zwischen den Eltern die Jüngste, ein wenig an den Vater gelehnt, drei Jahre ist die Kleine, blond wie die meisten von ihnen, in der Hand hält sie ein Spielzeug. Dahinter Gudrun in ihrem weißen Sommerkleid mit den schwarzen Tupfen und dem weiten Rock, dem Geschenk einer Tante. Eine der Schwestern am rechten Bildrand trägt auffällige Schuhe. Männerschuhe, viel zu groß. Die Wagners sind arme Leute. Links außen der einzige Junge, sieben Jahre, der Stammhalter in ledernen Kniebundhosen, eine Hand in der Tasche. Ein wenig abseits steht er da, einerseits locker, andererseits wirkt er fast schutzlos. Oder macht ihm nur der strahlende Sonnenschein zu schaffen?

Ein altes Schwarz-Weiß-Foto, Momentaufnahme von dargestelltem Glück. Vielleicht war es so. Über fünfzig Jahre sind vergangen; manches, was seither geschah, meint man als Schatten schon im Bild zu entdecken. Doch der Blick aus einer späteren Zeit verändert das Bild.

*

In den zwei Jahren nach William Branhams Karlsruher Massenveranstaltung besucht Paul Schäfer viele der Gläubigen, denen er dort begegnet ist, und andere, von denen er gehört hat. Er hat sich jetzt auf freikirchliche Gruppen spezialisiert. Meist sind dies geschlossenere Kreise; die Mitglieder bleiben gern unter sich. Es gibt wenig äußere soziale Kontrolle. Man fühlt sich verbunden in einer komplizierter werdenden Welt.

Mit seiner kleinen Schar Ergebener zieht Schäfer durch Gemeinden in der Bundesrepublik Deutschland und in Österreich.

Den braunen, später rot-schwarz angemalten VW Bulli T1, in dem sie unterwegs sind, hört man schon von Weitem: Unter der Lüftungsöffnung im Dach ist ein Lautsprecher eingebaut, der nach draußen überträgt, was sie drinnen auf der Gitarre klampfen: Christliche Gesänge, Pfadfinder- und Soldatenlieder, viel Altvertrautes:

Wenn wir marschieren,
Zieh'n wir zum deutschen Tor hinaus;
Schwarzbraunes Mädel,
Du bleibst zu Haus.

Paul Schäfer findet schnell Anhänger, besonders seine Jugendarbeit beeindruckt. Der Mann hat einen Plan. Er ist locker, immer gut drauf. Mehr als das: Auf viele wirkt er ansteckend euphorisch. Ein großer Organisierer ist er außerdem. Er organisiert Zeltfreizeiten. Die erste 1954. An der dritten im Sommer 1956 nimmt auch der kleine Wolfgang Müller aus Lutter am Barenberg teil, weil sein Vater auf der Rückfahrt vom gewonnenen Fußballspiel in Braunschweig einen Umweg macht, um ein wenig Familienfreizeit mit Frau und Sohn zu erleben. Und 1957 taucht Schäfer mit seinem Trupp dann in Lutter auf.

KAPITEL 3

Akquise

1957
Gesellschaft: *Sputnik I* in Umlaufbahn. Mann und Frau gleichberechtigt, Männer haben »Stichentscheid« bei Kindererziehung; *Pamir* sinkt; Rosemarie Nitribitt (24) ermordet.
Im Kino: *Und immer lockt das Weib* (Brigitte Bardot); *Nachts, wenn der Teufel kam* (Mario Adorf).
Schlager: *True Love* (Bing Crosby); *Wo meine Sonne scheint* (Caterina Valente).
Politik: F.-J. Strauß will die Bundeswehr atomar bewaffnen.
Spruch des Jahres: *Ob Deutschland und Europa christlich bleiben oder kommunistisch werden, entscheidet sich bei der Bundestagswahl.* (Konrad Adenauer)

Für ein Kind vergeht die Zeit oft in unerklärlichen Sprüngen. Manch Unbegreifliches geschieht, ist wieder vorbei, wird durch Neues überdeckt, wird vergessen.

Eines Tages nimmt Wolfgangs Mutter ihren Sohn wieder mit zu einem Treffen der Baptisten. »Was soll das?«, meint der Vater, »wir sind evangelisch.« Aber er murrt es nur, sie geht sowieso. Paul Schäfer tritt wieder auf. Einige seiner jugendlichen Begleiter sind mit von der Partie, Gerhard Mücke, genannt Mauk, und Heinz Kuhn. Auch Hugo Baar, ein junger Baptistenprediger aus Salzgitter, ist dort. Wieder findet eine Evangelisation statt, die Botschaft der Bibel, wie Paul Schäfer sie auslegt, soll unter das Volk gebracht werden.

Schäfer erzählt auch von dem neuen Jugendheim, das in Heide gebaut werden soll, lädt schon mal großzügig zu Wochenendbesuchen ein. »Das ist was für deinen Sohn«, sagt er zu Wolfgangs Mutter. »Das macht Spaß, dort sind viele Jungen in deinem Alter«, wendet er sich dann direkt an den Sohn. »Komm in den

Sommerferien.« Wolfgang ist brav. »Ja«, sagt er höflich. Dann verabschiedet er sich. »Ich bin früh gegangen, weil ich noch ein kleiner Junge war«, erklärt er mehr als fünfzig Jahre danach, denn der Abend ist ihm noch sehr gegenwärtig. »Ich war erst zehn. Ich war müde und bin ins Bett gegangen.«

Für die anderen dauert der Abend länger. Dann ist es zu spät, um noch weiterzufahren. Schäfer fragt nach Schlafgelegenheiten für seine Leute und sich.

»Beim Wolfgang ist noch ein Bett frei«, bietet Wolfgangs Mutter freizügig an.

Wolfgang schläft schon, als es plötzlich wieder hell wird im Zimmer. Schäfer steht im Raum. Was will der hier? Er geht auf Wolfgang zu. Vielleicht will er mit ihm beten, ein Nachtgebet? Wolfgang wird unruhig. Er hat Schäfer zwar in der Versammlung gesehen und letztes Jahr in Groß Schwülper, aber er kennt ihn kaum. Wird Schäfer sich in das andere Bett legen? Kein Fremder hat je in Wolfgangs Zimmer übernachtet. Doch Schäfer geht nicht zum anderen Bett, und beten will er auch nicht. Er setzt sich auf Wolfgangs Bett. Er fasst mich an! Wolfgang erstarrt, als er die fremde Hand spürt. Er kann sich nicht wehren. Auch nicht, als Schäfer dann nach Wolfgangs Hand greift. Nicht einmal, als Schäfer anordnet, nun solle der Junge sich auf den Bauch legen.

Ein Überraschungsangriff, eine Verrichtung, rücksichtslos, brutal und beliebig.

Das war der letzte Tag von Wolfgangs Kindheit.

Irgendwie geht diese Nacht vorbei.

Am Morgen schaut Schäfer ihn mit seinen merkwürdigen Augen an und sagt drohend: »Wenn du auch nur ein Wort sagst von dem, was heute Nacht war, dann kannst du was erleben.«

Wolfgang steht unter Schock. Er verspürt Schmerz und Angst. Schrecklich ist ihm zumute. Was eigentlich geschehen war, dafür hat er keine Worte. Und dann die Angst: Was passiert einem, wenn man darüber spricht? Aber mit wem kann er überhaupt darüber sprechen?

Seinen Eltern sagt er nichts.

Er fühlt sich ganz allein. Da sind zwar seine Cousins, aber dass sie ihm helfen können, glaubt er nicht. Eher, dass sie es weitererzählen. Und dass dann wieder alle über ihn lachen. Oder dass keiner ihm glaubt. Halt lieber die Schnauze, ermahnt er sich.

Wenn sie wieder abfahren, dann denkt man nicht mehr daran. Mit diesem Versprechen tröstet er sich. Dann fängt er an, sich selbst nicht mehr zu glauben. Und so gerät es für ihn allmählich wieder in Vergessenheit.

Fällt den Eltern vielleicht etwas auf? Nein.

Das ist Schäfers Strategie: Wenn die Rahmenbedingungen stimmen, geht er sofort zum Angriff über. Möglichst am ersten Abend wird der Körper des Kindes benutzt und der Wille gebrochen.

Dann geht es weiter zur nächsten Zeltfreizeit, Missionswoche, Erweckungsveranstaltung oder Tonfilmevangelisation.

Weißt du, wie viel Sternlein stehen?

Ein Opel Rekord mit Anhänger holpert durch die schmalen Straßen der Kleinstadt Gronau im Münsterland; aus den Lautsprecherboxen auf dem Anhänger scheppert das Schlaflied »Weißt du, wie viel Sternlein stehen?« Es soll zur Erweckung rufen, zur Evangelisation.

Am Straßenrand bleiben die Leute stehen und schauen. Auch die 15-jährige Lilli ist dabei. »Ich kann mich genau erinnern«, erzählt sie, »aus der Vereinsstraße kamen sie von der Baptistengemeinde her, dann rein in die Querstraße, über die kleine Kreuzung, so sind sie gefahren. Ich kam gerade vom Einkaufen und hörte die Musik. So hab ich die kennengelernt.«

Weißt du, wie viel Sternlein stehen?

In Gronau im Münsterland nahe der niederländischen Grenze erinnern sich noch viele an diese Zeit der Erweckungen durch Paul Schäfer, dessen unheilvoller Einfluss Dutzende Familien auseinanderriss, einige sogar das Leben kostete. Die Folgen bleiben über Generationen hinweg spürbar.

Schon einmal brachten Wiedertäufer großes Unglück über das Münsterland. Das geschah vor vierhundert Jahren, und Lilli lernt im Heimatkundeunterricht, dass die eisernen Körbe, in denen die zu Tode gefolterten Körper des Holländers Jan van Leiden und der anderen Anführer dieser Sekte zur Schau gestellt wurden, noch immer im Turm der Lambertikirche in Münster hängen.

Lilli ist ein Flüchtlingskind, der Vater war in russischer Gefangenschaft, die Mutter mit vier Kindern in einem Lager in Polen, dann drei Jahre in der Ostzone, die sich inzwischen DDR nennt. Schließlich kamen sie nach Gronau und können hier ihr Einkommen mit einem kleinen Nebenerwerbshof aufbessern: ein bisschen Rübenacker, ein Stückchen Kartoffelfeld, Getreide, ein paar Schweine.

Um wieder Kontakte zu bekommen, schaut man sich nach einer Gemeinde um. Was sie in der Ukraine hatten, würden sie hier nicht finden, aber die Baptisten, so rät jemand aus ihrer alten Heimat Lillis Mutter, die sind so ähnlich wie wir. Also gehen sie hin. Man will kein Außenseiter sein. Man will von der Gruppe angenommen werden. Also bleiben sie. Die Baptisten unterstützen die neuangekommenen Flüchtlinge auch mal mit Hausrat und Geschirr. Bei der Weihnachtsfeier vor drei Jahren durften die Kinder einen Teelöffel behalten. Zur Erinnerung eingraviert: Weihnachten 1953.

Inzwischen ist Hugo Baar Prediger in Gronau, dem können sie zuhören. Am Anfang.

An vielen Wochenenden fährt Lilli nun mit nach Heide, um auch beim Bau des Heims mitzuhelfen. Dort freundet sie sich mit Gudrun Wagner an. Doch Lillis Vater hat Bedenken: »Was fahren die immer dahin?«, sagt er zu seiner Frau. »Und ich weiß gar nicht, was da los ist.« Er sorgt sich wohl, dass wir auf Abwege geraten, denkt Lilli. Die Fünfzehnjährige ist lebhaft, neugierig und geht gern ihren eigenen Weg. Aber sie will auch Freunde finden, etwas erleben, mit jungen Leuten zusammen sein. Dazugehören. Auch Lillis Familie wird Schäfer auseinanderreißen. Die Gemeinde in Gronau wird am schwersten getroffen.

Bis zum Sommer hat Wolfgang Müller den nächtlichen Schock durch Paul Schäfer weggeschoben, so gut er kann. Seit zwei Tagen sind nun Ferien, da sagt die Mutter plötzlich zu ihm: »Morgen kommt eine Dame, Schwester Gertrude, die will dich nach Siegburg holen.«

»Was?«

»Du hast ja zugesagt.«

»Hab ich?«

So schiebt sie Wolfgang die Verantwortung zu für ihre Entscheidung.

Am nächsten Tag steht Schwester Gertrude vor der Tür. Sie ist oft mit solchen Aufträgen unterwegs. Hol- und Bringdienste. Aber Wolfgang kennt diese Frau nicht, er hat sie noch nie gesehen. Er erinnert sich zwar vage, damals zugestimmt zu haben, ja, er würde wohl mitkommen. Doch das war nur Höflichkeit. Er hat nicht damit gerechnet, dass er wirklich dorthin muss. Er will nicht. Den wahren Grund kann er nicht aussprechen. Sein Vater findet es auch keine so gute Idee. Aber die Mutter hat das Sagen. Und ihr hat Schäfer die Gedanken eingepflanzt, dass ihr braves Bürschlein Wolfgang ein schwer erziehbares Kind sei. Das wäre nirgends besser aufgehoben als in Schäfers Obhut. Dann würde sich schon alles zum Besten wenden. Ihr leuchtet das ein. Die Platzprobleme werden sich damit auch erledigen.

»Aber, Mama, ich kenne die Frau doch gar nicht«, versucht Wolfgang seine Mutter umzustimmen.

»Nun beeil dich schon«, erwidert sie, »hier ist dein Koffer. Das werden bestimmt schöne Sommerferien.«

»Beeil dich, beeil dich, wir müssen los«, schnauzt auch Schwester Gertrude, und erschrocken merkt Wolfgang, dass sie mit ihm per Anhalter fahren will. Ein merkwürdiges Schamgefühl erfasst ihn: Sie besitzen einen eigenen Wagen, doch nun steht diese fremde Frau mit ihm an der Straße und hält den Daumen anderen Autos entgegen. Hoffentlich sieht ihn keiner. Aber da kommt schon sein Fußballtrainer, der immer um diese Zeit zum Trainertreffen nach Köln fährt. Wolfgang will sich hinter der Frau verstecken, doch der Trainer hat ihn schon entdeckt und hält an.

»Wo soll es denn hingehen?«, fragt er.

»Nach Heide bei Siegburg«, antwortet Schwester Gertrude. Wolfgang steht mit rotem Kopf daneben und schweigt.

»Na, dann steigt man ein«, sagt der Trainer, »ich nehm euch mit.« Schnell klettert Wolfgang auf den Vordersitz, hier fühlt er sich etwas wohler als auf dem Rücksitz neben der groben fremden Frau, die einschläft, sobald sie sich zurückgelehnt hat.

»Ist das eine Verwandte von dir?«, fragt der Trainer. Wolfgang distanziert sich sofort. »Nein, die kenn ich gar nicht, das ist eine Schwester.« Und dann reden sie über Fußball, bis sie in Heide angekommen sind.

»Vergiss nicht das Spiel am Sonntag«, ruft der Trainer Wolfgang noch nach, als er die beiden abgesetzt hat.

»Der spielt nie wieder Fußball«, ruft Schwester Gertrude zurück. Eine Erwiderung, die schaudern lässt, aber der Trainer hat sein Fenster schon wieder hochgekurbelt und ist abgefahren. Wolfgang wird den Satz nie vergessen. Dann gehen sie hinüber zur Baracke – das Jugendheim muss erst noch gebaut werden – und öffnen die Pforte.

In diesen Sommerferien lernt Wolfgang Gräben auszuheben. Schmale Gräben, bis vier Meter tief müssen sie sein für eine Entwässerungsanlage. Das Gelände, auf dem gebaut wird, ist sumpfig. Feldsteine werden angeliefert, dann Kies und Sand, nacheinander muss alles in die Gräben geschüttet werden. Darauf kommt Erde, zum Schluss werden Sträucher gepflanzt.

Das mit dem Fußballspielen kommt dann doch anders. Am 17. Oktober 1958, Wolfgangs zwölftem Geburtstag, kehrt er mit seiner Elf als Bezirkssieger der Knabenmannschaft aus Hannover zurück. 3:0 haben sie Hannover 96 geschlagen. Mit Wolfgang im Tor. Ein letztes Mal.

KAPITEL 4

Auf der Flucht
1947-1957

Nichts anderes ist nötig,
damit das Böse triumphieren kann,
als dass gute Menschen wegsehen.
Edmund Burke

Als Wolfgang Müller und Gudrun Wagner in Schäfers Fänge geraten, trainiert dieser schon seit einem Jahrzehnt, Kinder an sich zu binden, Menschen zu manipulieren und Familien zu spalten. Wie gelingt es Paul Schäfer, die Menschen so zu faszinieren, dass sie sich selbst verlieren? Warum drängen sich so viele danach, in seiner Nähe zu sein? Warum glauben sie an ihn?

Nur wenige, die die Anfangsphase der Sekte miterlebten, können darüber noch Auskunft geben. Eine ist die 79-jährige Ida Gatz, geborene Ritz. Sie schildert, wie Schäfer seine Krallen feilt, die Grenzen austestet und auslotet, wie weit er mit den gläubigen Menschen gehen kann, ohne dass sie ihn durchschauen oder gar anzeigen. Wie er das Fundament legt für die spätere Foltersekte Colonia Dignidad in Chile und wie er die Führungsschicht sammelt, die er braucht, um sich sein Paradies errichten zu lassen.

Nur wenn das Wissen dieser ersten Generation bewahrt wird, können die nachfolgenden Überlebenden und Schäfer-Geschädigten ihre Geschichte aufarbeiten und eines Tages vielleicht überwinden.

1947: Es ist eine andere Zeit. Deutschland gibt es nicht mehr, das Land ist in vier Besatzungszonen aufgeteilt; die DDR und die Bundesrepublik Deutschland existieren noch nicht. Eine Kältewelle im Januar 1947 lässt Europa erstarren. Bis zu tausend Menschen pro Tag werden mit Erfrierungen in Berliner Krankenhäuser eingeliefert. Auf dem Schwarzmarkt kostet ein Pfund Brot 35 Mark. Im Juni 1948 schafft die Währungsreform dann die Reichsmark ab und bringt mit der DM wieder normale Preise und Waren in die drei Westzonen: Nun sind die Läden dort plötzlich voll wunderbarer Köstlichkeiten – Wurst und Käse, Butter und Kuchen. In der Folge führt die SBZ (sowjetisch-besetzte Zone) mit Ost-Berlin die DM (Ost) ein. Diese beiden unterschiedlichen Währungen machen die Ost-West-Teilung des Landes sichtbar; noch deutlicher wird sie, als die Sowjetunion eine Blockade über die Westsektoren Berlins verhängt: Eisenbahnverbindungen nach Westdeutschland werden unterbrochen, Energielieferungen eingestellt und Lebensmittellieferungen aus der Ostzone nach Westberlin verboten. Darauf versorgen amerikanische und britische Militärflugzeuge die Stadt über die »Luftbrücke«: Bis zu 1300-mal am Tag fliegen »Rosinenbomber« zwischen den Westsektoren und Berlin hin und her und transportieren alles Nötige in die eingeschlossene Stadt. Trotz dieser beeindruckenden Soforthilfe flößen die Nähe der russischen Truppen und der wachsende Einfluss der UdSSR besonders den Flüchtlingen aus Osteuropa viel Angst ein. Das Leben ist unsicher und bedroht. Ganz besonders für Menschen, die ihre Heimat verloren haben.

So wie Ida Ritz und ihre Familie.

Gartow an der Zonengrenze. Zwei Gestrandete in den ersten Jahren der Nachkriegszeit: die fünfzehnjährige Russlanddeutsche Ida Ritz und der 27-jährige Paul Schäfer aus Troisdorf bei Köln, der als Kreisjugendpfleger der evangelischen Kirche im Kirchspiel Lüchow-Dannenberg in Gartow und Umgebung arbeitet. Eben dort, wo Idas große Familie nach der Umsiedelung aus Wolhynien in der Ukraine im Jahre 1940 und der zwei Monate dauernden Flucht aus Polen 1945 schließlich gelandet ist.

»Hunger, Kälte, Angst« – mit diesen wenigen Worten fasst Ida die Fluchterfahrungen ihrer Familie zusammen. Durch Sprache lässt sich dieses Grauen den später Geborenen kaum vermitteln. Aber Ida ist davon geprägt, es sitzt immer noch ganz tief. Eine bettelarme Flüchtlingsfamilie mit vielen Belastungen, viel Kummer und Leid, das ist die Familie Ritz: Von zwölf Kindern überleben neun den Krieg, manche nur mit knapper Not. Ein Bruder wird noch am 5. Mai 1945 wegen Meuterei standrechtlich erschossen. Ein anderer geht auf der Flucht verloren und wird erst nach drei Jahren wiedergefunden.

Doch auch nach Kriegsende gibt es noch lange keine Ruhe und Sicherheit, denn die Familie lebt getrennt: Während der Vater im Ruhrgebiet endlich Arbeit findet, muss die Mutter mit den Kindern in Gartow bleiben – anfangs in einer Kammer auf verschiedenen Höfen, dann in einer kleinen Deputatswohnung auf dem Gut des Grafen Bernsdorf.

Dort schlafen sie auf Stroh, die Kinder helfen beim Rübenhacken, bei der Kartoffelernte, so gut sie können. Und beim Blaubeerpflücken. An einem Tag pflückt Ida 54 Pfund Blaubeeren, eine Leistung, die sie ihr Leben lang nicht vergisst. So kommt in der Blaubeerzeit hin und wieder ein Stück Fleisch auf den Tisch. Eine Kostbarkeit, die sich nur wenige leisten können.

In der Gartower St.-Georgs-Kirche wird Ida 1948 konfirmiert, 1949 wird Paul Schäfer hier CVJM-Jugendwart. »Die mir für alle Zeiten vertraute Kirche«, schreibt Ida auf die Rückseite einer Bildkarte der Kirche. Endlich ein Zuhause, keine unmittelbare Bedrohung mehr.

Hunger auf Leben

Ida hat Hunger auf Leben, und in Gartow bietet Paul Schäfer den einzigen Lichtblick. Gartow ist voller Flüchtlinge, überall laufen Kinder herum. Aber niemand hat Zeit, sich um die Kinder zu kümmern. Nur Paul Schäfer. Wo Paul ist, da ist etwas los. Immer schwärmt eine große Gruppe Kinder und Jugendliche um ihn herum, der Jugendkreis. Dieser Jungenverein ist immer voller

Schwung, richtig euphorisch. Natürlich gefällt das den Mädchen, sie wollen dabei sein. Zu dritt machen sie einen Vorstoß: Ida, ihre Schwester Gertrud*[27] und Maria, eine Freundin, gehen zu Schäfer und verlangen: »Wir möchten da mitmachen, wir wollen auch was erleben.« Schäfer interessiert sich nicht für die Mädchen, aber abweisen kann er sie schlecht. Wer weiß, denkt er, vielleicht sind sie nützlich. So wird der große Jungenkreis um drei Mädchen erweitert.

Die gemeinsamen Radtouren und Theateraufführungen mit dem CVJM-Jugendwart Schäfer bringen frischen Wind in Idas Leben. Beim Wandern und am Lagerfeuer wird viel gesungen, »Hohe Nacht der klaren Sterne«, »Und in dem Schneegebirge«, »Sah ein Knab' ein Röslein steh'n«. Volks-, Marsch-, Kunstlieder, Christliches und Liedgut aus der Nazi-Zeit, Hauptsache schwungvoll.

Diese jugendbewegte männliche Wandergruppe, in die Ida und ihre Schwester da hineingeraten sind, macht auch den Mädchen Spaß. Was Ida als männliche Euphorie empfindet, ist eine Form erotischer oder sexueller Erregung, die sich zwischen Paul Schäfer und den Jungen ausbreitet. Pheromone, chemische Botenstoffe, werden auch von weiblichen Personen empfangen. Selbst wenn der Sender nur männliche Empfänger meint, die Biologie hat anders geplant.[28]

Manche Eltern in Gartow sind beunruhigt über die Schwärmerei ihrer Söhne für Paul Schäfer. Mit deren Klagen beschäftigt sich 1951 der Sport- und Jugendausschuss von Gartow. Schäfer wird wegen sexuellen Missbrauchs entlassen. Trotzdem kleben die Kinder geradezu an ihm; wenn die Eltern sie einschließen, dann klettern sie aus dem Fenster, um nachts mit Paul durch die Wälder ziehen zu können, und verschließen sich vor ihren Eltern. Die Eltern klagen, dass ihre Kinder vor Müdigkeit im Schulunterricht einschlafen, während der arbeitslose Herr Schäfer ohne Weiteres bis spät in den Tag hinein schlafen könne. Sie spekulieren über »suggestive Gewalt«, »sektische Beichtstunden« und »hypnotische Einflüsse« durch den Ex-CVJM-Jugendwart.[29] Aber sie zeigen ihn nicht an.

Die Jungs wirken alle high, so als wären sie auf einem Trip.[30] Und das sind sie wohl auch. Für manche wird es ein Höllentrip. Wer nach einem kalten Entzug wieder klar sehen kann, hat Glück gehabt.

Zu diesem Zeitpunkt ist der kleine rothaarige Wolfgang Müller in Lutter erst vier Jahre alt, und die neunjährige Gudrun Wagner in Graz lernt Mandoline spielen. Vor den Bomben auf Stuttgart war Familie Wagner 1945 nach Österreich geflüchtet und zunächst bei Minas Familie in Kärnten untergeschlüpft, dann vom englischen in den russischen Sektor ins Burgenland zu Wilhelms Familie gezogen. Die unruhige Zeit geht zu Ende, als sie eine Wohnung in Graz finden. Nun erfüllt Wilhelm Wagner sein Gelübde, eine Pfingstgemeinde zu gründen. Die Gottesdienste hält er selbst, abends nach seiner Arbeit als Gärtner. Versammlungsraum ist die Küche, ein langer, schmaler Raum, in dem sich alles abspielt; es wird gekocht, gegessen, die Kinder – inzwischen sind es fünf – spielen hier, und der Vater liest aus der Bibel vor. Der Großvater ist dabei, Freunde kommen hinzu, es werden immer mehr, sie mieten einen Saal, evangelisieren. Dann bekommen sie einen Prediger, der bei Wagners wohnt, und jetzt baut Vater Wagner nach der Arbeit ein Haus für die Familie. Alle helfen mit, ein Freund bringt eine Betonmischmaschine, Mina mischt Beton, der Großvater packt mit an, obwohl ihm eine Hand fehlt. 1949 ist das Haus fertig, und sie ziehen ein. Abends liest der Vater vor, sie singen, spielen mit dem Puppenhaus, machen Handarbeit. Eine wundervolle Kindheit.

Bis Paul Schäfer kommt.

Noch sechzig Jahre später finden sich im Fotoalbum der 79-jährigen Ida Gatz, geborene Ritz, Bilder aus jener Zeit – winzige Schwarz-Weiß-Fotos mit Menschen aus einem anderen Jahrhundert. Eines davon stammt aus dieser Anfangszeit in Gartow, 20.5.1950 steht auf der Rückseite. Vorn im Bild drei junge Mädchen – Ida, ihre Schwester Gertrud und ihre Freundin Maria.

Hinter ihnen aufgereiht achtzehn Jungen zwischen zehn und etwa sechzehn Jahren, der Jugendkreis, zu dem sich die Mädchen den Zugang erkämpft haben. Und ganz am rechten Rand Paul Schäfer, mit hochgekrempelten Ärmeln, in kurzer Hose und weißen Söckchen, 29 Jahre ist er inzwischen alt.

Und in dem Schneegebirge,
da fließt ein Brünnlein kalt,
und wer das Brünnlein trinket,
und wer das Brünnlein trinket,
bleibt jung und wird nicht alt.

Auch nächtliche Waldwanderungen gibt es, mit Lagerfeuer. Aber die sind den Jungen vorbehalten. Ausschließlich.

Ich hab daraus getrunken
so manchen frischen Trunk
ich bin nicht alt geworden,
ich bin nicht alt geworden,
ich bin noch allzeit jung.

Was auf diesen nächtlichen Wanderungen sonst noch geschieht, ahnt die sechzehnjährige Ida Ritz nicht. Erst mehr als zehn Jahre später wird ihr jüngerer Bruder ihr die Augen öffnen über das, was Paul Schäfer mit den Jungen macht.

Dabei ist Schäfer eigentlich ganz offen. Man hätte ihn durchschauen können – im Nachhinein betrachtet. Doch als er 1949 zu Ida sagt: »Ich brauche einen Ort, wo mir niemand reinriecht«, kann sie die wahre Bedeutung seiner Worte nicht verstehen. *Reinriecht*, sagt er, nicht *reinredet*, wie der Ausdruck eigentlich lautet. Was ist das für ein Geruch, den niemand riechen soll?

Auch als er wenig später zu ihr sagt: »Was wollen die denn? Der Pastor Mütz[31] in Prezelle, der treibt es doch auch mit seiner Haushälterin!«, da kann sie diese Bemerkung des zwölf Jahre älteren Mannes nicht einordnen. Anlass von Schäfers Empörung ist seine drohende Entlassung durch die Gemeinde. Schäfer zeigt seine Entrüstung darüber Ida gegenüber, ohne befürchten zu müssen, dass sie versteht, wovon er wirklich spricht. Er verstellt sich noch nicht einmal und gibt so Einblick in das, was er empfindet. Er sieht keinen Unterschied zwischen einem evangelischen Pfarrer, der eine sexuelle Beziehung zu seiner erwachsenen Haushälterin hat, und seinem eigenen kriminellen Verhalten, minderjährige Jungen sexuell zu nötigen und zu misshandeln. Ida behält diese Gesprächsfetzen im Gedächtnis. Und bewegt sie in ihrem Herzen. Immer verbunden mit dem Gefühl: Irgendetwas stimmt da nicht. Viele solcher Szenen bleiben ihr haften. Erst Jahrzehnte später kann sie sie zusammenfügen.

»So wahr die Kirchturmuhr schlägt, wirst du dich einmal bekehren«, verkündet Schäfer plötzlich, mit ausgebreiteten Armen, mitten auf der Brücke über die Seege, einen kleinen Nebenfluss der Elbe, als er Ida von einem Treffen nach Hause bringt in die Wohnung ihrer Mutter auf dem Gut des Grafen Bernsdorf. Es ist still, der Abend dämmert, ein Biber schwimmt dicht am Ufer des Flusses entlang, und dann beginnt die Kirchturmuhr von Idas vertrauter Gartower St.-Georgs-Kirche zu schlagen. Gutes Timing. Verwirrt zögert Ida, und zaghaft sagt sie dann das geforderte Wort: »Ja.« Aber wozu soll sie sich eigentlich bekehren? Sie weiß es nicht – sie ist evangelisch getauft und erzogen und will das auch bleiben.

Mein Reich komme

»Paul Schäfer hat das Bestreben, ein eigenes Reich zu haben, von Anfang an systematisch betrieben«, sagt sie heute.

Um sich dieses Reich zu verschaffen, fängt er ganz klein an. Er fertigt Postkarten, billige kleine Vordrucke, die er mit einer naiven Zeichnung versieht: fünf Schuljungen sind darauf zu sehen, sie stehen vor einem Haus mit der Aufschrift »Jugend zu Gott« und der Unterschrift »Baustein für das Jugendheim des Kirchenkreises Gartow«. Diese Karten müssen die Kinder und Jugendlichen aus Schäfers Jugendkreis nach dem Gottesdienst und anderen kirchlichen Veranstaltungen verkaufen. Artig sollen sie vorher den Pastor fragen, ob es denn recht sei. Ein Jugendheim für den Kirchenkreis? Was kann er schon dagegen haben? Groschen für Groschen liefern sie das erbettelte Geld bei Paul Schäfer ab. Sie tun es gern. Auf seinen Befehl ziehen sie sogar durch Kneipen, um Reinigungsmittel zu verkaufen. Dieser Versuch, zu Geld zu kommen, bleibt allerdings erfolglos.

Zu der Zeit, als die Kinder in Gartow Schäfers selbst gebastelte Postkarten vor der Kirchentür feilbieten müssen, wird die neunjährige Gudrun Wagner aus Graz zur Erholung in die Schweiz geschickt. Ihre Lunge ist schwach, bei jeder Schuluntersuchung muss sie zum Röntgen. Der Mann ihrer Lehrerin arrangiert den Aufenthalt bei einer anderen frommen Familie; sie gehören zur Heilsarmee. Gudruns Lunge erholt sich gut in der Schweizer Bergluft. Als die Gasteltern Gudrun bedrängen, sie solle sich zur Heilsarmee bekehren, weigert sie sich. Als der Gastvater nachts in ihre Kammer kommt und sich neben ihr selbst befriedigt, stellt sie sich schlafend und ist tief beschämt.

Währenddessen lebt der vierjährige Wolfgang mit seinen Eltern im Haus des Großvaters in Lutter. Auch Onkel und Tante wohnen dort, zusammen mit drei Kindern, in zwei Zimmern. Es ist beengt, aber Wolfgang hat die Spielgefährten gleich nebenan.

Andächtig und fasziniert lauschen die Kinder in Gartow Paul Schäfer. Sie glauben ihm, wenn er über das wahre Christentum spricht, über die echten Botschaften Gottes, und wenn er erklärt, dass die wahren, tiefen Christen, solche, die mit Gott sprechen und göttliche Botschaften empfangen, solche wie er selbst eben, dass diese guten Christen immer verfolgt werden. Wie Jesus. Von Anfang an. Und für alle Zeit. Und dass sie sich nicht wundern sollen, wenn man eines Tages auch ihn angreifen wird. Sie sollen nur immer treu und fest zu ihm stehen, schwört er sie ein. Nun, das wollen sie gewisslich tun. Sogar als er sagt, dass er selbst Jesus sei, schenken sie ihm Glauben und wundern sich nicht. Diese frühe Einstimmung durch Schäfer ist ein besonders geschickter und vorausschauender Schachzug.

In den nächsten zwei Jahren findet Ida Ritz Arbeit in einem Haushalt. Zuerst im Pfarramt in Trebel, dann im besten Hotel auf der Insel Spiekeroog und schließlich als Hausgehilfin in Düsseldorf. Stets mit erstklassigen Zeugnissen. Ein junges Mädchen, welches das Leben und die deutschen Lande kennenlernen will. Wach, aufmerksam und lebenslustig.

Im Sommer 1952 wird Gudrun zum zweiten Mal in die Schweiz zur Erholung geschickt. Zu denselben Gasteltern. Jetzt ist sie zwölf, sie ist höflich, dankbar und fügsam. Ganz anders als die anderen Kinder, die man hier sonst bekommt. Die Gastmutter möchte die kleine Österreicherin gern dortbehalten; am liebsten wäre es ihr, wenn Gudrun den Sohn der Familie heiratet. Was dem Gastvater am liebsten wäre, weiß Gudrun nicht. Mit zwölf Jahren kann sie sich schon besser wehren, wenn er ihre Hand in seine Hosentasche stecken will.

Zur selben Zeit wird Wolfgang in die Schülermannschaft des Fußballvereins in Lutter am Barenberge aufgenommen. Seit er laufen kann, ist er dem Ball hinterhergerannt, mit dem seine älteren Cousins Fußball spielten. Nun endlich ist er auch Mitglied in dem Verein, zu dem sein Vater und sein Großvater gehören.

Als Ida im Juni 1952 nach Gartow zurückkehrt, ist Paul Schäfer fort. Er wurde entlassen, doch das weiß sie nicht. Darüber spricht man nicht. Inzwischen ist er Erzieher in Heidenheim bei Stuttgart; ein Lehrer aus Gartow soll ihm die Stelle vermittelt haben. Dann kommt ein Brief von Schäfer, nicht direkt an Ida gerichtet, sondern an die Köchin im Heim in Gartow, wo auch Schäfer wohnte. Es würde ein Wohnheim gebaut werden, so schreibt er, für Lehrlinge;

was die Köchin wohl meine, ob die Schwestern Gertrud und Ida dort vielleicht mithelfen wollen? Er fragt die Mädchen nicht direkt, er schreibt auch nicht an die Eltern – Ida ist achtzehn, erst in drei Jahren ist sie volljährig. Er weiß, wie schnell diese Nachricht reisen wird, und die Reaktion der Mädchen kann er sich denken. Inzwischen ist ihm wohl auch klar, dass ein paar Mädchen eine recht sinnvolle und praktische Ergänzung seiner Truppe sind: Tarnung und Lockmittel können sie sein und niedere Arbeiten verrichten.

Ida ist sofort begeistert: Nach Süddeutschland reisen, ihr Radius wird größer, schon wieder lernt sie etwas Neues kennen. »Ist das nicht toll, Gertrud!«, jubelt sie. »Zwei Heime, so viele junge Leute, Gertrud, sollen wir das machen?« Die Schwester stimmt zu. »Jawohl, wir kommen nach Heidenheim!«, schreibt Ida an Paul Schäfer.

Voller Vorfreude auf das pulsierende Leben mit all den jungen Leuten reisen Ida und Gertrud in derselben Woche nach Heidenheim an der Brenz, wo sie als Hausgehilfinnen im Lehrlingsheim des Gotthilf-Vöhringer-Hauses arbeiten werden. Ida: »Über hundert junge Menschen, und wir betreuten sie – irre aufregend.«

Für Schäfer nebenan im Fürsorgeheim für schwer erziehbare Jungen war es das wohl auch. Schwer erziehbar, was bedeutet das? In vielen Fällen bedeutet es den Entzug der Menschenrechte. Es sind diese seelisch und oft auch körperlich verletzten Kinder und Jugendlichen, deren Nähe Schäfer zielsicher sucht. Der Mangel an Zuwendung ist groß, ihr Bedürfnis nach menschlicher Nähe, ihre Sehnsucht nach Wärme ebenfalls. Ihr Widerstand ist daher geringer. Schäfer weiß, wie er das ausnutzen kann.

Nichts davon nimmt Ida zu diesem Zeitpunkt wahr. Und dennoch sieht sie es. Zwischen beiden Wahrnehmungen entstehen unerträgliche Spannungen. Es ist, als hätte sie mehrere Identitäten.

An der Oberfläche erleben Ida und Gertrud eine herrliche Zeit mit viel Arbeit und viel Freude – verantwortungsvolle Arbeit im Heim und während der Freizeit Radtouren im Sommer und Schneeballschlachten im Winter. Durch Schäfer lernen die

Schwestern viele Menschen kennen, interessante Menschen, wohlhabende Menschen, Direktoren, Betriebsleiter, Kaufleute. Neue Welten öffnen sich. Schäfer nimmt sie mit zu freikirchlichen Gemeinschaften, man betet gemeinsam. So begegnet sie auch der Familie Böckler in Zang bei Heidenheim. Die Kerngruppe aus Gartow ist wieder dabei: Brigitte Kram, Brigitte Baak und Gerhard Mücke, der den Kontakt zu Paul Schäfer per Gerichtsbeschluss gegen seine Eltern erzwungen hat. In Chile wird er Wolfgang Müllers Lehrherr sein.

Die Schwestern werden eingeladen. Auch mal ins Theater. Begeistert nimmt Ida alle Chancen wahr, sich weiterzuentwickeln. Sie will einen Beruf, und sie weiß, dass sie sich ihren Aufstieg erkämpfen muss. Wo auch immer sie Arbeit bekommt, belegt sie nebenher Lehrgänge, lernt Schreibmaschine schreiben, macht Nähkurse, was sich eben im dürftigen Angebot jener Zeit für sie findet.

Nicht lange nach ihrer Ankunft in Heidenheim will Schäfer die Schwestern mit der nächsten Stufe auf dem Weg zu seinem eigenen Reich vertraut machen. Doch diesmal verfängt der dürftig getarnte Versuch, ihnen mit Gottes Hilfe das Geld aus der Tasche zu ziehen, bei Ida nicht.

»Um die Bibel wirklich zu leben«, sagt Schäfer, »müssen wir den Zehnten zahlen.«

»Den Zehnten? An wen denn?«, wundert sich Ida.

»An uns natürlich«, belehrt er das junge Mädchen.

»Wer – uns? An uns drei?«, fragt sie verblüfft nach. Eine gute Vorlage für Schäfer, der mit der Bibel zurückschlägt: »Natürlich, Ida. Weißt du denn nicht, dass geschrieben steht: *Wo zwei oder drei in meinem Namen versammelt sind, bin ich mitten unter ihnen. Dann sind wir Gemeinde.*«

Ida lässt nicht locker: »Wieso sind wir Gemeinde? Was haben wir denn für einen Namen?«

»Wir brauchen keinen Namen«, ist Schäfers dummdreiste Antwort, jeder bleibe in seiner Kirche, erläutert er, zahle aber den Zehnten an ihn. Eine ebenso verblüffende wie entlarvende Mitteilung. Sie macht deutlich, dass Schäfers vordringliches Interesse am Glauben materiell und nicht ideell ist.

»Sekten und neue religiöse Bewegungen sind Vereinigungen von kleinen, freiwilligen, erwählten und exklusiven Gruppen«, schreibt Fleur Flückiger in einer der wenigen soziologischen Arbeiten zur Binnenstruktur religiöser Sekten[32]. »… Sie dulden keine doppelte Bindung, keinen Kompromiss mit ihren Prinzipien, keine Lossagung vom Führungsstandard, den sie billigen, und sie dulden auch keine Verletzung der Tabus, die sie aufstellen.« Führungsanspruch ist Schäfer wichtig, aber die doppelte Bindung scheint ihn in der Aufbauphase des Jahres 1953 nicht sonderlich zu stören. Hauptsache, Geld kommt rein.

Idas Schwester Gertrud ist sofort bereit zu zahlen, sie will das Christentum so leben, wie Schäfer es verlangt. Aber da zieht Ida eine Grenze. Sie denkt an ihre Mutter und ist empört. »Hör mal zu, Gertrud, wir wollen den Zehnten zahlen, aber nur an unsere Mutter. Die lebt in bitterster Armut in Gartow. Wenn es christlich ist, den Zehnten zu zahlen, dann kriegt unsere Mutter das Geld und nicht Paul.«

So machen sie es. Ihr Gehalt in Heidenheim beträgt 75 Mark im Monat. Zum Frühstück im Fürsorgeheim gibt es jeden Morgen eine Velveta-Käse-Ecke. Auf die verzichten die Schwestern, lassen sie sich am Monatsende aushändigen und schicken jeden Monat ein Päckchen mit den Käseecken und fünfzehn Mark an die Mutter. Schäfer sagen sie nichts.

»Möchtet Ihr mit nach Zang zu den Böcklers fahren?«, fragt Schäfer an einem Spätnachmittag. Na klar, Ida ist gern unterwegs. Für jeden Ausflug sind die Schwestern dankbar. Sie schwingen sich auf ihre Räder, zehn Kilometer bergauf zu einem Nebenerwerbshof auf der Schwäbischen Alb, ein Vergnügen ist das. Nicht zum ersten Mal sind sie dort. Als sie ankommen, dämmert es, und das Ehepaar liegt schon im Bett.

»Bleibt man liegen«, sagt Schäfer locker zu den Eheleuten, »macht keinen Aufstand, wir kommen zu euch ins Schlafzimmer.«

Schon ist er drin und setzt sich auf die Bettkante zu Eugen, dem Familienvater. Gertrud und Ida werden auf Stühlen in eine Zimmerecke platziert, und Schäfer hebt an zu einer seiner großen Bet-Aktionen, die sich über Stunden hinziehen können. Alle beginnen gemeinsam: »Jesus Christus hat sein Blut für uns vergossen. Dein Blut, Herr Jesus, komme über uns und wasche uns rein.« Die Reinwaschung ist stets ein wesentlicher Teil der Gebete, denn schon in dieser frühen Phase ist es Schäfer gelungen, tiefe Schuldgefühle in allen zu wecken und stets lebendig zu halten. Diese Schuld wird immer wieder bei ihm persönlich gebeichtet. »Herr Jesus, ich danke dir, dass du mich annimmst in meiner Unvollkommenheit. Ich danke dir, dass du mich von meinen Zweifeln befreit hast.«

Im sogenannten freien, offenen Gebet, das Schäfer einführt, bekennen alle laut ihre Gedanken und Gefühle und breiten sie vor den anderen aus. Das, so sagt Schäfer, habe eine reinigende Wirkung. Auch an diesem Abend zieht sich das Ritual in die Länge, Schäfer entdeckt immer noch etwas, was nicht in Ordnung ist: nicht aufrichtig genug gebetet, nicht alles gebeichtet. Ida und Gertrud, müde von dem langen Arbeitstag und der Radtour, nicken in dem stickigen kleinen Schlafzimmer mit Doppelbett, Nachtschränkchen und Kleiderschrank in der eigenartigen klaustrophobischen und aufgeheizten Atmosphäre allmählich ein.

Hin und wieder kommt Ida zu sich, erlauscht Gesprächsfetzen, die sie eher als ein Ringen empfindet, denn als Beten, und schreckt hoch, als der Familienvater laut wird und empört sagt: »Wir ringen hier mit Gott, und die beiden schlafen!«

Doch Schäfer, ungewöhnlich nachsichtig, winkt ab. »Sie sind müde, lassen wir sie ruhig schlafen.« Vielleicht ist es ihm diesmal ganz recht, dass er keine wachen Zeugen hat: Es geht um Sexualität – damals »Eheleben« genannt. Die Böcklers sind in zweiter Ehe verheiratet, und Schäfer will sie davon überzeugen, dass sie nach göttlichem Gebot keine Sexualität haben dürfen. Warum ist ihm das wichtig?

Als Ida wieder einmal aufschreckt, hört sie, wie Schäfer das

Ehepaar nach dessen Bekannten ausfragt: »Wer gehört denn noch so zu eurer Gemeinschaft?« Witwen und Geschäftsinhaber sind besonders interessant. Da ist doch die Frau Werner in Gerstetten. Eine Witwe. Sie besitzt ein Geschäft und Immobilien. Was für eine interessante Frau.

Zufrieden radelt man nachts wieder zurück nach Heidenheim. Nun ist Ida wirklich müde, und sie wundert sich, wie munter und fröhlich dagegen Schäfer ist. Regelrecht »high«. Es war eben ein fruchtbarer Abend. Für ihn.

Für die Böcklers wohl eher nicht. Die Vermutung liegt nahe, dass die stundenlange Gebetsorgie zu dritt im eigenen Schlafzimmer der Entfaltung einer entspannten, lustvollen Sexualität des Ehepaars kaum förderlich sein würde.

Ida ist beliebt, man mag sie. Im Juni 1953 wird sie von der Heimköchin eingeladen, eine Woche Urlaub bei deren Eltern auf einem Bauernhof im Schwarzwald zu machen. Sie freut sich, wieder etwas Neues kennenzulernen. Sie packt und bittet Schäfer, sie mit ihrem Koffer zum Bahnhof zu bringen. Doch der will nicht, dass sie fährt. Er redet auf sie ein, bedrängt sie. Statt Urlaub zu machen, soll sie ihn per Anhalter nach Groß Schwülper zu neuen Gemeindemitgliedern begleiten. Diesmal weigert Ida sich rundweg. Sie ist jung, sie will etwas erleben, und sie fährt zu ihrem geplanten Urlaub in den Schwarzwald. Dort hilft sie bei der Ernte, macht Radtouren mit der Schwester der Heimköchin, gemeinsam kaufen sie Stoff für eine silberne Hochzeit, dann geht es ins Konzert nach Freudenstadt, um die Schwarzmeer-Kosaken zu hören. Das ist das Leben, das Ida führen möchte. Sie will lernen, sie will Freude, sie will sich weiterentwickeln. Viele Möglichkeiten gibt es nicht, daher ist ihr dieser Urlaub sehr wichtig.

Bei ihrer Rückkehr erfährt sie, dass einige Zöglinge aus dem Heim geflohen sind, aber schon wieder eingesammelt wurden. Der Weg in ein Fürsorgeheim ist in den Fünfzigerjahren nicht kompliziert, und es geht ziemlich schnell. Der Weg hinaus jedoch lang und mühsam – wenn es überhaupt gelingt. Die meisten Kinder oder Jugendlichen dort sind keine Waisen, sie haben Eltern. Idas Beobachtung, wer ein bisschen über die Stränge schlägt, landet schnell in einem Fürsorgeheim, trifft zu. Ida arbeitet nicht im Fürsorgeheim, sondern im Wohnheim für Jugendliche. Hier wohnen Lehrlinge aus der Heidenheimer Schwerindustrie. Aber natürlich erfährt sie auch, was nebenan vor sich geht. Schäfer ist einer von zwei Erziehern. Als die geflohenen Jugendlichen wieder eingefangen und zurückgebracht sind, wird allen – auch den anderen – der Sonntagsausgang gestrichen. Ein beliebtes Bestrafungsmuster in geschlossenen Systemen. Die kalkulierten Folgen sind bekannt: Die Flüchtigen werden von den Unbeteiligten krankenhausreif geschlagen. Eine Solidarisierung gibt es nicht. Die Erzieher machen sich die Hände nicht schmutzig. Und Schäfer trabt hinterher ins Krankenhaus, um die Jugendlichen zu trösten und Zuwendung und Wärme zu verteilen. Das Feld zu bestellen, das er abzuernten gedenkt. Dieses Muster behält er auch später bei.

Doch die Jugendlichen im Krankenhaus lehnen Schäfers Versuch ab, sich auf diese Weise ihre Zuneigung zu erschleichen. Vielleicht ist er es ja, vor dem sie flüchten wollten.

Im Heim schlafen die Jugendlichen in großen Schlafsälen, dreißig Personen pro Raum, dürfen dort aber keinen persönlichen Besitz verwahren. In einer Kleiderkammer gibt es für jeden ein Fach für Wäsche, die nach dem Ermessen der Erzieher zugeteilt wird. In einem Baderaum wird gemeinsam geduscht.

Er käme sehr gut zurecht mit diesen Jungen, sagt Schäfer gern, viel besser als andere Erzieher. Er erzählt auch, dass er schon mal mit dem einen oder anderen Jungen in der Kleiderkammer bete.

Er kümmere sich sehr um das Seelenheil der Jungen, um sie wieder auf den rechten Weg zu bringen. Seinen Weg eben.

Eines Tages, in der Mittagspause, möchte Ida ein Anliegen mit Paul Schäfer besprechen. Sein Zimmer grenzt direkt an den Schlafsaal der Jugendlichen. Sie steht vor seiner Tür, hebt die Hand, um anzuklopfen, da hört sie ein Geräusch. Es hört sich an, als ob jemand etwas ruckartig über den Linoleumfußboden schiebt. Es ist also jemand da, denkt Ida und klopft.

Da hört das Rutschen auf. Sie bleibt stehen und lauscht. Das Geräusch beginnt von Neuem. Er hat mich nicht gehört, denkt sie und klopft noch einmal, lauter. Wieder wird es still. Sie klopft noch einmal.

»Wer ist da?«, ruft Schäfer.

»Ich bin es – Ida.«

»Das geht jetzt nicht«, ruft Schäfer durch die geschlossene Tür.

»Nur ganz kurz«, sagt sie und bleibt hartnäckig; nun hat sie schon mal den Weg aus dem anderen Gebäude hierher gemacht.

Nach einer Weile geht die Tür auf, und Paul Schäfer steht vor ihr. Voll bekleidet. Aber sein Glied ragt aus der Hose.

Ida ist schockiert. Aber was dann geschieht, ist noch verwirrender: Es geschieht gar nichts. Schäfer lässt sie in sein Zimmer eintreten, sie folgt ihm wie in Trance. Er setzt sich in seinen Sessel. So wie er ist. Mit offener Hose und erigiertem Glied. Er weiß es, macht aber keinen Versuch, etwas zu verbergen. Da sitzt er nun stumm im Sessel und beginnt an den Nägeln zu kauen.

Als sie wieder auf dem Flur steht, erinnert sich Ida nicht mehr an den Inhalt des Gesprächs. Nicht einmal, ob überhaupt geredet wurde. Auch wie sie überhaupt aus dem Zimmer gekommen ist, weiß sie nicht mehr.

Der Alltag geht weiter. Das Erlebnis ist so verrückt, dass Ida diese Begegnung in irgendeiner Nische ihres Gehirns auf eine Weise abspeichert, die es ihr möglich macht, weiter mit Schäfer in Kontakt zu bleiben, ihm sogar weiterhin zu vertrauen, ihm zu folgen.

Aber was ist mit Schäfer los?

Er ist kein Nägelkauer. Kann es sein, dass Schäfer in ein kindliches Stadium seiner Entwicklung zurückfällt oder gar in einen kindlichen Anteil seiner Persönlichkeit, als Ida ihn beim Missbrauch eines Jungen überrascht, der schnell ins Nebenzimmer abgeschoben wird, bevor Schäfer die Tür öffnet? Aber warum öffnet er diese Tür überhaupt? Will er überrascht werden? Diese Fragen können nicht mehr geklärt werden.

Vielleicht hätten die Antworten Einblick gegeben in Schäfers eigene Prägungen, über die wenig bekannt ist.

Man weiß, dass Paul Schäfer anfangs eine Kindheit in Armut und Enge erlebte. Seine Eltern ließen sich scheiden, als der Sohn zehn Jahre war. Drei Jahre später heiratete die Mutter wieder, zehn Jahre danach lebte sie mit einem anderen Mann zusammen. Zwei Zimmer nur, Vater, Stiefvater, Freund der Mutter wechseln sich darin ab.[33]

Das höchste Risiko, misshandelt oder missbraucht zu werden, haben Kinder in ihrer unmittelbaren Umgebung, also in der Familie. Dabei sind »Stiefväter als Täter deutlich überrepräsentiert«[34]. Es mag sein, dass Schäfer selbst sexuelle Gewalt erlebt hatte. Zumindest erlebte er die Sexualität seiner Mutter – möglicherweise hautnah – mit. Das rechtfertigt keine einzige seiner Taten. Es gibt viele Opfer sexueller Gewalt, und viele von ihnen geben die Gewalt nicht weiter.

Paul war der jüngste von drei Söhnen. Walter, der älteste, stammte aus einer vorehelichen Beziehung der Mutter. Er war Diakon und wurde Pauls Vorbild – Diakon, so nannte sich Schäfer später selbst. Nach 1945 schloss sich Paul Schäfer »Danilo« an, der als »stärkster Mann der Welt« über die Jahrmärkte zog. Schäfer begleitete ihn, lebte mit ihm. Danilo war schwul und verbarg es nicht. So zu leben war damals nicht leicht. Am Rande der bürgerlichen Gesellschaft noch eher als in ihrer Mitte. Der § 175 StGB, welcher sexuelle Handlungen zwischen Männern verbot, existierte in Deutschland von 1872 bis 1994. In der Nazizeit wurde er verschärft; homosexuelle Handlungen konnten mit bis zu zehn Jahren Zuchthaus bestraft werden oder mit KZ. Die Bundesrepublik übernahm den § 175 aus der NS-Zeit, ab 1969 wurde er allmählich gelockert, erst 1994 ganz aufgehoben.[35]

Doch Paul Schäfer ist nicht homosexuell. Er ist pädosexuell, sein hauptsächliches sexuelles Interesse richtet sich auf männliche Kinder und Jugendliche. Außerdem hat er sadistische Neigungen. Um diese auszuleben, sucht er sich Schwächere, Unterlegene. Kinder eben. Schon früh ist klar, dass Schäfer sein Verhalten nicht ändern wollte – selbst wenn es damals Therapien gegeben hätte. Er mag, was er den Kindern antut, und sieht keinen Anlass, damit aufzuhören. Sein Ziel ist es, Bedingungen zu schaffen, unter denen er seine Neigungen ungehemmt ausleben kann.

Über Sexualität wird nicht offen gesprochen. Es gibt kaum angemessene Aufklärung, Kinder schnappen dies und das von Spielgefährten auf. Was *Pädophile* und *Päderasten* sind, wissen wenige, man warnt Kinder vor »Mitschnackern«, damit hat es sich.

Viele Frauen mögen Schäfer. Er kann charmant sein, eine rheinische Frohnatur. Mehrmals verlobt er sich sogar – aus taktischen Erwägungen. Frauen dafür finden sich leicht, einige bieten sich sogar an. Es herrscht Männermangel, viele Männer sind im Krieg gefallen. Einige Frauen machen Schäfer einen Heiratsantrag. Den Brief einer Kriegswitwe aus dem Kreis Lüchow-Dannenberg liest Schäfer Ida und ihrer Schwester sogar vor. Sie halte es für richtig, schreibt diese, dass Schäfer sie heirate, da er doch mit ihrem Sohn so gut auskomme, so ein ganz besonders gutes Verhältnis zu dem Jungen habe. Der Vater ist »im Krieg geblieben«, und es wäre doch schön, wenn der Sohn wieder einen Vater bekäme.

Man fragt sich, ob eine Mutter so naiv sein kann. Offenbar. Oder so verzweifelt.

Ida und ihre Schwester befürworten das vorgelesene Angebot entschieden. Sie halten es für eine sehr gute Idee. Doch Schäfer schüttelt den Kopf. Er lehnt ab. Wie selbstlos er ist, denken die Schwestern, er lebt ausschließlich für seine Arbeit für Gott. Dafür verzichtet er auf vieles. Sie fragen sich nicht, warum er ihnen den Brief überhaupt vorgelesen hat.

Schäfers Mutter, Anna Schmitz – geborene Schneider, geschiedene Schäfer –, lebt inzwischen in einer großen Wohnung in Siegburg bei Köln, in der auch Ida und Gertrud mehrere Male übernachten. Eine kleine Wohnung im Dachgeschoss gehört mit dazu. Dort zieht eines Tages dann doch noch die Witwe mit ihrem Sohn ein. Geheiratet wird nicht, aber der Sohn hat nun wieder Kontakt zu Schäfer, der sich so gut mit ihm versteht. Später wird der Junge im Paul-Gerhardt-Heim in München Gladbach untergebracht. Schäfers nächstem Arbeitsplatz.

Die Mädchen in Schäfers Umgebung beobachten ihn, sie entwickeln Fantasien über sein Liebesleben. »Die mag er wohl«, sagt ein junges Mädchen etwas eifersüchtig zu Schäfers Mutter, als sie bemerkt, welchen Charme Paul Schäfer im Gespräch mit einer wohlhabenden Geschäftsfrau versprüht. Schäfers Mutter, die ihn oft begleitet, fährt das erstaunte Mädchen an: »Bist du blöd? Da ködert er wieder eine. Das ist kein normaler Mann, der braucht keine Frau.«

Wieder so ein Satz, den Ida hört, speichert, den sie aber erst viel später versteht. Damals denkt sie, dass Paul eben ein heiliger Mann ist, den es nicht nach einer Frau verlangt. Das passt ins Bild: Schäfer wettert oft und heftig gegen körperliche Begierden, gegen Fleischeslust; leidenschaftlich spricht er von der Geißel des Fleisches, und entsprechende Bibelzitate hat er immer parat.

Vermutlich redet er damit über seine eigene Störung. Seine Begierden jedenfalls bringen Schäfer alle ein bis zwei Jahre um seinen Arbeitsplatz. Die Opfer bringen sie um viel mehr. Obwohl er die abhängigen Kinder und Jugendlichen einschüchtert, erzählten einige trotzdem, was er ihnen angetan hat. Außerdem kann Schäfer sich nicht zurückhalten, er ist unvorsichtig, wird überrascht. Oder lässt er sich »erwischen«, gehört das »Erwischtwerden« dazu, ist es ein Teil seiner Inszenierungen?

Der Rausschmiss

An einem Tag im August 1953 bereitet Ida wie gewöhnlich den Speisesaal für das Mittagessen vor. Es ist halb zehn am Morgen. Plötzlich steht Paul Schäfer vor ihr und sagt: »Jetzt ist eingetreten, was ich euch prophezeit habe. Man hat mich fristlos entlassen. Es ist klar, dass ihr mit mir kommt. Ich habe euch hierhergebracht, und ihr geht mit mir fort.«

Selbstverständlich tun sie das. Schäfer hat sie systematisch präpariert. Jeder wahre Christ werde verfolgt, das hat er immer wieder gesagt und Beispiele angeführt. Er könne einfach besser predigen als andere, und das mache viele neidisch. Man beobachte ihn, das sagt er auch.

Ida möchte Heidenheim nicht verlassen, sie ist glücklich dort, sie liebt die Natur, die fröhlichen jungen Leute. Es gibt einen Sportplatz, auf dem sie Völkerball spielen, und abends machen sie einen Dauerlauf um das Heim. Einige von den Heimbewohnern laufen dann immer mit. Es gibt dort so viel Spaß, so viel Lebensfreude. Aber sie weiß, dass sie mit Schäfer gehen muss, wenn man ihn entlässt.

Nachdem Schäfer den Schwestern seine Entlassung mitgeteilt hat, lässt Direktor Kuno Beck die beiden sofort zu einem Gespräch holen. Er erklärt ihnen: »Ich habe mich von Herrn Schäfer trennen müssen, weil er für das Haus nicht tragbar ist.« Ida und Gertrud sind sprachlos. Beck fügt hinzu: »Ich nehme an, dass Sie auch gehen wollen.«

Ja, sagen die Schwestern, dann gehen wir auch.

»Das habe ich mir gedacht«, sagt Beck. Dann redet er zwei Stunden lang auf die Mädchen ein, beharrt darauf, dass dieser Mann schlecht sei. »Sie sind für ihn nur Tarnung«, sagt er, »er benutzt Sie nur.«

Doch Ida und Gertrud fühlen sich nicht benutzt. Sie verstehen überhaupt nicht, was Direktor Beck ihnen sagen will.

Ida bemüht sich um Klarheit. »Wie benutzt er uns denn?«

Doch Becks Antwort hilft ihr nicht weiter. »Sie sind so edel, Sie sind so rein, Sie sind so wertvoll. Sie haben so klare, offene Augen. Sie sind zu schade, mit diesem Mann zu gehen. Sie kennen das nicht, auch wenn ich Ihnen das sage. Sie kennen es nicht.«

In Ida keimt ein Verdacht. »Glauben Sie, dass wir was Intimes mit Herrn Schäfer haben?«, fragt sie mutig. So weit wagt sie sich vor.

»Nein, das haben Sie nicht, das weiß ich.«

Beck bringt die Wahrheit nicht über die Lippen. Schäfer war wieder bei sexuellen Übergriffen auf Jungen erwischt worden. Doch das kann Beck den Mädchen nicht sagen. Er kann es nicht aussprechen. Er will die beiden schützen, aber er wählt den falschen Weg: Er schützt sie vor den *Wörtern*. Doch sein Schweigen schützt nur den Täter. Aber dies sind die Fünfzigerjahre, Beck weiß es nicht besser.

Dann versucht er eine andere Strategie, um Ida und Gertrud zu schützen. Er weiß, dass die Schwestern beruflich etwas aus sich machen wollen. Er schätzt sie, das sagt er ihnen. Er bittet die beiden, zu bleiben, er wolle auch für ihre Ausbildung aufkommen. Und nochmals: »Bitte glauben Sie mir, dieser Mensch ist es nicht wert, dass Sie mit ihm gehen.« Aber es nützt alles nichts. Sie kündigen. Im Zeugnis lobt Beck, was man nur loben kann, er dankt Ida »aufrichtig für ihre zuverlässige Mitarbeit« und wünscht ihr »von Herzen alles Gute für ihren weiteren Weg«. Wenige Tage später sind sie fort.

Angezeigt wird Schäfer auch diesmal nicht.

Nicht nur Ida und Gertrud lassen sich blenden. Auch der Familie Böckler erzählt Schäfer von der ungerechten, grundlosen Entlassung. Man betet zusammen. Darauf verspürt Herr Böckler den dringenden Wunsch, mit dem Direktor zu sprechen. »Und du kommst mit, Paul, es geht nicht an, dass er so einen Gottesmann, so einen gottesfürchtigen Menschen entlässt.« Zusammen marschieren sie los, aber kurz vor dem Heim bleibt Schäfer plötzlich stehen und sagt: »Weißt du, was? Es ist besser, du gehst allein. Dann wird er dir die Wahrheit sagen. Wenn ich dabei bin, sagt er sie dir nicht.«

In seiner Empörung merkt Böckler nicht, wie Schäfer die Tatsachen verdreht. Ein raffinierter Schachzug: Aus juristischen Gründen darf Beck einem Dritten den wahren Grund für die Entlassung nicht mitteilen.

Und wie zu erwarten, verweigert Direktor Beck auf Böcklers Lobpreisung des »Gottesmannes« und auf die inständigen Bitten, die Kündigung rückgängig zu machen oder diese wenigstens zu erklären, die Auskunft. »Sie müssen das verstehen, Herr Böckler, ich kann Ihnen den Grund nicht mitteilen, ich darf das gar nicht.« Leider versäumt Beck hinzuzufügen: »Ich könnte es Ihnen nur sagen, wenn Herr Schäfer bei diesem Gespräch anwesend wäre und mich aufforderte, Ihnen die Wahrheit zu sagen.« Doch darauf kommt er nicht.

»Siehst du«, triumphiert Schäfer, als der Freund Bericht erstattet, »es gibt gar keinen Grund. Ich bin nur entlassen worden, weil ich so ein guter Christenmensch bin.«

Nun kriecht Schäfer bei den Böcklers unter. Eine Woche lang helfen er und die Mädchen der Familie bei der Ernte. Man ist vertraut miteinander, waren Ida und Gertrud doch dabei, als Schäfer und die Böcklers im ehelichen Schlafzimmer mit Gott gerungen haben. Dann schickt Schäfer die Mädchen per Anhalter nach München Gladbach. Auch dort kennt er eine Familie, auch deren Sohn hat er sexuell belästigt. Ida weiß nichts davon. Die Familie des Jungen auch nicht. Erst als Schäfer weit weg in Chile ist, wird dieser Sohn den Mut aufbringen, sich seiner Mutter anzuvertrauen.

Ströme werden fließen

Während Ida im Haushalt und in der Fabrik arbeitet, macht Schäfer eine halbjährige Heimleiterausbildung in Brilon. Mit dem Jugendherbergsleiter in Brilon freundet er sich an. Vielleicht kennt er ihn schon von früher. Mehrmals kommt er wieder, veranstaltet dort auch Treffen. Einige Jahre später wird Schäfer eine Gruppe von Jungen und Mädchen mitbringen, die ihren Aufenthalt hier nie vergessen. Auch Wolfgang Müller wird dabei sein. Wenn das Gespräch darauf kommt, sagen sie auch heute, im Alter, noch erschrocken: »Hör bloß auf mit Brilon!«

Im Frühjahr 1954 findet Ida in München Gladbach Arbeit als Küchenhilfe im Paul-Gerhardt-Heim, einem Lehrlingsheim, das in einem umgebauten Bunker eingerichtet wurde. In diesem Heim gibt es auch einen Bereich für »nichtsesshafte Jugendliche«. Hier wird Paul Schäfer stellvertretender Heimleiter. Nebenher hält er Kontakt mit seinen Anhängern und versucht neue Schäfchen hinzuzugewinnen. Er schaut sich konkurrierende Prediger an und sucht Verbündete.

»Wenn wir uns getroffen haben«, erinnert sich Ida, »dann war Wärme da und Geborgenheit. Gerade weil man vorher so auseinandergerissen war.« Und mit der Erinnerung kommen die Tränen. Auch heute noch. Dieses Bedürfnis, diesen Mangel spüren die meisten Flüchtlinge. Paul Schäfer weiß das zu nutzen. Schon früh versorgt er seine entstehende Gemeinde mit Rundschreiben, Aufgaben, Aktivitäten und mit Forderungen.

Liebe Freunde der Wahrheit[36],

schreibt er am 10. Juli 1954 in seinem Rundbrief Nr. 4 und fährt fort:

Es ist hohe Zeit für das Sommertreffen Anfang September zu rüsten und die Urlaubs und Ferienzeit darauf einzurichten, Wir werden in diesem Jahre in der Nähe von Braunschweig für 8 Tage zusammensein, Voraussichtlich werden die jüngeren Geschwister in Zelten und die älteren anderweitig untergebracht sein. Liebe Freunde kommt und sehet wie der Herr ist, was tut, an Dir und seinem Volk. Es treibt mich in diesem Augenblick Euch zu schreiben: Macht es um jeden Preis möglich zu kommen. Prüfet den Herrn und das was ich schreibe. Der Herr hat noch nie enttäuscht.– Es geht bei unserem Zusammensein um Ewigkeitszubereitung. So wahr der Herr ist, Er wird uns in dieser Zeit eine neue Salbung geben. Ich bitte bitte besonders die Geschwister welche längere Zeit nicht im Allerheiligsten sein können zu kommen. Gedenkt der Ewigkeit, gedenkt der Flecken und Runzeln, gedenkt aber auch des Wortes:

Wer da glaubt wie Schrift sagt,
Von des Leibes werden Ströme
Des lebendigen Wassers fließen.

Und die Ströme werden fließen.

Da sind sie also wieder, die Ströme.

Dann folgt die Bitte, persönliche Veränderungen zu beschreiben, die durch den segensreichen Einfluss Paul Schäfers eingetreten sind. Vorher-Nachher-Beschreibungen der Seele sind gewünscht. Aber nicht auf Karten, sondern im Brief solle man schreiben. Schäfer schließt mit den Worten: *Für heute liebe Grüße EUER.* Die Unterschrift fehlt. Noch eine Aufforderung folgt: *Lest auch bitte 2. Johannes 12.* Gemeint ist der 2. Brief des Johannes, Vers 12. Er lautet:

Ich hätte euch viel zu schreiben, aber ich wollte es nicht mit Brief und Tinte tun, sondern ich hoffe, zu euch zu kommen und mündlich mit euch zu reden, damit unsre Freude vollkommen sei.

Diese Bibelworte lesen sich schön und berührend. Doch Paul Schäfer schreibt sie nicht aus, sondern gibt nur die Quellenangabe. Verschwiegen. Verschworen. Geheimnisvoll. So recht geeignet, um die Fantasien von Jugendlichen zu fesseln: Mitglied eines Geheimbundes sein. Die wahren Christen im Untergrund. Wenn Schäfer unterschreibt, dann meist mit dem Namenskürzel P.S. – als wäre er selbst nur ein unbedeutendes Postskriptum. Und vergleicht sich doch damals schon mit Jesus.

Zu dieser ersten großen Zeltfreizeit lädt Schäfer auch die Familie Baar ein. Der 29-jährige Baptistenprediger Hugo Baar hat gerade seine erste Pfarrstelle angetreten. Hugo und Waltraud Baar und ihre – bislang – vier Kinder, eine christliche Familie wie aus dem Bilderbuch mit sanfter, harmonischer Ausstrahlung, so schauen sie aus Ida Gatz' Fotoalbum heraus. Drei Mädchen mit Schleife im Haar, ein, drei und vier Jahre alt. Das Jüngste, Helmut, ist erst drei Monate. Hugo Baar ist ein sehr emotionaler Mensch, der besonders gefühlvoll predigen kann. Seine Ausstrahlung zieht die Menschen an, seine Persönlichkeit weckt ihr Vertrauen. Er hat eine Wärme, die Paul Schäfer fehlt.

Schäfer kann einschüchtern, er bietet einen intensiveren Glauben, verlangt totale Hingabe, schreit, gibt Prophetien von sich, das ganze dramatische Fach also. Hin und wieder versucht er sich auch an Wunderheilungen. Seine Anordnung »Ich befehle dir, erhebe dich!« allerdings hilft dem Querschnittsgelähmten nicht auf die Beine; nach Schäfer liegt der Misserfolg vermutlich daran, dass dieser vom Teufel besessen ist.

Baar hingegen berührt das Herz der Menschen, er verkörpert christliche Liebe.

»Den brauche ich«, sagt Schäfer zu Ida, »wenn ich den gegen mich habe, habe ich verloren, wenn ich ihn habe, hab ich gewonnen.« Und er macht sich auf die Jagd.

Im Januar 1955 erteilt Schäfer Ida plötzlich Order, ihn nach Salzgitter zur Familie Baar zu begleiten. Aber sie will nicht, sie will zu ihren Eltern, es ist ihr erster Urlaubstag. Also weigert sie sich.

»Nein!«, brüllt Schäfer sie da an. »Wer sind deine Eltern? Wer sind dein Vater und deine Mutter? Die den Willen Gottes tun!« Das ist ein Befehl, dem sich Ida nicht widersetzen kann. Sie kennt die Bibel: Die Jünger verließen ihre Eltern, um Jesus nachzufolgen.

Man reist per Anhalter. Bei weiblicher Begleitung halten die – damals meist männlichen – Autofahrer bereitwilliger an. Und das ist auch schon Idas einzige Funktion auf dieser Reise. Kurz vor der Ankunft schärft Schäfer ihr ein: »Sollten die fragen, wie wir hierhergekommen sind, dann sagst du natürlich ›mit dem Zug‹.«

Du sollst nicht lügen.

Angekündigt hat Schäfer sich auch hier nicht. Man fährt einfach hin. Die Baars sind höfliche Leute, freundlich nehmen sie ihre Gäste auf. Ida wird bei der Oma und den vier Kindern im Kinderzimmer untergebracht und genießt die stille Harmonie in dieser Familie. Idas eigener Vater ist jähzornig, ein ständig wütender Mann. Vielleicht erklärt das auch, warum Ida sich einem brüllenden Schäfer nur schwer widersetzen kann.

Schäfer und Baar bleiben tagelang hinter verschlossenen Türen allein im Wohnzimmer, das auch das Schlafzimmer der Familie ist. Ohne Essen, ohne Schlaf, ohne Kontakt zur Familie. »Die sind noch nicht durch«, wird geflüstert. Womit nur? Gebetet und gerungen wird. Um was nur?

»Schäfer hat Baar in Hörigkeit gebracht«, so Ida Gatz' Kommentar im Rückblick. Doch Ida hat auch eine sachlichere Version: »Er verunsichert ihn in seinem Glauben. Er tritt so prophetisch auf. Als sei er direkt von Gott gesandt.« Und er bringt Baar dazu, das auch zu glauben.

Menschen in Hörigkeit bringen – wie geht das? Essensentzug und Schlafmangel sind beliebte Strategien, um Menschen zu »brechen«, bestätigt Ian Haworth vom Britischen Cult Information Center. »Das kann schon in drei oder vier Tagen gelingen.«[37] Haworth, selbst ein Sektenaussteiger, der seit über dreißig Jahren andere Betroffene berät, wurde von der BBC anlässlich der Verurteilung eines satanistischen Kults im März 2011 in Wales interviewt. »Besonders bei Menschen mit sehr klarem Verstand scheint das zu wirken«, fügt er an. Immer wieder gibt es solche Meldungen, meist nur regional verbreitet. Man fragt sich, ob die Widerstandskraft gegen destruktive Kulte und ihre Führer heute größer ist als vor fünfzig Jahren.

Haworths Hinweis auf »Menschen mit sehr klarem Verstand« und deren Anfälligkeit für destruktive Strategien ist wichtig. Um Schäfers Erfolge als Menschenfänger zu erklären, wird gern darauf verwiesen, dass die meisten seiner Opfer Flüchtlinge aus Osteuropa mit niedrigem Bildungsstand waren. Ein Klischee, das so nicht zutrifft und als Erklärung auch nicht ausreicht – wie ein Blick auf Scientology zeigt.

Nach drei Tagen ist Paul Schäfer schließlich mit Hugo Baar »durch«. Familie Baar hat schon ein Telefon. So wird Rita Seelbach herbeordert, und der Vertragstext wird ihr sofort in die Schreibmaschine diktiert. Schäfer erhält den ersten Rang in der noch namenlosen Gemeinschaft. Baar wird Schäfers Stellvertreter, Hermann Schmidt aus Hamburg folgt als dritter in der Hierarchie. Dann wird Heinrich Schmidt in Allenbüttel angerufen, und der schwingt sich sofort in sein Tempo-Dreirad. Los geht es nun zur Familie Brodehl, die die erste Zeltfreizeit organisierte. Schäfer steigt vorne ein, und Ida hockt frierend und zornig auf der Ladefläche, auf die Schäfer sie verbannt hat an diesem eiskalten Januartag. Auch mit Friedrich Brodehl wird im verschlossenen Wohnzimmer gerungen, das auch das Schlafzimmer der Familie ist. Währenddessen wartet Ida in der Küche. Beiläufig, im Vorbeigehen, drückt Frau Brodehl ihr wortlos ein Papier in die Hand und geht nach draußen auf den Hof zum Vieh.

Was soll ich damit, denkt Ida, einen Papierkorb entdeckt sie nicht, so wirft sie es in den Kanonenofen, sieht gerade noch, dass es ein Briefumschlag ist, der in den Flammen verlodert. Weil niemand im Raum ist und die Brodehls ein kleines Radio haben, drückt sie auf die Stationstaste, hört eine Weile Caterina Valente zu und träumt – wie ganz Paris – von der Liebe.

»Wo ist der Umschlag für Paul?«, fragt Eugen Brodehl, als er nach langer Zeit mit Schäfer wieder in die Küche kommt.

»Den Briefumschlag hat Ida schon«, sagt Frau Brodehl.

Schäfer schaut zu Ida, welcher nun dämmert, dass sie nicht nur altes Papier vernichtet hat.

Frau Brodehl wird blass: »Fünfzig Mark!« Es ist ein Aufschrei.

Sofort winkt Schäfer ab, er spielt es herunter – was ist Geld? –, er scheint gelassen, denn Ida soll nicht verstehen, wie viel er schon abkassiert. Aber nun versteht sie doch, dass sie ahnungslos fünfzig

Mark vernichtet hat, die unauffällig den Weg in Schäfers Tasche finden sollten. Ein Vermögen ist das. Achtzig Mark im Monat verdient Idas Vater mit seiner Arbeit. Für eine Dreieinhalb-Zimmer-Wohnung in einer guten Gegend in Hamburg zahlt man 70 DM Monatsmiete, für eine Lederhose 6,90 DM, ein Pfund Käse kostet 1,95 DM und das Waschmittel »Wipp« 55 Pfennig.

Wenn nur zehn Familien Schäfer monatlich so viel zahlen, hat er ein recht kommodes Auskommen. Aber es sind schon viel mehr.

Im Juli 1955 findet eine Zeltfreizeit auf dem Hof der Familie Böckler in Zang statt. Schäfers namenlose Gemeinde umfasst nun etwa vierzig Personen. Dazu wird aus dem Bekanntenkreis der Familie auch jene wohlhabende Frau Werner aus Gerstetten eingeladen.

Auf dieser Zeltfreizeit soll Ida die ganze Mannschaft bekochen. Sie freut sich; im Heim in München Gladbach hat sie schon für neunzig Personen gekocht, als sie kurzfristig die Köchin vertreten musste. Ida ist ehrgeizig, sie möchte abwechslungsreiche Mahlzeiten servieren. So fährt sie in das Gotthilf-Vöhringer-Haus in Heidenheim, in dem sie vor drei Jahren gearbeitet hat, um sich dessen Speiseplan zu holen. Eigentlich aber fährt sie dorthin, um Schäfers Ruf vor den ehemaligen Kollegen zurechtzurücken.

»Direktor Beck hat ihn ja leider entlassen. Ohne Grund«, sagt sie, immer noch empört, vor der versammelten Küchenmannschaft. Und fügt triumphierend hinzu: »Jetzt ist Paul sogar stellvertretender Heimleiter in München Gladbach geworden.«

Aufmerksam hört man ihr zu, fragt auch nach, wo genau dieses Heim denn liege.

Zurück in München Gladbach geht sie stracks zu Schäfer und berichtet strahlend, wie sie seine Ehre verteidigt hat. Doch der wird blass, und zornig schimpft er: »Musst du denn allen alles erzählen?« Zur Strafe nimmt er ihr den Posten als Köchin weg, gibt ihn Frau Werner. Vor allen, die gerade in der Nähe sind, weist er Ida aus der Küche mit lang ausgestrecktem Arm und mit den Worten: »Du fastest erst mal!«, und wendet sich ab.

Solche dramatischen Gesten hat Schäfer geübt. Ida konnte ihn mehr als einmal beobachten, wie er gestikulierend Ansprachen übte, in der Annahme, er sei allein. Trotzdem gelingt es ihm, auch sie mit den Gesten einzuschüchtern. Ida, die mit Lob gerechnet hatte, versteht weder seine heftige Reaktion noch die Bestrafung. Dass Schäfer Angst hat, auch diesen neuen Arbeitsplatz zu verlieren, wenn sich Direktor Beck aus Heidenheim mit der Heimleitung in München Gladbach in Verbindung setzt, das ist unvorstellbar für sie.

»Was hab ich denn falsch gemacht?«, fragt sie.

»Na, denk mal nach«, sagt er und wendet sich den anderen zu. »Heute ist eine weise Frau bei uns«, sagt er und stellt Frau Werner aus Gerstetten vor. Möglichst laut sagt er das, »so eine wie die weisen Frauen in der Bibel, die die Jugend lehrten und ihr ein Vorbild waren.«

Aus den Fotos in Ida Gatz' Album lächelt eine stämmige Matrone mit Dutt und Kittelschürze zwischen Hühnern, Schafen, Schweinen und Kühen in die Kamera, eben jene weise Witwe. Natürlich gefällt es der Frau Werner, die alle schon bald Omi Gerstetten nennen, dass sie nun eine weise Frau sein soll, die das Sagen hat und jungen Mädchen den Weg weist. Welcher einsamen älteren Witwe gefiele das nicht? Schäfer wiederum gefällt es, dass Frau Werner vermögend ist. Und noch mehr gefällt es ihm, dass sie sich offenbar recht leicht von dieser Last zu trennen vermag. Wozu braucht sie überhaupt Immobilien?

Auf Teufel komm raus

Nun ist Ida also schuldig geworden. Zwar versteht sie den Grund für Schäfers Zorn nicht, aber das muss an ihr liegen. Am liebsten würde sie sich in das winzige Zweipersonenzelt verkriechen, das sie mit ihrer Schwester teilt. Aber Ida ist entschlossen, auch das durchzustehen. Sie fastet acht Tage. Und da auf dieser Freizeit in Zang auch Teufel ausgetrieben werden, stellt sie sich am Ende des achten Tages mit in die Reihe und lässt austreiben. Verborgen unter einer kleinen Scheune auf dem Hof der Böcklers liegt ein Keller, ganz dick mit Stroh ausgepolstert und schalldicht gemacht. Dort werden die Teufel ausgetrieben.

Ich muss wohl auch die Teufel in mir haben, denkt Ida, dass es mit mir so gar nicht klappt und ich schon wieder schuldig geworden bin. Irgendwie bin ich nicht auf Linie, immer ist mein Gebet leer und wird kritisiert. Warum schaffe ich es nicht, richtig drin zu sein in der Gemeinschaft, warum bin ich immer noch außen vor? Mein Verstand ist mir im Weg, sagt Paul. Jetzt gehe ich auch in diesen Keller hinunter und lass meine Teufel austreiben.

In einer langen Schlange warten alle geduldig, einer nach dem anderen betritt den schalldichten Kellerraum und wird gesondert behandelt. Endlich ist auch Ida dran. Still sitzt sie da. Nach acht Tagen Fasten ist sie mürbe geworden. Jetzt noch den Teufel raus, denkt sie. Dann ist alles Böse in mir weg.

Die »Brüder« rufen: »Teufel, fahr aus! Du böser Geist …!« Es folgen schreiende, ekstatische Gebete, bis Ida ganz wirr im Kopf ist, dann legen sie ihr die Hände auf. Ida bringt auch das hinter sich und denkt: Nun kannst du das Fasten abbrechen, kannst endlich wieder essen, und die Teufel sind weg.

Die Teufel sind weg? Aber woran merkt sie das?

Gemerkt hat sie nichts. Eigentlich fühlt sie sich hinterher nicht anders als vorher. Sie nimmt nur an, dass die Teufel weg sind. Die Brüder werden es schon wissen, denkt sie, sonst würden sie ja nicht aufhören. Aber vor allem hat sie Hunger nach acht Tagen ohne Essen. Die Teufelsaustreibung ist die Absolution, nun darf sie wieder essen.

Es wird überhaupt sehr viel gefastet. Gerhard Mücke fastet mehr als dreißig Tage. Gerhard folgt Schäfer schon seit Gartow. Per Gerichtsbeschluss gegen seinen Vater, einen Polizeiwachtmeister, hat er durchgesetzt, dass Paul Schäfer sein Vormund wird. Es geht das Gerücht, dass Schäfer ihn einmal zu sechzig Tagen Fasten verurteilt hat. Er hätte sterben können. Viele fasten wegen sexueller Probleme. Oder was sie dafür halten. Irgendwann geht dann auch dieser Appetit weg.

In Schäfers Augen ist Fasten ein Universalheilmittel. Jedenfalls für andere. Als Idas kleiner Bruder zum ersten Mal an einer Freizeit teilnimmt, befiehlt Schäfer, auch den Bruder fasten zu lassen. Doch da zieht Ida die Grenze. Familie geht ihr über alles, und eines Tages wird das ihre Rettung sein. »Das kommt nicht infrage!«, lässt sie ihre Empörung auf Schäfer los. »Der fastet nicht! Der ist klapperdürr, der sieht schon jetzt so elend aus. Was werden die Eltern sagen, wenn der hier noch mehr verhungert?«

Was soll das Fasten überhaupt? Viele, die es probiert haben, wissen, dass längeres Fasten das logische Denkvermögen beeinträchtigen kann. Manchmal zugunsten anregender Halluzinationen, die aber wenig alltagstauglich sind. Deshalb sorgt Schäfer gern dafür, dass die anderen fasten. Er aber nicht.

Nach dieser Freizeit wird Ida von Schäfer zur Familie Baar abgeordnet, die wegen der neuen Pfarrstelle von Salzgitter nach Gronau gezogen ist. Hier begegnet Ida bald Gudrun Wagner wieder und lernt Lilli kennen. Und Schäfer kann, unter dem Vorwand, nach Ida zu schauen, jederzeit auftauchen und Hugo Baar überwachen.

Nun nimmt das Unternehmen Schäfer Fahrt auf. Paul Schäfer ist ständig auf Achse. Zwei Monate später folgt die Karlsruher Erweckung durch Branham, und mit neuer Munition geht es weiter nach Graz, wo er sich die Familien Wagner und Wöhri eingemeindet.

Im folgenden Jahr zeigen sich die Früchte seiner Bemühungen. Der Rundbrief Nr. 13 vom April 1956 verkündet:

> *Eine freudige Nachricht können wir unseren Freunden mitteilen. Durch ein größeres Geldgeschenk einer Schwester ist es uns möglich geworden den lang ersehnten kleineren Wagen zu kaufen. Wir freuen uns, daß unser Reise-Besuchsdienst jetzt regelmäßiger durchgeführt werden kann.*

Wie schön. Nun muss Paul Schäfer nicht mehr als Anhalter am Straßenrand stehen. Sondern kann im dunkelgrünen Mercedes vorfahren.

Im Mai 1956 kündigt ein weiterer Rundbrief die Sommerfreizeit im August in Groß Schwülper an. Gleichzeitig wird zur »Brüderkonferenz« in München Gladbach eingeladen, zu der sich alle »Brüder« am 9. Juni in der dortigen Jugendherberge einfinden sollen. Die ledigen Schwestern auch, fügt ein Nachsatz hinzu. Das Treffen ist wichtig, die Aufforderung wird mehrfach wiederholt. Worum es geht, wird nicht verraten.

Es gibt ein unterschiedliches Programm für Mädchen und Frauen, genannt »Schwestern«, und für Männer, genannt »Herren«.

Die Mädchen bekommen ein Fünfer-Zimmer; auch Ida und ihre Schwester Gertrud sind dabei. Am Nachmittag reisen sie an und bleiben unter sich. Was bei den Männern vor sich geht, erfahren sie nicht. Denen teilt Schäfer einige seiner Pläne mit. Er redet von zwei Uhr nachmittags bis abends um acht. Er redet sie müde und mürbe. Zuerst spricht er einige Stunden lang über den Sinn biblischer Lebensgemeinschaften, wie er sie versteht. Dann kommt er zur Sache:

> *Alle, die dazu bereit sind, ihr persönliches Leben aufzugeben und ihre Arbeitskraft und ihr verdientes Geld der Gemeinschaft zu überlassen, sollen »Kreuzler« genannt werden und sind die tragende Gruppe der ganzen Gemeinde. Bekleidung, Essen und Schlafen sind frei. Die Mädchen sollen bei einer eventuellen Hochzeit mit einer guten Aussteuer bedacht werden. Gemeinsames Ziel ist das Haus in Heide und der Bau einer gemeinsamen Wohnsiedlung mit einzelnen Familienhäusern. Späterhin Krankenhaus und Altersheimbau. Von Auswanderung wird gesprochen, aber die Durchführung liegt in weiter Ferne.*[38]

Hiervon erfahren »die Schwestern« tags darauf nur wenig. Am Morgen fahren alle gemeinsam in den Wald. Am Waldrand veranstaltet Schäfer einen Gottesdienst. Wieder wird sehr viel gebetet, gemeinsam und nacheinander. Alle beten laut und tragen vor, was sie bewegt. Man beschwört die Gemeinschaft und Jesus Christus. Und zwischendurch ertönt immer wieder Schäfers Stimme, wie ein Refrain, mit den Worten Jesu: »Niemand kommt zum Vater, denn durch mich.«

Diese Szene kann Ida Gatz noch fünfzig Jahre später genau beschreiben. Dem Schulfreund Schäfers, Willi Georg, der ebenfalls dabei ist, fällt auf, dass Schäfer zu diesem Zeitpunkt schon eine andere Formulierung verwendet: »Der Herr Jesus bin ich.« Schon damals sagt Schäfer also, dass der Weg zu Gott nur durch ihn, Paul Schäfer, führt.

Nach dem Gebet hält Schäfer wieder eine kleine Rede. Er spricht davon, wie traurig es sei, dass sie sich nur so selten sehen, weil alle zerstreut in verschiedenen Gegenden Deutschlands leben. »Es wäre doch schön, eine gemeinsame Bleibe zu haben, wo wir uns immer treffen können. Ein Zentrum«, sagt Schäfer und beschwört den Zusammenhalt in der Gruppe, die eingeschworene Gemeinschaft. Gemeinsam etwas zu schaffen, das sei ein wunderbares Ziel, das sie erreichen könnten, wenn jeder ein Jahreseinkommen abgebe.

Seine Worte berühren Ida. Wieder denkt sie daran, wie zerrissen ihre Familie lebt, wie unvorstellbar groß ihre Not war. Man kommt aus einer Großfamilie und ist doch so einsam, Gefühle kann man sich nicht leisten. Es ist ein täglicher Kampf. Ihr kommen die Tränen.

Auch heute noch.

Sogleich packt Schäfer ein Schreiben aus. Alles am Vorabend mit den Brüdern ausgearbeitet, sagt er, und alle erklären sich sofort bereit, den Vertrag zu unterschreiben. Obwohl – oder weil? – sie nicht vorbereitet sind und keine Bedenkzeit haben. Als Erster unterschreibt Paul Schäfer. Dann die »Herren«: Willi Georg, Alfred Schaak, Herbert und Horst Münch, Gerhard Mücke. Dann, ehe sie sich versehen, auch die »Schwestern«: Brigitte Baak, Brigitte Kram, Helga Habek, Ida und Gertrud Ritz.

Aber was bedeutet das nun?

Es bedeutet, sagt Schäfer, dass jede und jeder für ein Jahr das Kreuz auf sich nimmt und es für den Herrn, für Jesus Christus, trägt. Sie sind die sogenannten Kreuzträger. Die Kreuzler. Die Vorzeige-Christen.

In zwei Jahren wird auch die Familie Wagner dazugehören.

Konkret bedeutet es, dass alle gehen müssen, wann und wohin Paul Schäfer will. Dass jeder und jede dort ein Jahr lang arbeitet, für ein Gehalt, das Paul Schäfer allein aushandelt, kennt und einsteckt. Es bedeutet, dass keine Sozialversicherung gezahlt wird. Sie sind jetzt Leiharbeiter ohne eigenes Einkommen. Die verheirateten Männer beruhigt Schäfer mit den Worten: »Für die Familien wird gesorgt.« Wie, das sagt er nicht. All das haben sie nun unterschrieben.

Ida wird nach Allenbüttel geschickt zur Familie Schmidt, die einen Laden besitzt und zu Schäfers Gemeinschaft gehört. Ida versorgt den Haushalt und hilft im Geschäft. Ihr Gehalt geht direkt an Paul Schäfer bzw. an Alfred Schaak. Wie hoch es ist, weiß sie nicht.

Schäfers Unterschrift auf diesem Vertrag ist Makulatur, nur ein strategisches Manöver, um die anderen zu verleiten, es ihm nachzutun. Er bekommt sowieso alles und muss nichts geben. Der Drogist Alfred Schaak ist Kaufmann und übernimmt Geschäfte und Verwaltung der Gemeinschaft. Der Zehnte, die Gehälter und sämtliche Spenden werden an ihn überwiesen. Schon bald sind die Finanzen unübersichtlich; niemand außer Schaak und Schäfer hat Einblick und weiß Bescheid. Als Erstes schaffen sie sich einen weiteren VW-Bus an. Alle sind voller Freude: Sie sind auf dem rechten Weg. Schäfer geht strahlend mit ausgebreiteten Armen auf Willi Georg zu und sagt: »Siehst du, Willi, das bist du schuld, dass wir uns diesen Wagen kaufen konnten.«[39]

Der Begriff der Schuld ist zentral im Christentum. Christus' Tod am Kreuz befreit die Christen von der Schuld der Erbsünde. Schuld ist negativ, so sehen es auch Christen. Das ist Schäfer zweifellos vertraut. Dennoch spricht er hier von Schuld statt von Verdienst. Warum kehrt er den Begriff in sein Gegenteil? Er beschmutzt die Leistung. Oder soll das ein Scherz sein? Diese Formulierung benutzt er immer wieder gern, wenn jemand Gutes bewirkt hat. Oder ist ihm Lob nur zuwider, wenn er selbst nicht der Gelobte ist? Gefühle von Schuld spüren viele seiner Opfer bis heute, so tief, als hätte er sie ihnen mit einem Brandeisen eingebrannt.

Im Frühjahr 1956 richten die vereinzelten Kleingruppen, die sich bislang um Schäfer und Baar geschart haben, ihre freudigen Erwartungen auf die Sommerfreizeit im August in Groß Schwülper an der Oker. Dort, wo Paul Schäfers Schatten zum ersten Mal auf Wolfgang fällt. Wo Wolfgang zum ersten Mal Gudrun sieht.

Während die Familie Wagner mit voller Kraft voraus in den scheinbar sicheren Hafen der Schäfer-Gruppe segelt, hingebungsvoll auf ein intensiveres Christentum hoffend und blind für alle Irritationen, gehen andere allmählich auf Abstand. Wie Ida Ritz. Als sie Gudrun Wagner und deren Familie 1956 auf der Zeltmission in Groß Schwülper zum ersten Mal trifft, gehört sie seit acht Jahren zum engeren Kreis um Paul Schäfer. In dieser Zeit hat sie miterlebt, wie Schäfer eine verschworene kleine Gruppe um sich schart, wie er Menschen erniedrigt, hörig macht und für sich arbeiten lässt. Trotzdem ist sie immer noch dabei.

Ida ist nun 22 Jahre alt. Auch diese Freizeit hält sie noch im Bild fest: Mittendrin steht die vierzehnjährige Gudrun in ihrem schwarz gepunkteten weißen Sommerkleid, um sie herum eine Gruppe von etwa 25 Kindern, Jugendlichen und Erwachsenen. In diesem Jahr hat Gudrun die Schule beendet und eine Lehre als Verkäuferin begonnen. Schüchtern lächelt sie hinter dem Rücken eines Jungen hervor – vielleicht ist das Alfred, Gudruns Schwarm? Der kleine rothaarige Wolfgang Müller taucht nicht auf, sein kurzer Besuch hinterlässt nur bei Paul Schäfer einen Eindruck.

Lange Zeit begreift Ida nicht, was wirklich vor sich geht. Sie sieht, was geschieht, aber sie kann es nicht verstehen, weil die Zeit voller Tabus ist. Weil nicht sein kann, was nicht sein darf. Weil man lieber seinen eigenen Augen nicht traut, wenn diese etwas sehen, für das der eigene Verstand kein Konzept hat. Doch ab 1956 beginnt Idas Abhängigkeit allmählich zu bröckeln. Als Schäfer die Grazer Gruppe akquiriert, gewinnt Ida langsam Abstand. Ihr Bild von Schäfer hat inzwischen deutliche Risse bekommen. Hin und wieder traut sie sich, ihm Kontra zu geben. So auch diesmal. Während Schäfer im Freien vor dem Zelt immer lauter, dramatischer, dämonischer betet und auf seine Schäfchen einredet, immer düsterere Prophezeiungen auf sie herniederprasseln lässt und während sie dabei immer kleiner und krummer werden, immer angstvoller schweigen, da geht Ida in die innere Emigration. Ein Bild formt sich in ihr. Schäfer spürt, dass sie sich entfernt, dass sie ihm entgleitet. Er spricht sie direkt an, fordert sie auf, ihre innersten Gedanken zu äußern. Da sagt sie es: »Ich werde den Gedanken nicht los, dass du bist wie Adolf Hitler.«

Ist das Mut oder ein Sündenbekenntnis? Beichte oder Angriff?

Alle schauen erschrocken auf. Dann blicken sie zu Paul. Was wird er sagen?

Paul sagt: »Gott offenbart durch dich, was die anderen hier denken.«

Was für ein Risiko geht er ein! Doch die Wirkung ist verblüffend: Keiner fällt vom Glauben ab, sie fühlen sich nur noch schuldiger. Er spielt auf der Gruppe wie auf einem Instrument, das er selbst gestimmt hat.

Schäfer fühlt sich stark. Zu Recht, denn sein Kreis erweitert sich. Im September 1956 schreibt er im Rundbrief Nr. 16:

> *Wir können noch eine sehr erfreuliche Nachricht mitteilen. – Ich sah vor einigen Jahren einmal ein Bild, und zwar ein Haus. Durch Gottes wunderbare Führung sind wir im Besitz eines solchen Hauses. Der jahrelange Wunsch hat sich nun endlich erfüllt. Wir haben eine Freizeitstätte, ein äußeres sichtbares Zentrum. Seit zwei Wochen bewohnen einige Geschwister schon unsere neue Heimat.*[40]

Das Grundstück in Heide bei Siegburg gehört nun also »uns«. Dieser Mitteilung hat Schäfer gleich eine nachträgliche Prophezeiung beigefügt: »Ich sah vor einigen Jahren einmal … ein Haus.« Einstweilen ist dort allerdings noch kein Haus, sondern nur ein Grundstück mit Baracke, das dem Kölner Anwalt Dr. Otto Nelte abgekauft wurde, der Verteidiger bei den Nürnberger Prozessen war.[41] Jetzt soll auch die Einrichtung von den Mitgliedern gespendet werden, und an den Wochenenden ist noch viel Arbeit vor Ort zu leisten: Ein neues Jugendheim wird erbaut. Außerdem ergeht eine Bitte an »die Träger der Kreuzgeschwister, die Überweisung pünktlich bis zum 2. jedes Monats vorzunehmen.« Auch neue Kreuzgeschwister sollen sich melden.

Handschriftlich lässt Paul Schäfer Ida zu ihrem Geburtstag dann noch »mit dem Wort aus Offb 2,10« grüßen.

> *Fürchte nichts von dem, was du leiden wirst. Siehe, der Teufel wird etliche von euch ins Gefängnis werfen, auf dass ihr geprüft werdet, und ihr werdet Drangsal haben zehn Tage. Sei getreu bis zum Tode, und ich werde dir die Krone des Lebens geben.*

An den Anfang des Rundbriefs setzt Schäfer ebenfalls ein Zitat aus der Apokalypse des Johannes:

> *Wer böse ist, der sei auch fernerhin böse und wer unrein ist, der sei auch fernerhin unrein, aber wer fromm ist, der sei auch fernerhin fromm und wer heilig ist, der sei auch fernerhin heilig.*[42]

In der Tat.

Am 31. Dezember 1956 ist der Verein gegründet, die Vereinssatzung steht fest, sie wird allerdings erst 1968 ins Vereinsregister eingetragen. Das eingetragene Ziel: »die Aufnahme gefährdeter und bedürftiger Jugendlicher, Hilfe für Minderbemittelte und Erholungsbedürftige, Verkündigung des Evangeliums«. Am 27. Juli 1957 sind siebzehn Kinder und Jugendliche als Heimbewohner beim Kreisjugendamt gemeldet. Dabei gibt es noch gar kein Heim, nur eine Baracke. Und die siebzehn sind auch keine Waisen, sondern Kinder der Sektenmitglieder. Einer von ihnen ist Ernst-Wolfgang Müller (später Kneese). Bis dahin lebt er in Hamburg. Seine Mutter, die in Bonn als Sekretärin im Verteidigungsministerium arbeitet, übergibt ihn Schäfer[43] zur Erziehung. Ein anderer ist Hartmut Hopp.

Im Dezember 1957 besucht die erste Kreisfürsorgerin die Gemeinschaft, die einen guten Eindruck auf sie macht, wie sie notiert. Beim nächsten Besuch das gleiche Bild.[44]

Nun hat Schäfer seinen sicheren Ort.

KAPITEL 5

Verführung

1958
Politik: Kalter Krieg der Supermächte; Massenkundgebungen gegen atomare Aufrüstung; Atomtests im Pazifik.
Gesellschaft: 100 Jahre Mutter Gottes in Lourdes; »Wunderheiler« Bruno Gröning wegen fahrlässiger Tötung verurteilt.
Im Kino: *Die Zehn Gebote; Es geschah am helllichten Tag* (Gert Fröbe).
Schlager: *Great Balls of Fire* (Jerry Lee Lewis).
Literatur: Nobelpreis für Boris Pasternak *(Doktor Schiwago)*.
Spruch des Jahres: *Macht das Tor auf!*

Als Alfred Matthusen im Sommer 1957 aus Graz nach Deutschland zurückgerufen wird, vermisst Gudrun ihn sehr. Wo er ist, da will auch sie sein. Ja natürlich, gute Werke will sie auch tun. Das steht im Vordergrund, als sie mit ihren Eltern verhandelt. Da trifft es sich gut, dass Paul Schäfer gerade jetzt viele helfende Hände beim Aufbau des Jugendheims in Heide braucht. Gudruns Wunsch führt zu einem Konflikt zwischen ihren Eltern. Der Vater, begeisterter Schäfer-Anhänger, gibt die Erlaubnis, doch die Mutter verweigert ihr Einverständnis.

»Du gehst wegen Alfred dahin, nicht wahr?«, sagt ihre kleine Schwester Hedi traurig. Sie ist fünf. Aber auch das ändert nichts.

Füreinander einstehen

Gudrun geht trotzdem. Am 15. Mai 1958 bricht sie ihre Lehre ab und fährt per Anhalter nach Heide bei Birk, um das Jugendheim von Paul Schäfer mit aufzubauen. Und um ein neues Leben zu beginnen. Mit Alfred. Einen Monat später folgt ihre ältere Schwester Hilde. Im Jahr darauf der Vater mit den Zwillingen Else[45] und Martha; die beiden sind nun dreizehn.

Eine christliche Gemeinschaft, in der alle füreinander einstehen, einander helfen und gute Werke tun: Das ist Gudruns Erwartung, als sie nach Heide fährt. Unterwegs sieht sie Mädchen auf der Straße, die bunte Hula-Hoop-Reifen um die Hüften kreisen lassen. *Die haben Hurengeister im Bauch*, sagt Paul Schäfer dann in Gudruns Kopf. Manchmal hört sie auch Musik aus einem offenen Fenster. »Wenn Teenager träumen«, singt einer. Gudrun ist sechzehn, sie ist ein Teenager, aber davon weiß sie nichts. Mit ihrem straffen Kranz auf dem Kopf, den flachen Schuhen und dem gesenkten Blick unterscheidet sie sich deutlich von den meisten Mädchen, die jetzt ihre Weiblichkeit ausprobieren, ihre Petticoats mit Wäschestärke einreiben, damit sie schwingen beim Tanzen, die mit Lippenstift und Wimperntusche ihre jugendlichen Reize unterstreichen. *Die sind des Teufels, schau weg*, sagt Paul. Gudrun weiß, dass sie selbst gottgefällig lebt, sie wird nicht verloren gehen.

Füreinander einstehen. Auch Ida Ritz will das. Beim gemeinsamen Abendessen in Heide sagt sie es: »Wenn Hugo« – Idas jüngerer Bruder – »in der Gemeinschaft bleiben will, gehe ich wieder nach Hause und unterstütze die Eltern. Die können wir nicht im Stich lassen beim Hausbau.«

Da brüllt Schäfer los: »Wo gibt es denn so was, dass Eltern auf Kosten ihrer Kinder Häuser bauen! Sag deinen Eltern, sie sollen uns das Haus geben, dem Alfred Schaak und mir, und wir werden sie unterhalten.«

Tatsächlich übermittelt Ida diese Botschaft den Eltern. Erst der Wutanfall ihres Vater zeigt ihr, dass etwas nicht stimmt mit Schäfers Vorschlag. »Ihr doofen Kühe«, beschimpft der Vater seine Töchter, »bringt dem faulen Strick euer Geld! Ich brauche doch keinen Schäfer, der mich ernährt! Ich habe immer noch meinen Verstand.«

Viele treffen zu diesem Zeitpunkt in Heide ein. Aus allen Himmelsrichtungen. Schäfer und seine engeren Vertrauten können gut organisieren. Die Gläubigen sind beseelt von ähnlichen Hoffnungen und Wünschen wie Gudrun Wagner. Andere werden von ihren Müttern und Vätern abgeliefert wie Ernst-Wolfgang Kneese und Wolfgang Müller. Alle sollen nach Kräften beim Aufbau einer gemeinsamen Zukunft helfen. Urchristlich soll die sein. Was das für sie bedeutet, dazu wird ihnen Paul schon das Nötige erklären. Beizeiten. Wie er ihnen auch das Nötige geben wird. Das Allernötigste, wie sich herausstellen soll.

> *Und alle, die gläubig geworden waren, bildeten eine Gemeinschaft und hatten alles gemeinsam. Sie verkauften Hab und Gut und gaben davon allen, jedem so viel, wie er nötig hatte.*[46]

So beschreibt die Apostelgeschichte die christliche Urgemeinde. *Sie hatten alles gemeinsam.* Ein schöner Traum. Viele Sekten, die sich als urchristlich bezeichnen, haben sich das auf die Fahnen geschrieben. Doch bei manchen bereichert sich nur eine kleine Führungsschicht, die keinerlei Rechenschaft über ihr Tun ablegt, sondern selbstherrlich darüber entscheidet, wie viel die anderen nötig haben.

Den Teufel blamieren

Sie hatten alles gemeinsam. Diese Worte sprechen auch Johannes Bechtloff an, einen jungen Hamburger Baptistenprediger mit großer Sehnsucht nach tieferem geistigem Leben. Das Wort »religiös« ist ihm viel zu flach für das, was er ersehnt. »Ein Verlangen nach intensivem Glaubensleben, wahrhaftem Leben mit Jesus«, so erklärt er seiner jungen Frau das Bedürfnis. Zwei Kinder haben sie damals. Bechtloff will leben, »ohne Heuchelei, ohne im Verborgenen Sünde zu haben«. Im Verborgenen Sünde haben – was mag das für ihn bedeuten?

Johannes Bechtloffs Sehnsucht scheint sich zu erfüllen, als er einen alten Studienfreund wiedertrifft, Hugo Baar. Baar hält eine

Bibelwoche in der Baptistengemeinde Hamburg-Eimsbüttel, und Bechtloff will hören, wie sein früherer Mitschüler aus der Bibelschule in Wiedenest bei Köln sich macht. Vielleicht will er auch über alte Zeiten reden. Baar predigt anders, als sie es auf der Bibelschule gelernt haben, spontan, scheinbar ohne vorbereitetes Konzept, als ob ein heimliches Feuer in ihm glühte. Als Bechtloff die Predigt lobt, sagt Baar: »Ja, aber ich kenne einen, der ist viel größer als ich«, und beseelt beginnt er von der neuen Lehre und von Paul Schäfer zu schwärmen. Er berichtet von der Generalbeichte seines Lebens, die er bei Schäfer abgelegt habe, eine Erfahrung, die ihm so gutgetan, die ihn so befreit habe. Johannes Bechtloff ist berührt. Baar bringt eine Saite in ihm zum Schwingen. Sie beten zusammen, und Bechtloff spricht sich vor Baar als Seelsorger aus. Auf Deutsch: Er schüttet ihm sein Herz aus. Nun weiß Baar, was darin ist.

Bald darauf erhält Johannes Bechtloff eine Einladung zur Osterfreizeit in Heide. Er kommt gern. Diese Woche beschert ihm tatsächlich das tiefere, intensivere Leben mit Christus, nach dem er sich sehnt, und nun will er diese radikalere Form mit Beichte und »den Teufel blamieren« auch in seiner Gemeinde in Hamburg-Hamm einführen. Bechtloff ist sehr beliebt bei seinen Baptistengeschwistern. Bis jetzt. Diesen neuen Ton aber können sie nicht ertragen. Er ist zu heftig, drohend, strafend. Er macht ihnen Angst. Es ist ein zorniger Gott, den Bechtloff beschwört. Seine Gemeinde sagt ihm freundlich, aber unmissverständlich, dass sie in den Versammlungen lieber getröstet als mit Worten geprügelt werden will. Und entlässt ihn.

Da fügt es sich für den jungen Familienvater – Bechtloffs Frau ist gerade mit dem dritten Kind schwanger – ganz wunderbar, dass Baar und Schäfer ihn auffordern, nach Heide zu kommen und dort als Hauslehrer zu arbeiten. Die Gemeinde wächst stetig, auch von »seinen« Baptisten in Hamburg-Eimsbüttel hat Hugo Baar eine Gruppe Jugendlicher abgezogen und Schäfer zugeführt.

Alle arbeiten mit beim Bau des Jugendheims, Gräben werden ausgehoben, Fundamente gelegt, Mauern hochgezogen, Läden werden eröffnet, Geld verdient, alles kommt in eine Kasse. Daraus wird bezahlt, was nötig ist an Kleidung. Sie haben alles gemeinsam. Begeistert packt Johannes mit an.

Doch auch in Heide kann Schäfer nicht unkontrolliert tun, was er will. Die Gesundheitsbehörde kündigt eine Routinekontrolle des alten Gebäudes an, in dem die Jugendlichen während der Bauarbeiten noch wohnen. Ein Problem: Es gibt nicht genügend Schlafplätze; die Jugendlichen müssen sich zu zweit ein Bett teilen. Diese Feststellung hätte zur Schließung des Heims geführt. Daher ist die Kontrolle lästig, Schäfer will sie verhindern.

Wieder kann Onkel Paul seine Anhänger überzeugen, dass auch dies ein Akt der Verfolgung wahrer Christen ist. So lässt er seine Herde fasten; aus Protest gegen behördliche Willkürmaßnahmen treten sie nun in den Hungerstreik. Sie hungern mehrere Tage lang. Eines Nachts entdeckt Heinz Rahl im Jugendheim eine undichte Leitung, als Klempner will er sie reparieren und macht sich auf die Suche nach dem Leck. Als er an der Küche vorbeigeht, hört er Leute lachen. Er linst durch einen Türspalt hinein und sieht Schäfer und dessen engere Freunde beim Festmahl: gebratene Enten und Hühner. Es kommt ihm vor wie ein Blick ins Schlaraffenland. »Sie haben gefressen«, erzählt er später, »und wir sollten fasten.« Er lässt alles stehen und liegen, verlässt das Heim und die Gemeinschaft und kehrt nie mehr zurück. Den anderen sagt er nichts. Schon jetzt können Konflikte nicht mehr in der Gemeinschaft gelöst werden, sondern nur noch durch die Flucht.

Die Heimkontrolle taucht dann doch noch auf. Überzählige Kinder müssen sich sofort verstecken. Bis alles vorüber ist, hocken Gudrun und ihre Freundin Lilli aus Gronau im früheren Schweinestall, jetzt ein sauberes kleines Häuschen. Gudrun wohnt zwar im Jugendheim, ist da aber nicht gemeldet. Lilli wohnt überhaupt nicht hier, sondern weiterhin in Gronau bei ihren Eltern, und kommt an den Wochenenden her. Im Schweinestall hockt sie nur, um Gudrun und den anderen Mädchen in ihrem Versteck

Gesellschaft zu leisten. Sie flüstern miteinander und erzählen sich Witze. Dann fragt eine: »Wen würdet ihr später heiraten?« Renate Müller sagt: »Wenn ich später mal heirate, dann möchte ich den Wolfgang Müller haben.« Alle kichern. Rita schwärmt für Manfred Skrabs. Marlies findet Ernst-Wolfgang Kneese interessant. Ein Spiel unter Mädchen, unbeschwert, vertraut, bedeutungslos. Keiner der Jungen hat eine Ahnung von den Gefühlen der Mädchen. Nie würden die es ihnen sagen.

Als Lilli wieder einmal ein Wochenende im Jugendheim verbringt, kommt eine Postkarte an von Rita. »Du hast es gut«, steht auf der Rückseite. Paul Schäfer hat sie schon gelesen. Was das bedeutet, will er wissen. Lilli druckst herum, will es nicht sagen. Er besteht darauf. Nach längerem Verhör gibt sie preis, dass Rita gern hier wäre, weil sie dann einen Jungen sehen könnte, den sie mag. Manfred Skraps.

Sie hatten alles gemeinsam. Nein, nicht alles. In der Baracke leben Männer und Frauen getrennt. Johannes Bechtloff erfährt, dass es auch im neuen Jugendheim einen Männertrakt und ein Haus für Mädchen und Frauen geben wird. Und einen dritten Trakt mit Schäfers Domizil. An den ist der Jungen-Trakt angegliedert. Bisher wundert sich keiner über diese seltsame Anordnung.

Sonntags steht Schäfer mit der Bibel in der Hand da und liest Gottes Wort vor. Das allein flößt seiner Gemeinde ein solches Vertrauen ein, dass es für sie unmöglich ist, etwas anderes dabei zu denken.

Nicht einmal die, die sehen, wie Schäfer die heranwachsenden Jungen wäscht und badet, wundern sich. Auch nicht, als sie beobachten, wie die Kinder morgens aus Schäfers Bett krabbeln. Schäfer ist erhaben über irdische Dinge. Er ist der Schäfer, der Hirte, er ist nicht der Wolf. Er ist heilig.

Johannes Bechtloff hat sich nie verziehen, dass er Schäfer damals nicht durchschaut hat. Der alte Mann kann den jungen Mann von damals nicht mehr verstehen. Jenen jungen Mann, der 1958 voller Begeisterung Schäfers Ideen umsetzt und dessen Aktionen mit allen Kräften unterstützt. Wie die Tonfilm-Missionswoche im Saal des Kaiser-Wilhelm-Museums in Krefeld 1958, über die ein Regionalblatt schreibt:

> *Junge Missionare des christlichen Glaubens – 60 Jungen und Mädchen traten wie an vielen anderen Orten Deutschlands auch in Krefeld an die Öffentlichkeit, um … vor allem die Jugend durch überzeugende Filme zu den tieferen Werten des Lebens hinzuführen.*

Vor dem Posaunen- und Liederchor, zu dem auch Gudrun gehört, haben sich Hermann Schmidt, Paul Schäfer und Johannes Bechtloff für die Kamera des Pressefotografen aufgebaut. Der Artikel zitiert Bechtloffs Worte, »dass der Mensch mehr denn je darauf bedacht sei, sein Tiefstes und Innerstes vor dem Nächsten zu verbergen«. Das ist natürlich O-Ton Schäfer, der alles daransetzt, sein Innerstes zu verbergen, und dasselbe auch bei seinen Mitmenschen vermutet. Man könnte es Projektion nennen. Spannend zu beobachten, wie dieser Prozess jene tiefe Sehnsucht nach Offenheit bei Bechtloff entzündet.

Zu der Veranstaltung müssen die jungen Leute des Posaunen- und Liederchors eine Woche lang jeden Abend von Siegburg nach Krefeld trampen und nach dem Ende der Veranstaltung wieder zurück. Manchmal kehren sie erst in den Morgenstunden heim und müssen sofort zur Arbeit. Oft tun Gudrun die Füße weh, und sie kann kaum mehr gehen vor Müdigkeit. Aber da ist die Angst vor dem strafenden und brüllenden Schäfer-Gott, wenn man es nicht schafft. »Du bist selber schuld«, schreit er, »sicher hast du die Pest!« Oder er schreit: »Du hast sie sitzen!« Was meint er damit? Die Teufel? Schäfer kann sich jetzt schon darauf verlassen, dass die Angstfantasien seiner Anhänger das ergänzen, was ihm an Worten fehlt.

Nichts davon wird in der Öffentlichkeit wahrgenommen, auch das Regionalblatt ist voll des Lobes über die »Hilfe für junge gefährdete und Hilfe suchende Menschen … Die Jugendmissionsgruppe baut an ihrem Sitz in Heide ein Jugendheim für 120 Jugendliche, das für diese den Start in ein neues Leben bedeuten wird.«

Dass die Jugendlichen gerade in diesem Heim ganz besonders gefährdet sind, ahnt keiner. Damals nicht. Und bei heutigen Parallelfällen auch nicht. Die systematische pädosexuelle Unterwanderung der Odenwaldschule überraschte ebenfalls. Warum eigentlich? Hinweise gibt es überall von Anfang an.

Einige Zeit nach der Geburt des dritten Kindes folgt Christel Bechtloff ihrem Mann nach Heide. Der Nachwuchs wird bei einem kinderlosen Ehepaar in Pflege gegeben – im zwei Fahrstunden entfernten Gronau, wo Hugo Baar inzwischen Prediger ist. Die Kinder sind noch zu klein; als Arbeitskräfte also nutzlos, und so kann Frau Bechtloff ungehindert mit anpacken. »Arbeit ist Gottesdienst«, sagt Paul Schäfer, er sagt es immer wieder. Christel Bechtloff teilt die Begeisterung ihres Mannes für den Prediger nicht. Nach anfänglicher Neugierde findet sie die Sache immer merkwürdiger. Besonders die Trennung von ihrem Mann irritiert sie. Der wohnt im Männertrakt. Was soll das? Fremd kommt ihr das alles vor, unnatürlich. Doch sie beruhigt sich mit dem Gedanken, dass es nur vorübergehend ist, für ein paar Wochen, bis sich eine gemeinsame Wohnung findet. Aber die findet sich nicht. Als sie gedrängt wird, endlich ein Gelübde auf Schäfers Weg abzulegen und ins Kreuzverhältnis einzutreten, lehnt sie rundweg ab. Mit schönen Worten will man es ihr schmackhaft machen als etwas sehr Erstrebenswertes: »Die Neuen sollen doch auch die Möglichkeit bekommen, in das Kreuzverhältnis gehen zu dürfen.«

»Ich geh da nicht rein«, sagt sie und lässt sich auf keine Diskussion ein. Je klarer sie wird, desto besser behandelt Schäfer sie. Sie wartet auf eine Wohnung, und sie kann sich frei bewegen. Als sie »den Teufel blamieren« soll, ihre Sünden und alle schlechten Gedanken bekennen, denkt sie: »Das können die anderen machen, aber ich nicht.«

Nun wird Johannes Bechtloff nach Graz abgeordnet. Man muss

ihn von seiner aufmüpfigen Frau trennen, mag Schäfer gedacht haben, sonst funktioniert er nicht, wie ich will. *Divide et impera* – teile und herrsche. Laut sagt Schäfer: »Auch die kleine Gemeinde in Graz muss mit Gottes Wort versorgt werden.« In Graz wohnt Johannes bei Gudruns Tante Resi. Weit weg und ohne seine Frau. Es gefällt ihm nicht, aber er erträgt es. Wie sie meint auch er, es ist nur vorübergehend, bis sich eine Wohnung für die Familie findet.

Seltsam. Paul Schäfer ist auch bei einem weiteren Gebot ganz deutlich: Er fordert Ehelosigkeit und Auflösung der Familien. Also: kein Sex. Genau darum hat Schäfer auch am Böcklerschen Ehebett gerungen, als Ida und ihre Schwester langsam einnickten, weil es ihnen so eintönig war oder weil es sie überforderte.

Kein Sex: Überhören Johannes und viele andere das? Oder ist es auch ihr eigenes Ziel? Hat Schäfer erreicht, dass sie ihre emotionalen und sexuellen Bedürfnisse für Teufelswerk halten, das sie sich abgewöhnen müssen? Oder ist etwas anderes im System Schäfer so ansprechend und kostbar für diese Menschen, dass sie andere Aspekte vollkommen ausblenden? Viele Frauen aus freikirchlichen Gruppen haben vier, sechs, acht, zehn Kinder geboren, manche mehr. Zuverlässige Empfängnisverhütung gibt es nicht. Oder man lehnt sie aus religiösen Gründen ab. Manchen dieser Frauen mag ein Leben ohne Sex erstrebenswert erscheinen. Aber den Männern?

Alfred jedenfalls bedrängt seine kleine Freundin Gudrun unermüdlich, aber sie bleibt standhaft. Alfred schmollt: »Erst zeigst du mir den Apfel, und dann nimmst du ihn mir wieder weg.«

Das Weihnachtsfest 1958 wollen Gudrun und Hilde mit der Familie in Graz feiern. So wie immer. Sie sagen es Paul Schäfer.

»Zu den Eltern?«, fragt er drohend. Und dann laut: »Wer sind eure Eltern?«

Gudrun weiß, was er hören will: »Die den Willen Gottes tun.«

Den Kontakt zur Außenwelt schränkt Schäfer stark ein. Entweder die ganze Familie macht mit, oder man muss sich von ihr fernhalten.

»Fragt Gott, was das Richtige ist«, befiehlt er den Schwestern. Gudrun und Hilde suchen die Antwort im Gebet. Am nächsten Morgen teilt Gudrun ihm das Ergebnis mit: »Wir sollen zu den Eltern fahren.«

»Gut«, erwidert Schäfer, »aber wenn ihr jetzt fahrt, kommt ihr nie wieder.«

Da bleiben sie im Heim.

KAPITEL 6

Hingabe

1959
Castro übernimmt die Macht auf Kuba.
Gesellschaft: Wirtschaftswunder; Autoboom.
Im Kino: … *denn sie wissen nicht, was sie tun* (James Dean);
Sissy (Romy Schneider);
Antikriegsfilm *Die Brücke*.
Schlager: *Sugar Baby* (Peter Kraus).
Bücher: *Die Blechtrommel* (Grass);
Die gute Ehe – Ratgeber für Mann und Frau.

»Einfach weggeben? Das könnt ihr dem Jungen doch nicht antun«, hört Wolfgang seinen Großvater sagen, und er klingt sehr aufgebracht dabei. Leise schließt Wolfgang die Haustür. Es ist Abend, und er kommt gerade vom Bolzplatz zurück. Ungewöhnlich warm ist es in diesem März 1959, man kann lange draußen spielen. Der Zwölfjährige bleibt hinter der Wohnungstür stehen und lauscht, denn er begreift: Hier geht es um seine Zukunft. Zornig sagt der Großvater: »Der Junge hat das schwer genug mit seinem Stottern.«

»Wolfgang ist schwer erziehbar und braucht eine feste Hand«, sagt die Mutter, »und die kriegt er bei Paul Schäfer.«

Hinter der Tür hört der Enkel, wie sie streiten. Da weiß er, dass es ernst wird mit seinem Umzug nach Siegburg. Die wollen mich loswerden, denkt Wolfgang. Vielleicht hat er recht. Er würde gern in Lutter bleiben, würde gern eine Malerlehre machen. Er liebt Farben; wenn Häuser gestrichen werden, bleibt er stehen und schaut zu. Bei einem alten Malermeister beobachtet er, wie der das Holz einritzt, damit die Farbe einsickert und alles haltbarer wird. So etwas zu lernen macht ihm Spaß. Zu Schäfer will er nicht. Aber mehr als sein Erschrecken zeigen kann er nicht. Sein Großvater kann mehr; dem ist es gar nicht recht, dass der Enkel fort soll, und er sagt es auch. Wolfgang ist sein Liebling, für ihn riskiert er sogar Krach mit Wolfgangs Mutter.

»Schwer erziehbar? Dummes Zeug!«, sagt der Großvater zu seiner Schwiegertochter. »Das hat der Kerl dir eingeredet. Wolfgang ist ein braver Junge. Ihr wollt ihn nur loswerden. Ein Esser weniger und ein Zimmer mehr.«

Der Streit wird lauter.

»Schreit nicht so, der Junge hört ja alles«, sagt der Vater, der bemerkt hat, dass sein Sohn zurückgekommen ist.

»Man hört ja nicht nur Gutes über diesen Schäfer«, sagt der Großvater. Vorsichtig sagt er es, denn seine Schwiegertochter wird bei Kritik an dem ungelernten Prediger schnell wütend, und ihre Stimme bekommt einen schrillen Ton.

»Altmännergewäsch«, sagt sie, dreht den großen Knopf am Radio und drückt die UKW-Taste herunter, um das Gespräch zu beenden.

»Ich sage dir Adieu, es war wunderschön«, singt zu Herzen gehend Lys Assia im NDR, »tut es auch so weh, dich niemals ...«, aber da hat die Mutter schon wieder abgeschaltet.

»Man hört ja so einiges über seinen Umgang mit den Jungen«, sagt der Großvater.

»Schämst du dich nicht! So ein heiliger Mann, so etwas darfst du nicht mal denken«, schimpft die Mutter.

Und dann ist Ruhe.

»Die Wahrheit ist dem Menschen zumutbar«, sagt fast zur selben Zeit im Plenarsaal des Deutschen Bundesrats die österreichische Schriftstellerin Ingeborg Bachmann in ihrer Dankesrede zur Verleihung des Hörspielpreises der Kriegsblinden. *Der gute Gott von Manhattan* heißt das Hörspiel über die Liebe und über einen Gott, für den die grenzüberschreitende Liebe zweier Menschen schlimmer ist als Ketzerei.

So sitzen Wolfgang und sein Vater Ostern 1959 wieder nebeneinander im VW Käfer und fahren nach Siegburg. Mein Opa, denkt Wolfgang, der Wolfgang, der Wolfgang, hat er immer gesagt. Ich bin sein Liebling. Und tröstet sich mit der Liebe des Großvaters ein wenig über den Verrat der Eltern hinweg.

Der Vater öffnet die Pforte zur Baracke in Schäfers Reich. Kein Spruch am Eingang kündet von kommenden Schrecken, und Wolfgang kennt Dantes *Göttliche Komödie* nicht, aber die Inschrift auf dem Tor zu Dantes Hölle könnte auch seine Gefühle wiedergeben:

Lasst, die ihr eintretet, alle Hoffnung fahren.[47]

Wolfgangs Vater verabschiedet sich, setzt sich wieder in seinen Wagen und fährt nach Hause. Seinen Sohn lässt er zurück.

Und die Verantwortung auch.

Ab Karfreitag 1959 bleibt Wolfgang im sogenannten Jugendheim Siegburg-Heide. Den ersten Tag wird er nie vergessen. Vorne auf der Bühne im Versammlungsraum steht Schäfer und brüllt: »Heute ist Freitag. Karfreitag. Tut Buße! Tut Buße. Es wird keine Buße getan, ihr Sünder!« Jeder soll seine Sünden aufschreiben, ordnet er an, und den Zettel in einen Kasten werfen.

All das ist beunruhigend und beängstigend. Aber Wolfgang sieht auch Gudrun wieder. Da ist sie, die Kleine, Feine. Wieder steht sie auf der Bühne, diesmal ist sie schon größer, aber immer noch so zart. Er hört sie singen und mit ihrer Schwester Hilde zusammen Mandoline spielen. Sie bläst auch Trompete und Flügelhorn. Sie anzusprechen traut er sich nicht. Im großen Chor steht sie zwei Reihen hinter ihm. Wolfgang ist ein ungeübter Sänger und muss Spott einstecken. Tapfer steht er da in kurzer Lederhose, mager, mit rotem Haarschopf und überragt die anderen Jungs in seinem Alter. Zusammen üben sie laut und zackig Chorgesang. Den Mund weit auf und immer lächeln.

Gudrun schläft im Jugendheim, dort arbeitet sie in der Waschküche, aber hauptsächlich im Geschäft und im Haushalt von Alfred Schaak. Zur Berufsschule geht sie auch. Gemeldet ist sie in einem Haus in der Mühlenstraße. Das kriegt Wolfgang durch Zufall raus. Eine Schulkameradin sieht Gudrun morgens aus dem Eingangstor kommen und fragt erstaunt: »Du wohnst ja auch in diesem komischen Jugendheim?« – »Nein, nein«, antwortet Gudrun und wird rot, »ich hab hier nur was abgegeben. Ich wohn in der Mühlenstraße, das weißt du doch.« Wo sie wirklich wohnt, das soll sie niemandem sagen. Warum sie das nicht soll, hat ihr keiner verraten. Nur: »Na, denk mal darüber nach.« Langsam gewöhnt sie es sich ab, nachzufragen.

Die Mädchen gehen zusammen weiter. Und Wolfgang hinter dem Zaun weiß wieder ein bisschen mehr. Manchmal kommt er an dem Laden vorbei, in dem Gudrun arbeitet, doch hineinzugehen traut er sich nicht.

Aber die Welt des Paul Schäfer lernt Wolfgang nun von innen kennen. Manchmal darf er über Nacht in Schäfers Zimmer kommen. Manchmal erlebt er das als Privileg. Manchmal nicht. Manchmal ist er allein bei Schäfer, manchmal mit einer Gruppe Jungen.

Am Samstagabend, wenn es draußen kalt ist, lässt Schäfer die Jungs reinkommen zu sich. Jeder muss sich in einem Abstand von einem halben Meter zum anderen aufstellen. Den Oberkörper müssen sie freimachen und die Augen schließen. Dann die Unterhose ausziehen. Dann beginnt die Selektion. Sie spüren, wie Schäfer von einem zum anderen geht und sie betastet. Dann dürfen sie die Hose wieder anziehen und die Augen aufmachen.

Nun zeigt Schäfer auf einzelne Jungen, sagt: »Du bleibst hier, und du bleibst hier.« Die Kinder, auserwählt und doch erniedrigt vor den anderen, müssen zu ihm ins Bett. Sie spüren, wie Schäfers Hände mal zum einen, mal zu anderen wandern. Die anderen, nicht für gut genug befunden und abgelehnt, sind erniedrigt und doch erleichtert.

Was denkt ein Dreizehnjähriger dann? Wolfgang denkt: »So ist das Leben.« Neben der Demütigung, dem Schmerz fühlen die

Jungen irgendwann auch Erleichterung. »Wenn man mit dreizehn, vierzehn in die Pubertät kommt«, so Wolfgang, »merkt man Erleichterung und Genugtuung.« Gegensätzliche, verwirrende, verstörende Gefühle. Manchmal genügt ein Leben nicht, um sie aufzulösen.

Gleich der erste Abend führt die Neuen in Schäfers Bett. Es trifft jeden.

Duschen

Und dann die Duschen.

Die Dusche ist ein Raum mit erhöhtem Sicherheitsbedürfnis. Der Mensch ist nackt, hat nichts zur Verteidigung als seine Hände.

Spätestens seit den Aussagen über pädosexuelle Übergriffe in der Odenwald-Schule wissen wir, dass viele Täter mit Vorliebe diesen ungeschützten intimen Bereich besetzen. Für skrupellose Erwachsene ist es leicht, Überlegenheit und Macht auszuspielen: »Hast du dich auch ordentlich gewaschen? Bei Jungen in deinem Alter muss man darauf achten, dass sie keine Phimose haben. Zeig mal her.« Wer weiß, welche Fantasien sich da bei den Tätern mischen, angefangen von eigenen Kindheitserlebnissen über Duschräume in Konzentrationslagern bis zu Hitchcocks »Psycho«?

Bei Schäfer ist es genauso.

Er wäscht die Jungen. Sie müssen mit ihm duschen. Der Beginn ist ritualisiert – welche Hand wann wohin. Dann onaniert er an ihnen und masturbiert sie bis zum beiderseitigen Samenerguss. Wie andere Vergewaltiger auch benutzt er jede Körperöffnung des Kindes.

Schäfer kann sich greifen, wen er will und wann er will. Zwischen den Jungen jedoch ist Nähe und Intimität verboten. Zwar gibt es Dreier-, Vierer- und Sechserzimmer mit Etagenbetten, aber voreinander ausziehen dürfen sie sich nicht. Abends bleibt die Unterhose an, die Schlafanzughose kommt darüber. Morgens gehen sie zu dritt zum Waschen – nie zu zweit. Den Waschraum betritt man einzeln. Kommt einer raus, geht der Nächste rein.

Wolfgang weiß den Grund: »Damit wir uns nicht gegenseitig anschauen. Damit wir uns überhaupt nicht sehen und nicht reden. Wir sollten nur Schäfer sehen und nur mit Schäfer reden.« Aber sie reden auch untereinander. Mit manchen. Mit anderen nicht. Sie beobachten, wer sofort petzen geht. Wenn die auftauchen, wird alles stumm. Manchmal gelingt ein kurzer Austausch, in der Schule vielleicht, beiseite gesprochen: »Heute Nacht war wieder was.« In abfälligem Ton.

Das reicht, wenn der Falsche es hört.

Es spitzt sich alles immer mehr zu, bis Schäfer es rauskriegt, und dass er es fast immer rauskriegt, begreift Wolfgang schon bald. »Man kriegt das überhaupt nicht aufgelöst«, sagt er viel später. »Man ist nur im Stress. Und das fünfzig Jahre lang.«

Seit einem Jahr läuft in den Kinos »Das Wirtshaus im Spessart«. In den Hauptrollen Lilo Pulver als Comtesse und Carlos Thompson als edler Räuberhauptmann. Es ist einer von Schäfers Lieblingsfilmen. Am besten gefällt ihm, wenn das Komödiantenpaar Wolfgang Neuß und Wolfgang Müller als Räuber Knoll und Räuber Funzel von den Freuden des bürgerlichen Lebens träumt:

Ach, das könnte schön sein
Als friedlicher Bürger
Ein ehrbares Leben
Zu Haus zu beschließen

Ach, das könnte schön sein
Ein Häuschen mit Garten
In dem ich und Frauchen
Uns're Rosen begießen

Parallel zu Arbeitsdienst und sexueller Gewalt an Kindern lässt Schäfer das offizielle Leben der Privaten Socialen Mission während der Bauphase am neuen »Jugendheim« und später im fertiggestellten Gebäude filmisch dokumentieren. Und schafft damit unbewusst ein heute unschätzbares Zeitdokument: 25 Minuten aus dem Leben einer Sekte.

Aufwendige, hoch professionelle Filmaufnahmen werden gemacht. Scheinbar aus dem Leben gegriffene Szenen. Darin scherzen vergnügte Handwerker miteinander und treiben Schabernack. Fast erwartet man, dass plötzlich auch Wolfgang Neuß und Wolfgang Müller aus dem *Wirtshaus im Spessart* ins Bild springen. Zu fröhlich-gemütlicher Wiener Schrammerlmusik, mit Zither wie im »Dritten Mann«, wird gemauert, tapeziert, gestrichen, getischlert; die Heizungsbauer, die Elektriker sind am Werk, und der Wald wird gerodet.

Der unterlegte Text zum Film reimt dazu:

Da seht ihr sie, die Schwarzarbeiter,
nach Feierabend geht es weiter.
Denn nach des Tages Geldverdienen
drei Maurer jetzt dem Heimbau dienen.
Damit das auch zu schaffen wär'
Müssen drei tüchtige Handlanger her.

Handlanger sind natürlich drei junge Frauen, die den drei Maurerburschen einen Teller, hochbeladen mit Wurststullen, reichen. Dazu gibt es dampfenden Kaffee, die Maurer machen erst einmal gemütlich Pause, und die jungen Männer und die Mädels scherzen eine Weile miteinander.

Wie im richtigen Leben.

Aber nicht im Leben der Schäfer-Sekte. Dort gibt es heitere Szenen wie diese nie. Frauen und Männer, die locker miteinander scherzen und flirten, das ist tabu. Wer so etwas in der Wirklichkeit beobachtet, muss es sofort melden. Dann werden nicht nur die bestraft, die gescherzt haben, auch die Beobachter müssen

»den Teufel blamieren« und ihre innersten Gefühle und Wünsche beim Zugucken preisgeben. Denn diese Gefühle sind vom Teufel und müssen bis ins intimste Detail vor Schäfer ausgesprochen werden. Dann werden auch sie verprügelt.

Schäfers Favoriten tauchen mehrmals auf, wie zum Beispiel »Struppi«, mit bürgerlichem Namen Hartmut Hopp:

Der hier zuschaut, der kleine Wicht,
ist das denn unser Struppi nicht?

Um das fertiggestellte Jugendheim für die geladenen Gäste eindrucksvoll herauszuputzen, werden großformatige Fotos der Kinder im Garten aufgestellt. Das Bild eines kleinen Jungen in Badehose, der die Arme steil in die Höhe reckt, wird hinter dem Rettungsring am Swimmingpool angebracht:

Ganz unbefangen, frisch und froh,
steht Meikel da, gerade so.

Wie unbefangen und froh der vierjährige Michael H., genannt Meikel, wirklich war, ist nicht bekannt. Während die Filmmusik schrammelt und der Erzähler beschwingt weiterreimt:

Zwei Maler hier, ihr kennt sie sicher,
die hängen auf Tapetentücher.
Das geht mit ungebroch'nem Schwung
Denn beide sind noch frisch und jung.

… tapezieren Gerhard Mücke – der Mauk – und Karl Stricker – Kuddel – die Wände. Mit Kuddel wird sich Wolfgang Müller mehr und mehr anfreunden. Wolfgang ist jetzt dreizehn, Karl 22 und Gerhard 26 Jahre alt. Seit zehn Jahren hält Paul Schäfer die Seele von Gerhard Mücke besetzt.

Auch sonst hat er viel in Besitz. Das Jugendheim macht den Eindruck von großbürgerlicher Gediegenheit, von Luxus fast. So sehr, dass sie selbst nach ein paar Jahren all die Zimmer gar nicht mehr auseinanderhalten können:

Wir wissen's heute leider nimmer,
war's Teesaal oder war's Clubzimmer?

... reimt der Reimer frohgemut über einen Salon mit üppigen Polstermöbeln, Raffgardinen, Vorhängen, Teppichen und gemauertem offenem Kamin. Eine hübsche Blondine im roten Pullover plaudert mit zwei jungen Männern. Die junge Frau lacht, der junge Mann braust scherzhaft auf und wirft eine Zeitung, in der er las, auf den Tisch.

Die jungen Menschen im Film, der in Deutschland aufgenommen, aber erst später in Chile professionell geschnitten, mit Musik und durchgereimtem Text unterlegt wird, wirken zufrieden und glücklich. Obwohl alles an dieser Szene falsch ist.

Auch in einer der nächsten Szenen. Im Waschraum.

Vergnügte Jungs waschen sich im grün gekachelten Badezimmer, vier weiße Waschbecken links, zwei rechts, kleine Spiegel darüber, in denen die Großen ihr Gesicht sehen können, die Kleinen noch nicht. Wieder treiben die Kinder Schabernack, bespritzen sich mit Wasser, albern herum, waschen sich und trocknen sich ab. Auch Wolfgang ist dabei, ein magerer, hoch aufgeschossener Junge, ein Kind, aber fast der Größte hier. Er ist hübsch, gelenkig, seine Bewegungen sind schnell. Und immer wieder dieser dichte rote Haarschopf, man kann ihn nicht übersehen.

Doch die Jungen, sonst immer kurzbehost, tragen im Badezimmer eine lange Hose; der Oberkörper ist zwar nackt, doch sie waschen sich nur die Unterarme, immer wieder das Gesicht und ganz gründlich die Ohren, auch dahinter. Es fehlt nur noch die Stimme: Hast du dich auch hinter den Ohren gewaschen?

Zwanzig Sekunden Filmmaterial, in denen man meint, den Blick Paul Schäfers zu spüren: nichts, was ihn erregt, dürfen die Jungen an sich selbst berühren.

Danach geht es ins Schlafzimmer der Kleinen. Drei Etagenbetten, sechs Jungen haben hier Platz. Und da kommen sie auch schon gelaufen im Schlafanzug und klettern in die Betten. Der Erzähler kommentiert:

Zu Bett, zu Bett, wer müde ist,
auch wer's nicht ist, soll gehen.
Der kleine Pitt kriecht schnell ins Nest.
Der Schuhcreme bleibt noch steh'n.

Pitt ist fünf Jahre alt, und wie der achtjährige Werner zu dem Namen Schuhcreme kam, ist unbekannt.

Alle zwei Wochen kommen Wolfgangs Eltern zu Besuch. Die Mutter ist sehr beeindruckt von dem Wohlstand, in dem ihr Wolfgang nun leben darf. So hätte sie es auch gern: Durch eine hohe doppelflügelige Eichentür mit Glaskassetten und Oberlicht betritt sie die geflieste Eingangshalle. Links Gummibäume, rechts ein großer offener Kamin, daneben ein riesiger Gong.

Durch das großzügige Treppenhaus mit elegant geschwungenem Geländer, üppiger Wandbeleuchtung und vielen Pflanzen geht es in den ersten Stock. Zur Straße hin ein ordentlicher Vorgarten mit gemauerter Einfassung, nach hinten hinaus ein sorgfältig angelegter Park, mit Rasen, Rabatten, Beleuchtung, gepflasterten Wegen, Nebengebäuden und einem großen Swimmingpool mit Rutsche.

Ein Traum von Luxus in den frühen Sechzigerjahren. Unerreichbar für die meisten der Familien hier, die mithalfen, ihn zu erschaffen. Wolfgang Mutter nimmt es fast den Atem.

Ein einziges Mal bringen die Eltern Wolfgangs Cousins mit. Der eine schläft mit in Wolfgangs Bett. Der andere im großen Zimmer. Bei Paul Schäfer.

Am nächsten Morgen kommt der Cousin aufgeregt zu Wolfgang: »Du, der hat mich betatscht.«

Wolfgang erschrickt fürchterlich und bremst seinen Cousin sofort: »Halt bloß die Schnauze, sag nichts davon.« In den vergangenen Wochen hat Wolfgang gelernt, dass es Schläge gibt, »wahnsinnige Schläge«, wenn man über das spricht, was Schäfer mit einem macht. Die anderen Jungen wissen das auch. Alle wissen es, denn alle haben es erlebt. Einer hat darüber gesprochen, der bekam Schläge, sodass er vierzehn Tage im Krankenzimmer lag.

Sie alle müssen mithelfen, dass das nie wieder vorkommt. »Es soll nie wieder vorkommen, dass darüber gesprochen wird«, sagt Wolfgang, »es kann aber vorkommen, dass es passiert.«

Eindrucksvolle Sätze: Es soll nicht vorkommen, dass darüber gesprochen wird – Es kann vorkommen, dass es passiert. Das Sprachtabu, das die Täter schützt, ist mächtiger als das Gewalttabu, das die Kinder davor schützen soll, Opfer zu werden.

Unter Schäfers Herrschaft ist es tabu, sich in ein Mädchen zu verlieben, wenn man ein Junge ist. Sich in einen Jungen zu verlieben, wenn man ein Mädchen ist. Auch in der Ehe hat Sex keinen Platz, wenn man Schäfer Glauben schenkt, und der weiß dies biblisch zu belegen. Ein weiteres Tabu unter der Herrschaft von Paul Schäfer ist es, über Sexualität zu reden. Fortpflanzung kommt bei Tieren vor, aber auch diese Kenntnis ist ein geheimes Privileg, Jungen können von Glück sagen, wenn ein Erwachsener, Gerhard Mücke – der Mauk – etwa, ihnen zeigt, wie ein Stier eine Kuh besamt. Daraus entwickeln die Kinder Fantasien über menschliche Sexualität, und aus Unkenntnis benutzen sie dieselben Wörter, wenn sie insgeheim darüber sprechen.

Unterdrückung schafft Überdruck. Eines Tages ist Gudrun allein im Haus ihres Lehrherrn. Sie kocht das Mittagessen, an dem auch Alfred Matthusen teilnimmt. Die Familie ist fort. Nun kommt Alfreds Chance. Danach wird Gudruns Erinnerung lückenhaft. Sie weiß nicht, was geschah, sie weiß nur, dass Alfred Matthusen es wieder als Erster beichten will und gleich zu Schäfer eilt.

Auch sie muss zu Schäfer. Dieser verhört Gudrun über Stunden, bis sie überzeugt ist von ihrer Schuld. Daran wiederum erinnert sie sich genau. Er befragt sie bohrend und einschüchternd, bis er ein winziges Detail hervorgekramt hat, das als Einverständnis und Entlastung für den jungen Mann gedeutet werden kann. »Als er sagte, dreh dich rum, da hast du es getan. Das bist du schuld.«

Dann suggeriert er Gudrun so lange eine Schuld, bis sie vollkommen ausgefüllt ist davon.

Als wäre nichts geschehen

Nach einer Weile geht Gudrun wieder an die Arbeit, als wäre nichts geschehen. Als wäre ihr nichts geschehen. Sie hat auch gar nicht das Gefühl, ihr wäre etwas geschehen. Nur etwas Dumpfes, Vages bleibt. Dagegen hilft Arbeit. »Arbeit ist Gottesdienst«, sagt Paul Schäfer immer wieder.

Da kann sie Gott ja gleich beim Bauen dienen. Denn auch die Mädchen schaufeln Entwässerungsgräben, vier Meter tief im Sumpfgebiet. Auch davon weiß der Erzähler im Film zu berichten:

Schon damals gab's Entwässerungsprobleme.
Paulsmeier sagte uns, man nehme
sich Hacke, Spaten und viel Kraft,
dass man die schwere Arbeit schafft.

Herrn Paulsmeier, nach Ida Gatz' Worten ein sehr religiöser Mann aus dem Rauhen Haus in Hamburg, kennt Paul Schäfer von früher. Was dieses »früher« bedeutet, ist unbekannt. Paulsmeier ist Geologe und weiß, wie »man die schwere Arbeit schafft«.

Sie ziehen einen Zaun um das ganze Gelände. Auch diese Arbeit muss Gudrun abends und nachts machen nach ihrer Tätigkeit als Verkäuferin und im Haushalt. Manchmal bei Flutlicht. Schäfer steht dabei, die Hände in den Taschen, und befiehlt. Einmal fragt er: »Wer ist hier der Faulste?« Ein kleiner Junge zeigt auf Schäfer und sagt: »Du!«

Tröstliche Szenen, die in der Erinnerung haften bleiben. Immerhin ist dies eine Zeit, als Frauen und Männer noch zusammen arbeiten, zusammen essen und hin und wieder sogar zusammen feiern dürfen.

Tagsüber arbeitet Gudrun in einem der Lebensmittelläden von Alfred Schaak. Schaak ist Chemiker, im Krieg und kurz danach arbeitete er in der Rheinischen Zellwolle AG in Siegburg, die Kunstseide zur Produktion von Fallschirmen produzierte. Dreitausend Zwangsarbeiter waren in diesem als kriegswichtig eingestuften Betrieb beschäftigt. Nachdem er Schäfer kennengelernt hatte, kündigte Schaak dort und eröffnete zuerst eine Drogerie, dann eine Reihe weiterer Geschäfte. Im Laufe weniger Jahre baut er so für Schäfer ein kleines Imperium an Geschäften in Siegburg und Umgebung auf. Eugen Böckler, Heinz Kuhn, Joseph Schmidtke und andere eröffnen weitere Läden: Obst und Gemüse, Backwaren, Elektrowaren und ein Lagerhaus mit Kühlraum kommen hinzu. Da keine Personalkosten anfallen, rentiert sich das sehr schnell. Der Verein Private Sociale Mission e.V. ist gegründet, steuerlich begünstigt und sozial angesehen. Mit Schäfer als Treuhänder. Die Mission ist weder sozial, noch ist sie eine Mission, doch das weiß kein Außenstehender. Dafür ist sie sehr privat.

Ein Foto zeigt Gudrun als Verkäuferin vor einer Wand von Regalen, die prall gefüllt sind mit Lebensmitteln. Kolonialwarenladen sagte man damals. Konzentriert zählt sie einer Kundin das Wechselgeld vor. Auf dem Tresen stehen Gläser mit Gurken, zwei Milchflaschen mit Stannioldeckel, und ein Schild preist ein Sonderangebot für 98 Pfennig an.

Nach Feierabend macht sie Schularbeiten für die Berufsschule, denn ihre Lehre will sie unbedingt abschließen. Sie muss aber aufpassen, dass Schäfer sie nicht »erwischt«. Denn der hat stets andere Aufgaben parat. »Du hilfst jetzt erst mal mit, dann kannst du immer noch Schularbeiten machen.« Das bedeutet wenig Schlaf. Morgens muss sie sehr früh aufstehen, um mit dem Chef frische Ware vom Markt zu holen. Das ist das Markenzeichen ihrer Geschäfte und macht sie in der Region sehr beliebt. Was nicht verkauft wird, landet abends im Jugendheim auf dem Tisch. So kommt nichts um.

Eigentlich ist Gudrun sehr zufrieden hier.

Eigentlich ist Gudrun gar nicht zufrieden hier.

Körperlich geht es ihr oft sehr schlecht; vom Tragen hat sie Rückenprobleme. Sie muss schwere Kisten und Kartons mit Dosen und Flaschen schleppen. Kartoffelsäcke. In den Keller und wieder rauf. Manchmal ist sie sehr niedergeschlagen, weiß aber nicht recht, warum. Doch ihr Chef kennt ein gutes Mittel dagegen: »Hast du das Sitzen?«, fragt er sie.

»Ja, habe ich.«

»Komm mal her, ich werde dich gleich wieder auffrischen.«

Und ergreift den Viehtreiber. Gudrun erklärt, wie der funktioniert: »Das ist so ein Ding mit Batterien und zwei Polen, die er reindrückt. Man zuckt richtig zusammen. Das soll einen auffrischen. Oder er schnappt einen und wirft einen mit Klamotten in die Badewanne mit kaltem Wasser.«

Oft sitzt sie da »wie ein Mauerblümchen«, hat zu nichts Lust. Es geht ihr schlecht, sie hat Schmerzen. Dann packt Alfred Schaak sie, trägt sie, ohne ein Wort zu sagen, ins Bad, taucht sie in der Wanne mit kaltem Wasser unter und geht weg. Das nennen sie »entpesten«.

»Das Sitzen haben« – ein merkwürdiger Ausdruck. Was mag er bedeuten? In etwa: bist du schlecht gestimmt, geht es dir nicht gut? Es gibt viele solcher Wörter und Wendungen, die außerhalb der Gruppe nicht verstanden werden. »Entpesten« gehört dazu, »den Teufel blamieren«. Manche erfindet Schäfer, andere entstehen aus der Gruppe heraus. Wie in allen Sekten und isolierten Gruppen entwickelt sich eine eigene Sprache, Wörter werden verwendet, die Außenstehende in ihrer Bedeutung für die Gruppe nicht verstehen. Das trägt auch in der Privaten Socialen Mission zur Isolation bei.

Beim ersten Mal »Entpesten« in der Wanne meint Gudrun, alle Schmerzen und alle Probleme seien wirklich im Wasser geblieben. Das ist die Erlösung, denkt sie. Später wird sie eher wütend.

Alfred Schaak steckt auch andere in die Wanne. »Jemand mit Herzproblemen kriegt natürlich einen Schock«, sagt Gudrun. »Aber ich bin nicht so empfindlich. Mit dem Herzen sowieso nicht.«

Ein eigentümlicher Brauch. Elektroschocks und kaltes Wasser. Wo Alfred Schaak das gelernt hat, bleibt unklar.

Nun erlebt auch Gudrun Stress und Schuldgefühle. Alles ist ganz anders, als sie es sich vorgestellt hat. An erster Stelle, denkt sie, muss das Lernen stehen, und wenn dann noch Zeit ist, will sie gern beim Aufbau helfen. Aber es ist genau umgekehrt.

Außerdem sieht sie Alfred Matthusen kaum noch. Aber sie ist doch hier um der Liebe willen? Zwar darf sie nun nicht mehr Trompete blasen, sondern muss Flügelhorn spielen. Bei den ersten Konzerten ist ihr ernstes kleines Gesicht mit dem schweren dunkelblonden Kranz neben Alfred zu sehen, der auch Trompete bläst. Nun muss sie zum Flügelhorn wechseln und sitzt nicht mehr neben Alfred. Anschauen darf sie ihn auch nicht mehr. Mit ihm reden sowieso nicht.

Aber sicher wird er sie heiraten.

Da hat sie die Demut verlassen

Anders als Gudrun hat Ida ihre Erinnerungen behalten. Eine davon steht ihr noch nach Jahrzehnten lebhaft vor Augen. Bei einer der vielen Versammlungen, die Schäfer abhält, kniet sie an seiner rechten Seite. Der Seite mit dem Glasauge. Sie kann ihn beobachten, aber er sieht sie nicht.

Es nimmt kein Ende, denn erst wenn Paul Schäfer sein Amen gibt, ist Schluss. Niemand weiß mehr, was er noch beten oder bekennen soll. Idas Knie schmerzen auf dem Steinboden, schon als junge Frau hat sie Arthrose. Da wagt sie den Kopf zu heben und nach vorn zu gucken. Sie sieht Paul Schäfer, der aufrecht steht und mit tiefer Verachtung auf die Menschen herunterschaut, die vor ihm knien. Sein Blick sagt: »Wie weit kann ich es mit diesen Menschen noch treiben?«

Bei diesem Anblick verlässt Ida die Demut.

Eigentlich könnte sie jetzt gehen. Aber sie kann nicht. Ihre jüngere Schwester ist weicher und tief in die Gruppe eingebunden. Sie ist Ida überallhin gefolgt. Ida kann sie nicht alleinlassen.

Sie bleibt, aber von nun an ist sie nur noch ein stiller Beobachter. Nimmt alles auf. Sieht die Hörigkeit. Einmal muss sie zum Zahnarzt und teilt es Maria Strebe mit. Die sagt: »Hast du den Paul gefragt?« Ida: »Maria, soll ich ihn auch noch fragen, ob ich aufs Klo gehen darf?«

Auch so weit wird es noch kommen.

Plötzlich fühlt sie sich fremdbestimmt; nicht Ida entscheidet, sondern jetzt entscheidet Schäfer, ob sie zum Zahnarzt gehen darf. Da geht ihr auf: Das ist ein Betrüger, der hat mich aufs Kreuz gelegt. Mein Geld ist weg, meine Arbeit habe ich in sein Projekt gesteckt, aber meinem Ziel, einen Beruf zu haben, bin ich keinen Schritt näher.

Und einen eigenständigen Beruf zu haben ist Idas sehnlichster Wunsch. Nicht nur Hausfrau sein. Sie denkt an die katastrophale Ehe ihrer Eltern, diesen zornigen Vater. Dann geht sie Schäfer unter vier Augen an, sie erpresst ihn, könnte man sagen.

Sie will eine Ausbildung, und sie weiß auch schon, was: Ida will Hebamme werden. Sie geht es strategisch an. Ihr fällt auf, dass Schäfer gezielt Leute, die er brauchen kann, ausbilden lässt. Eine Ärztin gehört inzwischen zum Team, Dr. Gerda Seewald, aber noch keine Hebamme. Als Eva Schaak, die Frau von Gudrun Wagners Chef, wieder schwanger ist, passiert es irgendwie, dass Eva Schaak sagt: »Es wäre gut, wenn wir eigene Hebammen hätten und nicht eine von draußen aus der Welt.« Kein Weltmensch, wie sie es nennen. Andere Gruppen sprechen von »Ungläubigen«.

Für sich sein, keinen Kontakt mit Außenstehenden, Ehe und Freundschaft mit Andersgläubigen schon gar nicht, kein Fremder darf reinriechen. Das sind Konzepte nicht nur aus Schäfers Repertoire. Auch die katholischen Bischöfe warnen 1959 vor »Gefahren einer Mischehe« zwischen Katholiken und Protestanten.

Unter uns bleiben – da kann Ida ansetzen.

Wiederholt bedrängt sie Schäfer unter vier Augen und besteht darauf, Hebamme für die Gemeinschaft zu werden. Das ist der erste Schritt. Dann wird sie aggressiv. »Was ist das eigentlich alles hier, wir wollten doch nur eine Bleibe schaffen? Ein Häuschen, wo wir uns treffen können. Ich vertue hier meine wertvollsten Jahre. Ich möchte einen Beruf lernen.«

Schäfer erstarrt, er kann nichts erwidern. Solchen Konfrontationen auf Augenhöhe zu zweit ist er nicht gewachsen. Ihr geht auf, dass man ihm nur die Stirn bieten muss, um sich selbst zu schützen.

Heute bedauert Ida Gatz, dass sie ihre Zweifel nicht öffentlich gemacht hat, und träumt davon, wie es gewesen wäre, Schäfer vor versammelter Gemeinde öffentlich bloßzustellen, so wie es das kleine Mädchen im Märchen »Des Kaisers neue Kleider« gemacht hat.

Eines Abends teilt Schäfer es als seine eigene Eingebung mit: »Ida Ritz und Ingrid Seelbach machen eine Hebammen-Ausbildung.« Scherzhaft fügt er an: »Damit sie uns nicht eines Tages vorwerfen, wir hätten sie nichts lernen lassen.«

Ida hat gesiegt. Doch bis sie frei ist, wird es noch dauern.

Hör auf mit Brilon!

In den Herbstferien 1959 verreist Schäfer mit den Jungen eine ganze Woche lang. Und diesmal nimmt er auch Mädchen mit. Gudrun nicht, die ist zu alt, sie muss arbeiten; aus Schäfers Sicht ist bei ihr ohnehin Hopfen und Malz verloren.

Die anderen fahren gemeinsam. Das gab es noch nie. Sonst nimmt Schäfer immer nur die Jungen mit. Zusammen kauern sie auf der Ladefläche, die Jungen auf der einen, die Mädchen auf der anderen Seite. Schauen sich verstohlen an. Vorsichtig. Alle hocken sie hier hinten. Bis auf die, die vorn im Führerstand bei Paul sitzen. Da sitzen immer welche.

Vielleicht denken sie, jetzt wird das Leben normal. Aufgeregt sind sie. Irgendetwas ist anders. Schon die Fahrt ist etwas Besonderes: Im Opel-Blitz-Lastwagen mit Plane sind die 25 Kinder und Jugendlichen auf dem Weg zur Jugendherberge in Brilon im Sauerland. Hier hat Schäfer seine Heimleiterausbildung gemacht, mit dem Herbergsvater ist er befreundet. Nur dreißig Kilometer entfernt liegt Heinrich Lübkes Geburtsort. Seit einem Monat ist Lübke Bundespräsident, Präsident der »kleinen Leute« will er sein. Aber davon wissen die Kinder nichts.

Das Haus mitten im Wald ist groß, einsam gelegen, romantisch. Hier könnte man wunderbar spielen. Eine alte Fichte überragt die dreistöckige Herberge, der vergangene Sommer war sehr trocken, viele Nadeln haben sich braun gefärbt. Fichten- und Buchenwälder, Tropfsteinhöhlen und Wasserfälle, Waldschwimmbad und Marmorsteinbruch, Bolzplatz und Tischtennis. Eine märchenhafte Umgebung, wo Kinder tagsüber draußen toben, abends – nach Hagebuttentee und Graubrot mit Wurst und Käse – am Feuer sitzen, spannende Geschichten hören und schließlich müde und zufrieden in tiefen Schlaf fallen könnten. »Liebe Mutti, lieber Papa, hier ist es sehr schön, ich habe schon geschwommen, und gestern waren wir in einer Höhle« – so etwa könnten sie dann nach Hause schreiben.

Aber nicht diese Kinder.

Spielen wir Fußball, schlägt einer vor. Lieber nicht, denken die anderen, Schäfer mag Fußball gar nicht. Und immer ist einer dabei, der petzt. Aber jetzt ist Schäfer in seinem Zimmer. Der ist beschäftigt. Fußball, das bedeutet natürlich, Wolfgang steht im Tor. Ein Ball fliegt aufs Tor, Wolfgang macht einen Hechtsprung und fängt ihn.

Abends folgt das übliche Verhör bei Schäfer: »Da waren sechs oder sieben Jungs, die haben beobachtet, dass du dich extra geworfen hast wegen den Mädchen, die hinter dem Tor standen.«

Panik!

»Ich hab die gar nicht gesehen!«

»Auch noch leugnen! Und vorher hast du die Hose hochgezogen, damit sie beim Sprung in die Hosenbeine gucken und das sehen konnten.«

Das.

»Nein«, sagt er, »das mit dem Fangen ist eintrainiert.« Er versucht zu kämpfen und weiß doch, dass es sinnlos ist. »Wenn ein Ball kommt, dann schmeiß ich mich. Ich hab die gar nicht gesehen!«

Wolfgang ist in der vorigen Woche dreizehn geworden. Unter Stress bekommt er einen leichten Sprachfehler, er stottert ein wenig. Seine Großmutter hat sich mal eine Weile darum zu kümmern versucht. Bis es wieder in den Hintergrund geriet. Dann ist das so geblieben: Je stärker der Stress, desto undeutlicher die Sprache. Schäfer mag gern kleine Schwächen bei anderen entdecken und sie zu voller Blüte bringen. Es tut ihm außerordentlich wohl, wenn sein Publikum dann herzhaft lacht.

Das weiß sein Publikum inzwischen und bedient Schäfers Bedürfnis.

»Wir haben genau gesehen, dass er das gemacht hat! Extra die Hosenbeine so hochgezogen und sich geschmissen, damit die reingucken konnten«, rufen die anderen.

Ach, es ist so erbärmlich und so menschlich auch.

»Schlagen!«, sagt Schäfer.

Und sieben Jungen fallen über Wolfgang her. Alle. Eigenartig, sie fallen über Wolfgang her, nicht über Schäfer. Dabei sind sie weit in der Überzahl. Acht gegen einen. Ein Gedanke, den sie nicht zulassen. Haben sie Angst, dass Gott zurückschlägt? Überhaupt nicht zu schlagen, das wäre Befehlsverweigerung und würde Schläge für den Verweigerer nach sich ziehen. Die Meute ist beliebig steuerbar. Sie kann sich plötzlich auch gegen einen von ihnen wenden.

»Dann habe ich erst mal den Arsch vollgekriegt«, beschreibt Wolfgang in kindlich beschönigenden Worten, was ihm geschah.

Danach folgt die Verhandlung: Hast du gelogen – Hast du nicht gelogen? Ein Folterverhör, das sich bis in die Morgenstunden hinzieht. Dann darf er gehen. Falls er noch gehen kann.

Er kann kaum kriechen. Und schlafen kann er auch nicht vor Schmerzen. Am nächsten Tag muss er im Bett bleiben, weil er blau geschlagen ist. Am Morgen kommt Maria Strebe und schmiert eine Salbe drauf, damit die Spuren schnell verschwinden. Maria Strebe ist immer dabei. Dreißig Jahre ist sie jetzt alt, Schäfer hat sie in Gartow aufgelesen, seither begleitet sie ihn, mit festem Schuhwerk, weißen Söckchen und weißem Häubchen, im Rotkreuzschwestern-Outfit – obwohl sie keine ist –, und macht, was er will. Bedingungslos. So sehen es alle.

Der übernächste Tag. Das Verhör wird fortgesetzt. »Du hast doch auch mit Marlies Kontakt gehabt.«

»Nein!«

»Sollen wir eine Gegenüberstellung machen?«

»Ja, könnt ihr.«

Auch Marlies verneint: »Nee, mit dem Rotfuchs hatte ich nichts zu tun.« Sie spielt auf Wolfgangs prachtvollen roten Haarschopf an.

Ihren Satz muss Wolfgang nun aufschreiben und dazu Stellung nehmen. »Mit dem Rotfuchs hatte ich nichts zu tun.« Dieses Verfahren kennen die Kinder. Hinterher wird nachgebessert nach Schäfers Gutdünken. Und solange es ihm Spaß macht.

»Das stimmt so nicht, das musst du anders schreiben!«

Diese Szenen erleben alle.

Dann schreibt man das eben so, wie er es will. Im Laufe der Zeit lernt man, es gleich so zu schreiben, wie Paul es haben will. Damit geht man allem aus dem Wege. Und irgendwann merkt man, dass es so leichter ist. Man braucht nicht einmal darüber nachzudenken, was man schreiben möchte. Man schreibt gleich, was Paul hören will. Dann braucht man den eigenen Willen gar nicht mehr. Der bringt sowieso nur Schwierigkeiten. Über den eigenen Willen schleicht sich der Teufel ein, sagt Paul. Und der muss dann wieder ausgetrieben werden. Besser, man gibt ihn gleich auf, den eigenen Willen.

Aber so weit kommen sie diesmal gar nicht, denn Wolfgang verschreibt sich gleich am Anfang, macht einen Buchstabendreher, statt *Fuchs* schreibt er *Fusch*. Zum Jubel von Schäfer. Nun ist Wolfgang der Fuscher. Und wird es lange bleiben. Immer wieder muss er das aufschreiben. Und niemand belehrt den belustigten Schäfer, der in der Grundschule zweimal sitzen geblieben war, dass sich Pfusch mit einem P vor dem F schreibt.

Die Spitznamen sind keine Kosenamen; fast immer sollen sie die Person des Trägers herabwürdigen oder lächerlich machen.

Nur wenige wissen, wie der Name »Fuscher« für Wolfgang entstand, aber sie übernehmen das Wort und die Wertung gleich mit. Auf ähnliche Weise kommen »Tatter«, »Dickback«, »Spinti«, »Bimbo«, »Dackel«, »Pudding«, »Hering«, »Jumbo« und viele andere zu ihrem Namen. Auch die Sprache ist in Schäfers vorpubertärer Welt stecken geblieben, bevölkert von Onkeln und Tanten, die sich an kindischen Reimen ergötzen.

Gudrun hingegen bekommt keinen Spitznamen, aber Schäfer redet sie auch nicht mit ihrem eigenen Namen an. Gudruns Name ist einfach nicht da. Wenn Schäfer etwas von ihr will, sagt er: »Du, komm mal her.« Ihre Schwester spricht er als »Wagner-Pest« an. Oder sagt ebenfalls nur: »Komm mal her.«

Einmal lässt er alle Spitznamen aufschreiben. Jeder muss aufstehen und sagen, warum er diesen Spitznamen hat. Zum Schluss kommt die Frage: »Wer hat keinen Spitznamen? Aufstehen!« Einige wenige stehen auf. Schäfer: »Schaut sie euch an. Mit denen stimmt es nicht.«

Die Hurengeister herausprügeln

Der nächste Abend.

Schäfer liegt auf dem oberen Stockbett in seinem Raum, die Hände hinter dem Kopf gefaltet, die Augen geschlossen. Er scheint zu schlafen. Doch da die Versuchsanordnung von ihm stammt, ist davon auszugehen, dass er den Verlauf überwacht. Mit ihm im Zimmer fünf Jungen. Einzeln werden nun die Mädchen hereingerufen. Sie werden von den Jungen befragt. Verhört. Schließlich die Frage: »In wen bist du verliebt?«

Renate antwortet spontan: »Mir gefällt der Wolfgang.«

Was dann folgt, lässt den Atem stocken: Wolfgang muss dieses Mädchen schlagen. »Prügel die Hurengeister aus ihr heraus!«, schreit Schäfer. Wolfgang gibt ihr eine Ohrfeige. Er schämt sich zutiefst, entschuldigt sich später. Andere trifft es noch härter. Auf ihr Bekenntnis hin werden sie vom Gegenstand ihrer kindlichen Zuneigung grün und blau geprügelt.

Willi Georg, der im Zimmer der Jüngsten schläft, muss nachts einem Kleinen helfen, dessen Nase gebrochen ist. Er soll aus dem obersten Stockbett gefallen sein, heißt es. Als Willi Georg über den Flur geht, hört er, dass Paul Schäfer spät in der Nacht noch mit den älteren Jungen, den »Knappen«, zusammen ist; die Stimme des dreißigjährigen Hans-Jürgen Blank hört er auch. Sind wohl wieder am Teufel-Blamieren, denkt Willi Georg sich und geht weiter, um Verbandszeug für den Kleinen zu holen.

Gegen Ende der Nacht sagt Schäfer zur Gruppe in seinem Zimmer: »Schade, dass die Rita nicht hier ist.« Rita, die auf ihre Postkarte an Lilli geschrieben hatte: »Du hast es gut.« Wäre sie hier, dann würde er sie vom siebzehnjährigen Manfred Skraps zusammenschlagen lassen, für den sie so schwärmt.

Will Schäfer den Kindern die Heterosexualität austreiben?

Wolfgang denkt: Paul will uns zeigen, dass sie uns verführen.

Aber Wolfgang ist auch unsicher und fragt sich: Was tun sie denn schon? Noch nicht einmal das, was er und seine Spielgefährten in seiner Kindheit in Lutter ausprobiert haben, als er noch zu Hause lebte. Und das hat allen Spaß gemacht, und niemand hat geschimpft. Es hat sie aber auch niemand erwischt. Aber jetzt hat er keine Wahl, er muss gehorchen.

Am nächsten Morgen stehen Willi Georg und Paul Schäfer nebeneinander und schauen von der Jugendherberge aus über die bewaldete Landschaft. Willi Georg berichtet vom Sturz des Jungen und dem folgenden Arztbesuch. Weiter verlieren sie kein Wort über die Ereignisse der Nacht.

Plötzlich dreht sich Paul Schäfer zu Willi Georg und sagt: »Ich glaube, ich muss bald heiraten.«

»Es wird auch langsam Zeit«, erwidert Georg, der verheiratet ist und zwei Kinder hat. Beide, den Sohn und die Tochter, hat Schäfer zu diesem Zeitpunkt schon misshandelt und sexuell missbraucht. Aber das vertrauen sie ihrem Vater erst an, als der sich von der Gruppe getrennt hat und der halbe Erdball zwischen ihnen und Paul Schäfer liegt.

Solange die Väter unter Schäfers Einfluss stehen, sind sie keine Väter, die Schutz bieten können. Alfred Schaak ist zu diesem Zeitpunkt schon fünffacher Vater. Eines Tages fragt ihn eine Krefelder Krankenschwester, die Gerüchte gehört hatte, »ob ein sexuelles Vergehen stattgefunden hätte«. Seine Antwort: Schäfer hätte »die Jungen nur mittels eines kleinen Röhrchens nach Verklebung untersucht.«

Die Kinder wissen, dass sie allein sind, und verhalten sich entsprechend. Einer hat den Mut, während der sexuellen Übergriffe zu Schäfer zu sagen: »Aber Onkel Paul, das ist doch Sünde.«

Schäfer erwidert: »Dann müssen wir beten.« Sie knien nieder und beten.

Einen Ausweg scheint es nicht zu geben.

Nach fünf Tagen geht es von Brilon zurück ins Jugendheim oder nach Hause zu den Eltern. Vorher werden die Kinder einzeln von Schäfer ins Gebet genommen: »So, das vergessen wir jetzt alles, wir fahren nun nach Hause. Sag keinem was davon, sag in Heide nichts davon, sag deinen Eltern nichts davon, sonst kriegst du Ärger.«

Was Ärger bedeutet, weiß Wolfgang inzwischen und schweigt.

Auch die anderen schweigen. Viele schweigen ihr Leben lang. Wenn der Name des Ortes fällt, sagen alle, die dabei waren: »Hör auf mit Brilon!«

Manche schweigen nur für eine Weile. Irgendwann geben sie dann doch etwas preis. Zögernd. Einige Eltern werden wach.

»Was hast du denn da?«, fragt eine Mutter, als sie die Blutergüsse am Körper ihrer Tochter sieht. Die Tochter will duschen, aber nun greift sie schnell zu einem Handtuch und wickelt sich ein.

»Nichts.«

Doch die Mutter ist hartnäckig. Sie wickelt ihr Kind wieder aus und besieht sich die Verletzungen. Es ist ein schmerzhaftes Bild. Die andere Tochter war mit in Brilon, sie gibt ein ähnliches Bild ab. Diese beiden Mädchen kannte Schäfer kaum, sie waren nur selten Gast bei den Treffen. Jetzt kommen sie gar nicht mehr.

Auch Berichte über sexuelle Übergriffe auf Jungen werden nun bekannter. Ein Vater begegnet Paul Schäfer, als dieser mit einem kleinen Jungen an der Hand aus dem Wald kommt, der Junge wirkt verstört und hat einen hochroten Kopf.

Eine Mutter hört, wie ihre Jungen hinter geschlossenen Türen aufgeregt kichern. Es klingt etwas hysterisch. Sie schaut nach, die Kinder sind still. Sie geht, die Jungen kichern wieder. Sie macht auf der Stelle kehrt, geht ins Zimmer zurück und bleibt so lange, bis ihre Söhne schließlich sagen: »Och, Mama, wir haben doch nur so gemacht, wie Onkel Paul mit uns macht.«

Sie fällt aus allen Wolken.

In der Gronauer Gruppe spricht sich auch herum, dass Schäfer in die Duschräume der Mädchen gekommen war, mit einer Reitpeitsche, und die Mädchen auf den nackten Rücken gepeitscht hat. Und Lillis Vater fragt laut: »Was macht der Schäfer da immer in den Räumen der Jungen?« Doch alle zögern sehr lange. »Man kann doch diesen heiligen Mann nicht anzeigen«, ist ihre Überzeugung.

Außerdem gibt es keinerlei Studien zu Folgeschäden nach sexueller Gewalt. Viele Eltern glauben, dass die Kinder es einfach vergessen, wenn man nicht darüber spricht. So wie viele Ärzte noch glauben, dass Säuglinge keinen Schmerz empfinden.

Noch ringen die Familien mit sich. Sie rufen im Jugendheim an, wollen Schäfer sprechen. Schäfer sei nicht zu sprechen, heißt es, er sei in einer Versammlung, er würde zurückrufen. Sie warten bis nachts um zwei. Kein Anruf. Am nächsten Morgen fahren sie nach Heide. Keiner öffnet ihnen die Tür. Sie fahren nach Hause. Erst im nächsten Jahr gehen sie zur Polizei und zeigen Schäfer wegen sexuellen Missbrauchs an.

Der Entschluss zweier Gronauer Familien, Schäfer anzuzeigen, führt zur Spaltung der Baptistengemeinde in Gronau. Die Spaltung ist so tief, dass man die Straßenseite wechselt, wenn einem jemand aus der anderen Gruppe entgegenkommt.

In Heide ist nun auch Familie Wagner etabliert. Die älteste Tochter, Hannchen, ist ab Weihnachten dabei. Nur die Mutter, Mina Wagner, lebt noch mit den beiden Jüngsten in Graz. Eines Tages bekommt Ida Ritz den Auftrag, nach Graz zu fahren und Mina Wagner zu holen. Warum, weiß sie nicht. Es ist ein Befehl. Mit dem Auftrag hat Ida kein Problem, die Fahrt macht ihr Spaß, sie ist gern unterwegs. Wieder ein Abenteuer: per Anhalter von Siegburg nach Graz und zurück.

Ida trampt nach Graz und überbringt ihre Botschaft. Mina Wagner erschrickt und sagt: »Ich bin mir keiner Schuld bewusst. Was hab ich denn gemacht?« Sie hat Angst. Aber wovor?

Einige Tage später geht es zu zweit wieder nach Siegburg zurück. Dort fällt Ida auf, dass Mina Wagner »fürchterlich verheult« aussieht. Später bringt sie Mina dann wieder nach Graz. Wieder dieser eigentümliche Hol- und Bring-Dienst. Ein Schutz für Frauen, damit sie nicht allein reisen müssen? Ida jedoch muss zum Schluss allein zurück nach Siegburg trampen.

Was geschehen war und weshalb Mina in Tränen aufgelöst war, sollte noch lange Zeit ein Geheimnis bleiben.

Nur Bruchstücke sind in den Berichten Einzelner erhalten. Einmal müssen auch Willi Georg und Johannes Bechtloff nach Graz fahren. Mina erwartet, dass ihre Kinder zurückgebracht werden. Aber Schäfer hat es verboten. Als Mina den beiden die Tür öffnet und sieht, dass ihre Kinder nicht dabei sind, bricht sie weinend zusammen.

KAPITEL 7

Den Bock zum Schäfer gemacht

1960
Gesellschaft: Über 20 000 Menschen bei Billy Grahams
Zeltmission in Berlin; *Schöner Wohnen* erscheint.
Im Kino: *Ben Hur; Das süße Leben* (Anita Ekberg);
Der Schulfreund (Heinz Rühmann).
Schlager: *Die Liebe ist ein seltsames Spiel* (Connie Francis).
Politik: 4 000 Zonenflüchtlinge pro Woche.
Der Mossad entführt Adolf Eichmann aus Buenos Aires.
Spruch des Jahres: *Neckermann macht's möglich.*

Bis 1960 wechselt Wolfgang nur wenige Worte mit Gudrun. Er ist vierzehn, sie neunzehn, er schaut sie an, lauscht ihrem Gesang. Seit einem Jahr wohnen beide in Schäfers Privat-Sekte, helfen mit, ihm seinen sicheren Ort aufzubauen; an einigen Freizeiten nehmen beide teil. Er sucht ihre Nähe. Auf den Fotos der Freizeiten, die Ida und Lilli geknipst haben, ist es deutlich zu erkennen: Die Kleine mit der hohen Stirn, im bunten Sommerrock mit weißer Bluse, direkt davor der Junge mit dem dichten roten Haarschopf, im Karohemd mit hochgekrempelten Ärmeln.

Wolfgang weiß nicht, warum er sich in sie verliebt hat. Als er nach Heide kommt, erkennt er sie sofort wieder. Einmal sagt er von Weitem: »Ich möchte mal mit dir sprechen.« Aber er sagt es ganz leise, wie zum Üben.

Mehr passiert nicht. Doch es gibt eine Verbindung von ihm zu ihr. Sie ist dünn, aber sie ist da.

Auch von einem Sonntagsspaziergang in der Kroppacher Schweiz im Westerwald werden Fotos gemacht, auf denen beide, Wolfgang und Gudrun, zu sehen sind. Eindrucksvolle Bilder, wenn man die unsichtbare Geschichte kennt. Sichtbar ist nur eine Gruppe fröhlicher Menschen, wie sie in den Fünfzigerjahren bei Wandertagen eben aussahen. Jedes Bild eine Zeitreise. Die meisten Personen sind Kinder, Jungs in kurzer Stoff- oder Lederhose, Mädchen im Kleid und mit Kniestrümpfen, Zöpfe oder Kränze auf dem Kopf. Ein Foto wirkt besonders einnehmend, so fröhlich, der Bildaufbau ist gelungen, die Menschen sind entspannt und heiter. Links im Bild ein Mann, der Mundharmonika spielt. Das ist Paul Schäfer, rechts daneben, ihn überragend, Kurt Schnellenkamp. Das ist der frühere SS-Mann, der Gudrun Wagner einige Jahre später krankenhausreif schlagen wird. Im Hintergrund Gerhard Mücke, der das schon getan hat. Rechts Gudrun in ihrem Lieblingskleid, sie hat sich gerade abgewandt, aber an ihrem dicken Haarkranz kann man sie gut erkennen. In der Mitte drei Jungs wie die Orgelpfeifen, der größte wird später der bekannteste Aussteiger der Colonia Dignidad sein, Ernst-Wolfgang Kneese; aus der Mitte heraus strahlt Wolfgang Müller. Auf Schäfer liegen viele bewundernde, liebevolle Blicke. Was mögen die Menschen denken – Gott bläst Mundharmonika?

Berührend zu sehen ist ein kleiner Junge ganz am linken Bildrand hinter Paul Schäfer, er nimmt dieselbe Haltung wie dieser, hat die Haare zurückgekämmt wie er, die Kopfhaltung ist gleich. Er könnte Schäfers Sohn sein. Aber Schäfer hat keinen Sohn. Es ist einfach ein kleiner Junge, der sich an seinem großen Vorbild orientiert. An Paul Schäfer.

Man kann davon ausgehen, dass alle männlichen Personen auf diesem Bild von Paul Schäfer sexuell zumindest genötigt wurden – vielleicht abgesehen von Schnellenkamp. Wehren die Kinder sich dann, lässt Schäfer sie zusammenschlagen. Mit Vorwand oder ohne. Aber auf all dies gibt es in dem Bild keinerlei Hinweise.

Zwei Leben, die nebeneinander gelebt werden: das sichtbare und das unsichtbare. Vielleicht hält es Wolfgang aufrecht, dass er immer noch eine dritte Möglichkeit im Blick hat: Gudrun. Vielleicht ist sie der Ausweg?

Am 9. September 1960 besteht Ida Ritz ihr Examen. Sie ist nun staatlich geprüfte Hebamme. Zurück in Heide berichtet sie davon. Sie möchte gern, dass die anderen sich mit ihr freuen. Da ordnet Schäfer an: »Um sie von ihrem Hochmut zu befreien, schicken wir sie erst mal in den Kuhstall zum Arbeiten.«

Und Alfred Schaak befindet, man müsse mal »Schinkenklopfen« mit ihr machen. Dafür hat er eine Leidenschaft entwickelt, von der auch Gudrun erzählt. Ida hat Angst. »Die schlagen richtig zu, auch in den Nierenbereich.« Schnell geht sie nach draußen, sucht Papier, um es sich als Polster unter die Kleidung zu stopfen.

»Schinkenklopfen«, das kennen alle Frauen in dieser Sekte. Die meisten mussten sich schon mal über einen Stuhl legen und sich von Männern den Hintern »versohlen« lassen. Zur Strafe für irgendwas, denn irgendwas findet sich immer, wenn man mal wieder eine Frau anfassen will – was offiziell verboten ist. Aber Strafe muss sein – und so geht es ja auch. Wenn Zärtlichkeit nicht erlaubt ist, dann eben Sadismus.

Am 23. September 1960 wird das neue »Jugendheim« eingeweiht. Es ist eine beeindruckende Leistung: Mit den eigenen Händen und mit Fachleuten aus den eigenen Reihen – Architekt, Wasserbauer, Bauunternehmer, Kaufmann, viele gelernte und ungelernte Handwerker – haben sie es geschafft, ein stattliches zweistöckiges Haus mit mehreren Flügeln, mit Nebenhaus, Park und Swimmingpool nach Schäfers Konzept zu errichten. Umliegende Firmen spendeten Baumaterial. Eine Sammelgenehmigung hatte man nicht, aber wenn Willi Georg Schwester Gertrude in Rotkreuz-Uniform dabeihat, fragt keiner nach. Die Firma Mannesmannröhren in Düsseldorf bemerkt den Betrug nach einer Weile – vermutlich weil ein achtsames Finanzamt die Spende nicht als steuermindernd anerkennt – und prozessiert gegen die Private Sociale Mission.

Trotz aller Probleme ist das Gebäude nun fertig. Ein hoher Zaun umgibt das Anwesen; gesichert ist es bald mit Abhöranlagen draußen wie drinnen. Schon zu dieser Zeit nimmt Schäfer viele Gespräche und Beichten heimlich auf. Das Tonbandgerät dafür haben seine Anhänger selbst gespendet. In einem undatierten Bettelbrief schrieb Schäfer:

Liebe Geschwister!
Heute kommen wir mit einem kleinen Sonderanliegen. Euch ist bereits allen bekannt, dass wir ein Tonbandgerät für unsere Arbeit unbedingt benötigen. Woran wir dabei besonders denken, ist Folgendes: alles Erlebte festzuhalten, um es dann in den einzelnen Häusern wiederzugeben. Somit haben wir die Möglichkeit ein lebendiges Miterleben aller Segnungen mitzuteilen ... Wir wenden uns [...] an einige mit uns verbundene Geschwister mit der Bitte nach Überprüfung vor dem Herrn einen Betrag zu zeichnen. Der Gesamtpreis des Gerätes wird zwischen DM 500,– bis DM 600,– liegen.

Die Geschwister unterschreiben die beigefügte Spendenerklärung und überweisen das Geld an Alfred Schaak.

Nun ist alles bereit für die Einweihung des »Jugendheims Heide«. Ein festlicher Empfang mit Hausmusik, Reden, Speisen und Getränken ist geplant. Und die halbe Bundesregierung wird eingeladen.

EINLADUNG
und Festfolge zur Einweihung des neuen Hauses und seiner Anlagen

am 23. Sept. 60/15 Uhr

sendet Ihnen die Jugend des Jugendheimes Heide-Birk,
Siegburg-Heide, Franzhäuschen.

Mit frohem Grusse

Für den Vorstand	*Für die Heimleitung*
Hugo Baar	*Hermann Schmidt*
Vorsitzender	*Heimleiter*

Die Jugend selbst lädt ein; Baar und Schmidt unterzeichnen nur stellvertretend, Schäfer kommt gar nicht vor. Ungewöhnlich für diese autoritätsgläubige Zeit.

Dieses Jugendheim in Siegburg liegt nur fünfzehn Kilometer von Bonn entfernt, dem damaligen Regierungssitz. Sie sind Nachbarn. Es ist ein Katzensprung.

So wird auch Bundespräsident Heinrich Lübke eingeladen. Doch der Anlass ist zu klein für den Präsidenten der kleinen Leute. Der Bundesminister für Familien- und Jugendfragen schickt immerhin seine Staatssekretärin Frau Dr. Friesecke. In ihrer Rede zur Eröffnung vertritt sie die Ansicht, dass »dieses Haus als Modell für ähnliche Einrichtungen in der Bundesrepublik dienen könne«. Der Landrat Etzenbacher setzt noch eins drauf: Ihm könne es »den Glauben an die Menschheit wiedergeben«.

Außer vielen Politikern der dritten und vierten Garde erscheint auch Arturo Maschke, der damalige chilenische Botschafter. Wie der Kontakt entstand, ist nicht bekannt. Vermutlich durch Albert Schreiber, der mit Bauarbeiten an der Botschaft beschäftigt ist. Maschke ist ein gern gesehener Besucher, und bald hat auch er einen Spitznamen weg: »Matto« sagen die Jungs, wenn sie von ihm reden. Dass Matto schwul ist, bleibt kein Geheimnis. Da Auswanderungspläne bestehen, spricht man auch über Chile, das seit Mitte des 19. Jahrhunderts bevorzugtes Ziel deutscher Auswanderer ist. Deutsche genießen hohes Ansehen in Chile, sie gelten als tüchtig und effektiv. Und gutes Brot backen sie außerdem. Von sechzehn Millionen Einwohnern Chiles ist mehr als eine halbe Million deutschstämmig. Sie kamen in Wellen nach Chile, nach der gescheiterten Revolution 1848 landete der erste Schub; zu Beginn des NS-Regimes flüchteten deutsche Juden. Nach 1945 folgten Flüchtlinge aus dem in Trümmern liegenden Europa. Darunter waren auch NS-Täter. Unterstützt von der katholischen Kirche wurden manche von ihnen auf den sogenannten »Kloster- oder Rattenlinien«[48] über Italien nach Südamerika geschleust – wie die sprichwörtlichen Ratten verließen sie das sinkende Schiff. Einige gingen nach Chile. Wie Walther Rauff, der Erfinder der Gaswagen, in denen Juden vergast wurden.

Es gibt also viel zu besprechen auf der Einweihungsfeier des Jugendheims.

Mit Gesang, Blas- und Streichinstrumenten unterhält die Heim-Jugend die Besucher. Da stehen die Mädchen in weißen Blusen und dunklen Röcken, die Jungen in langen schwarzen Hosen. Vorne Gudrun, sie spielt Mandoline, dann Flügelhorn. Weiter oben spielt Brigitte Baak, und ganz hinten ragt Gerhard Mücke auf; schon seit Jahren sind die beiden ein Paar, kurzfristig musste Gerhard seine Brigitte an Schäfer ausleihen, als dieser eine Vorzeigeverlobte braucht. Mit tagelangem Fasten muss »der Mauk« auf Schäfers Befehl gegen seine sexuellen Bedürfnisse ankämpfen. Bis Gerhard und Brigitte heiraten dürfen, wird es noch lange dauern. Beide fügen sich, obwohl sie tiefunglücklich sind, aber ein eigener Wille ist nicht mehr vorhanden. Das Blasorchester spielt »Preußens Gloria«, und »Struppi« – Hartmut Hopp –, ein blonder Jüngling mit lächelndem Mund, schlägt das Becken. Wolfgangs späterer Freund »Kuddel«, ein ausgesprochen gut aussehender Mann, gibt den Dirigenten. Auch beim Chorsingen deutscher Volkslieder ist Gudrun dabei:

Wohlauf in Gottes schöne Welt, Lebe wohl ade!

Noch weiß sie nicht, dass Schäfer sie alle schon im nächsten Jahr voneinander fortreißen wird, die Familien, die Freunde.

Die Luft ist blau, und grün das Feld, Lebe wohl ade!

Voll Schwung und Begeisterung singen die Kinder und die jungen Leute; auch Wolfgang zwei Reihen hinter Gudrun schmettert tapfer und angestrengt mit. Unsichtbar für die Zuschauer gibt jemand ihm ein Zeichen, und sofort schaltet Wolfgang sein strahlendes Lächeln ein.

Die Berge glühn wie Edelstein.
Ich wandre mit dem Sonnenschein
ins weite Land hinein

Diese Szene berührt und erschreckt zugleich: Ähnlich wie in viel späterer Zeit der unheimlich mitreißende Chor junger Nazis in der Biergartenszene des Films *Cabaret*.

Tief beeindruckt zeigt sich auch der Direktor des Gymnasiums in Siegburg in seiner Rede. Mehr noch, er ist sogar »... erschlagen von dem, was ich hier sehe ... Hätten wir doch noch mehr solcher Leiter und Lehrer in unseren Lehranstalten, die so eindeutig und klar nach letzten Werten ausgerichtet sind.«

Eigentlich gehen die Kinder in Munch zur Schule, aber drei Schüler wurden am Siegburger Gymnasium angemeldet: Hartmut Hopp, Hussain Siam und Günter Reuss. Daher ist auch der Direktor des Gymnasiums eingeladen. Er lernt Paul Schäfer und den früheren Luftwaffenoffizier Dr. Hermann Schmidt kennen – den inoffiziellen und den offiziellen Leiter des Jugendheims – und schwärmt in seiner Rede: In seiner dreißigjährigen Laufbahn habe er »noch niemals eine Schar junger Menschen vor mir stehen gehabt, aus deren Gesicht und ganzer Haltung eine solche Klarheit und Sauberkeit und solche, ich möchte fast sagen, ein solcher Edelsinn sprach, wie ich das heute hier gesehen habe«.

Dann fügt er an: »Ich glaube nicht, dass ich mich getäuscht habe.« Ein merkwürdiger Nachsatz, der Zweifel verrät.

Auch der Direktor des Siegburger Gefängnisses wird zur feierlichen Einweihung eingeladen. Auf persönlichen Wunsch von Paul Schäfer. Doch während der Feier hält sich Schäfer im Hintergrund, er lässt andere reden. Eine Begegnung mit diesem Direktor vermeidet er auffallend, er schleicht durch die Räume, verbirgt sich hinter Pfeilern. Der Direktor hingegen scheint sich köstlich zu amüsieren. Bis ein oder zwei Uhr nachts. Ida entdeckt Schäfer, wieder hinter einem Pfeiler versteckt. Er zischt ihr zu: »Will der denn gar nicht gehen?«

Kennt Schäfer den Gefängnisdirektor persönlich? Vielleicht liegt darin die Erklärung für jene zwei Jahre, die in seiner Biografie nicht belegt sind? Viele Behauptungen gibt es zu Schäfers Lebenslauf, viele Gerüchte und viele Mythen, die er selbst in Umlauf gebracht oder die andere um ihn gerankt haben.

Willi Georg, seinem früherem Schulkameraden, erzählt Schäfer 1950, er hätte wegen Diebstahls zwei Jahre im Gefängnis gesessen. Das könnte die Bekanntschaft mit dem Gefängnisdirektor erklären. Willi Georg glaubt Schäfer – Diebstahl in Notzeiten ist ein Kavaliersdelikt und nichts, weshalb er ihn ausgrenzen würde. Wäre Schäfer im »Dritten Reich« allerdings wegen Homosexualität ins Gefängnis gekommen, dann hätte das auch den Abtransport in ein KZ mit Folter und Tod bedeuten können. Bisher konnte das nicht geklärt werden. Aber große Angst vor der realen Gefahr wird Schäfer sicher verspürt haben, und das könnte seine späteren Tendenzen zum Verfolgungswahn erklären.

Seit 1952 gehört Willi Georg zum inneren Kreis. Voller Details sind die Erinnerungen, die er in langen Briefen festhält. Ausführlich schildert er die Bibelstunden. Nebenbei beobachtet er, wie grob Schäfer seine eigene Mutter, Anna Schmitz, behandelt, in deren Wohnung in der Troisdorfer Wilhelmstraße man sich damals trifft. Auch Konflikte um Geld erlebt er mit; Anna Schmitz erwartet, dass Paul Schäfer zur Aufbesserung ihrer kleinen Rente beiträgt. Um Sündenbekenntnis, Beten, Bekehrung, Zukunftsplanung kreist das Gespräch der Gruppe am Anfang. Willi Georg beschreibt auch den Aufbau eines Blasorchesters – Posaunen werden gekauft, ein Musiklehrer engagiert –, genauso wie die Zerstörung der Familien – Frauen werden angewiesen, ihre Männer zu Gewalttätigkeit zu provozieren, um einen Scheidungsgrund zu haben. Er wird sehr deutlich: »Ihr müsst eure Männer in die Hoden treten«, sagt er. Den Männern befiehlt er, ihre Frauen entmündigen zu lassen, wenn sie nicht bereit sind, ihre Söhne der Heimerziehung zu überlassen, das heißt, sie Paul Schäfer zu überantworten. Einige Frauen werden tatsächlich in die Psychiatrie eingeliefert; auch die Frau von Willi Georg ist darunter. Eine Mutter in Gronau zerbricht an der Ausweglosigkeit, die Schäfer inszeniert hat. Sie legt sich vor den Gasherd und bringt sich um. Ihre Kinder nimmt sie mit.

Hin und wieder kommt Danilo zu Besuch, der »stärkste Mann der Welt«, mit dem Schäfer als Gehilfe von Jahrmarkt zu Jahrmarkt gezogen war. Der schwule Danilo begeistert die Jungen mit seiner Körperkraft. Wolfgang schwärmt: »Weltmeister im Expanderziehen ist er, sieben Stück!« Einen Amboss stellt er sich auf die Brust und lässt die Jungen draufhauen. An Schäfers Geburtstag werden sie zusammen mit Schäfer zu Danilo eingeladen, der wohnt auch in Siegburg, hat Katzen und Hunde. Den Jungen führt er allerlei Zirkustricks vor. Und an ihnen vergnügen darf er sich auch.

Von diesem Leben der Jungen haben die Mädchen keine Ahnung. Ihre Lebenswelten sind voneinander getrennt, und Begegnungen werden seltener.

Abschied mit hoch erhobenem Haupt

Währenddessen sitzt Johannes Bechtloff ohne seine Frau in Graz und betreut dort die Restgemeinde. Von den Ereignissen in Siegburg weiß er wenig, aus Gronau und Brilon hört er nichts. Mina Wagner ist auch noch in Graz – ohne Mann und ohne die meisten ihrer Kinder. Abends liest Johannes der kleinen Gemeinde aus der Bibel vor, spricht seine Gedanken dazu, tagsüber verdient er Geld mit Malerarbeiten. Dann beginnt er zu fasten. Schäfers Allheilmittel. Er fastet sechzehn Tage lang, trinkt nur Wasser. »Dabei hat man eine spezielle Antenne zur geistigen Welt, zu Gott, und alles Irdische ist weit weg«, versucht er seine Verfassung zu erklären. In dieser Zeit geht ihm auf, dass etwas mit der Schäfer-Gruppe ganz und gar nicht stimmt. So weit weg ist die Realität also doch nicht. Tante Resi, auf die Schäfer »irgendwie hört«, setzt durch, dass Frau Bechtloff ihren Mann in Graz besuchen darf. Nun können sie sich erzählen, wie unglücklich sie mit dieser künstlichen Trennung sind. Sie beschließen: Wir müssen da weg.

»Aber dieses Geheimnis können wir niemandem sagen«, beschwört Johannes Bechtloff seine Frau eindringlich. Er weiß nicht, dass es diese Worte sind, mit denen Schäfer die Kinder einschüchtert.

Warum eigentlich nicht?, denkt Christel Bechtloff, als sie wieder nach Heide fährt. Bei ihrer Rückkehr sagt sie es der Gruppe sofort: »Ich will hier nicht mehr bleiben.«

Von allen Seiten bestürmt man sie: Warum nicht? Was ist denn in dich gefahren? Wo willst du überhaupt hin?

»Das sage ich nicht«, ist ihre Antwort.

Diese Verweigerung kommt gar nicht gut an. Christel wird »beackert«, man lässt sie nicht mehr allein, man lässt sie keine Minute in Ruhe. Eine Gruppe Frauen wird ihr ständiger Begleiter, geht mit ihr spazieren, pflückt mit ihr Blumen, macht mit ihr Küchenarbeit, steht um sie herum, bedrängt sie. Und immer wieder fordernde Fragen: »Wohin willst du denn, rück endlich raus damit. Du musst es uns sagen.«

»Weg von hier, das hier kann ich nicht mehr.«

Der Chor der Erinnyen erstattet Schäfer Bericht: »Es ist nichts rauszukriegen aus ihr.«

Nachdem die niederen Chargen nichts erreichen konnten, erscheint Schäfer selbst und richtet freundlich das Wort an die Widerspenstige: »Ich habe gehört, dass du wegwillst. Hier kann jeder kommen und gehen, wann er will und wie er will. Wir halten niemanden.«

Allerdings – und nun kommt der Pferdefuß – gebe es eine Einschränkung. »Wir haben deinem Mann gegenüber eine Verantwortung. Der ist nicht hier. Wenn er wiederkommt und uns fragt, was habt ihr denn mit meiner Frau gemacht? Die ist ja gar nicht hier. Warum ist die weg?«

Schäfer bleibt ruhig und sehr freundlich, er spricht ganz gelassen mit ihr. Der gönnerhaft bevormundende Ton den Frauen gegenüber ist noch üblich und löst selten Verwunderung aus.

Daher, so Schäfer weiter, müsse sie etwas hinterlassen, das sie ihrem Mann geben können, damit der gleich Bescheid wisse, was geschehen sei. Und legt ihr flugs ein Schriftstück vor.

Sie soll unterschreiben, dass sie sich von Gott, von der Gruppe und von ihrem Mann lossage und nichts mehr mit ihnen zu tun haben wolle.

Doch Christel Bechtloff lässt sich nicht beirren.

»Mit Gott will ich noch zu tun haben und mit meinem Mann auch«, sagt sie, »nur mit euch nicht mehr.«

Der Rest ist Schweigen.

Die Gruppe ist so perplex, dass ihr nichts mehr einfällt.

Glücklicherweise haben die Bechtloffs ihre Hamburger Wohnung nicht aufgegeben. Glücklicherweise ist es eine Mietwohnung, und auch sonst besitzen sie wenig, können also auch wenig Besitz an Schäfer verlieren.

Christel Bechtloff erwartet inzwischen ihr viertes Kind. Erstaunlicherweise. »Da können Sie jetzt fragen, wie ist denn das zustande gekommen?«, scherzt der 82-jährige Johannes Bechtloff denn auch überraschend jugendlich viele Jahre später beim Interview. Die Erklärung: Ab und zu durfte das Ehepaar seine Kinder in Gronau besuchen. Bei den verständnisvollen Pflegeeltern.

Als Christel Bechtloff aus Graz zurückkommt, steht die Geburt kurz bevor. Beiden ist klar: Dieses Kind wird in Hamburg zur Welt kommen, nicht in Heide.

Mit hörbarem Stolz schildert der alte Johannes Bechtloff die Zivilcourage seiner Frau: »Die wollten damals mit Macht, dass sie in Siegburg entbindet. Aber da war sie tapfer, meine Frau.«

»Ich entbinde in Hamburg«, sagt Christel Bechtloff in Siegburg zu der Gruppe und setzt es durch. Sie packt ihre Tasche, und bei nächster Gelegenheit, als jemand von ihnen mit dem Auto nach Hamburg fährt, fährt sie mit.

Jetzt ist sie in Sicherheit, er aber ist erst in Graz, dann zurück in Siegburg, und die Kinder sind noch in Gronau. Ein Ausstieg mit hoch erhobenem Haupt, wie seine Frau ihn hinlegt, gelingt Johannes nicht. Es ist eher eine Flucht. Er findet sich feige, aber er kann nicht anders.

Dass er überhaupt in eine solche Haltung von Angst und Unterwürfigkeit hineinkommen kann, beschämt ihn tief. Er will unbedingt weg, aber es vorher zu sagen, denkt er, ist Wahnsinn. Er traut sich nicht zu, das durchzustehen. Er hat diese Szenen zu oft bei anderen miterlebt.

Wenn jemand etwas aussprechen muss, »den Teufel blamieren«, stürzt sofort eine Meute auf ihn los und beschimpft ihn. Viele Hunde sind des Hasen Tod, hat Johannes dann oft gedacht.

Sie schlagen mit Worten, erniedrigen psychisch: »Du bist verführt vom Teufel«, rufen sie, »dass du so teuflische Gedanken hast. Dass du dich einfach lossagst von solchen Menschen, wo du so geliebt wirst. Du bist Satansbrut. Du lügst. Du stinkst.«

Aber sie schlagen nicht nur mit Worten. Das ist einer der Gründe, warum Johannes es nicht mehr aushält.

Geprügelt bis zur Bewusstlosigkeit

Wer die Gruppe verlassen will oder Gedanken hegt, die sich gegen Schäfer richten, wird geprügelt bis zur Besinnungslosigkeit. Das kommt häufig vor. Johannes Bechtloff arbeitet als Hauslehrer und Erzieher. Aber er ist ihnen viel zu weich. Deshalb beschließt man schon frühzeitig, ihn zu einer dieser Strafaktionen mitzunehmen und ihn abzuhärten. Gestraft wird die kleine Gudrun Wagner. Warum, weiß Johannes Bechtloff nicht. Er weiß nur, dass sie in einen jungen Mann verliebt ist.

Gudrun wird abends in den VW Bulli verfrachtet, man fährt mit ihr in offenes Gelände, und unterwegs schlagen zwei Männer sie mit Kabelenden blutig. Vorher muss sie sich ausziehen. Diesmal sind Kurt Schnellenkamp und Gerhard Mücke die Schläger. Auch Johannes Bechtloff bieten sie ein Stück Kabel an. Aber der weigert sich. »Will denn keiner außer mir?«, fragt Gerhard Mücke, als ob er ein Stückchen Kuchen anbietet. Johannes dreht sich der Magen um.

Als Johannes Bechtloff die Gruppe verlässt, weiß er genau, was im vergangenen Jahr mit Gudrun Wagner geschehen ist. Gudrun selbst weiß es nicht mehr. Johannes wird es nie vergessen. Gudrun aber kann sich auch nach Jahrzehnten nicht daran erinnern.

Noch einer weiß mehr als Gudrun: Schäfers Schulfreund Willi Georg. Erst 1966 wird er davon berichten. Als er weit weg ist, in Australien. Willi erinnert sich genau, wie er mit Gudrun auf dem Motorrad über holprige Straßen fahren muss, damit »das Schlimme nicht eintritt«. Auch Ida Ritz muss mit den anderen zusammen wieder einmal beten, »damit das Schlimme nicht passiert«. Was »das Schlimme« ist, wird ihnen nicht gesagt. Gudrun muss eine Aussage bei der Polizei machen. Aber auch das vergisst sie schnell wieder.

Später wird Johannes Bechtloff noch Zeuge, wie sie Alfred Matthusen prügeln. Den schlägt man im Keller zusammen. Nackt über den Tisch gelegt. Bei dem nächsten Mädchen nimmt man Johannes schon gar nicht mehr mit. In Sachen Prügel gilt er als hoffnungsloser Fall.

An staatlichen Schulen werden Kinder zu dieser Zeit noch geprügelt. 1957 hat der Bundesgerichtshof bestätigt, dass Lehrer die Kinder schlagen dürfen. Dass Eltern es dürfen, gilt als selbstverständlich. Schäfer äußert sich also »politisch korrekt«, wenn er sich im Rundbrief für Schläge und Furcht als erzieherische Maßnahme ausspricht:

»Das Kind wird seine Unarten lassen und sich fürchten. Durch die ausgestandene Züchtigung lernt es, was wehtun bedeutet.«[49]

Dass die Führungsschicht der Schäfer-Sekte prügelt, gilt im Rahmen der damaligen Gesellschaft als »normal«. Aber *wie* sie prügelt, nicht. Viele Opfer müssen sich wochenlang auf der Krankenstation erholen. Nicht Gesundung ist dabei das wichtigste Ziel, sondern die Isolierung derer, die sich nicht anpassen wollen. Verständlich, dass Johannes den Schleichweg in die Freiheit wählt, statt den durch die Fäuste des früheren SS-Mannes Kurt Schnellenkamp.

Eigentlich ist alles ganz anders geplant. Eigentlich soll Johannes Bechtloff nach der Auswanderung für die Landwirtschaft in der Kolonie in Chile zuständig sein; seit einem Jahr geht er auf die Landwirtschaftsschule im Nachbarort Much. »Du bist der Landwirtschaftsminister«, sagt Paul Schäfer zu ihm. Das Landgut in Chile wird bald gekauft, die Reisepässe liegen bereit.

Die Kinder aus der Privaten Socialen Mission fahren nach Much zur Schule, nicht ins viel näher gelegene Siegburg. Auch dies ist eine Strategie Schäfers, um Spuren zu verwischen: Die Lehrer als Beobachter direkt nebenan, das wäre ein zu großes Risiko.

Jeden Morgen fährt Johannes Bechtloff genau wie die Schulkinder mit dem Bus nach Much. Jetzt will er flüchten, doch die Form will er wahren. So schreibt er einen kurzen Abschiedsbrief. Auch dabei nimmt er sich in Acht, dass keiner ihn beobachtet. Er könne es nicht mehr verkraften, schreibt er, daher verlasse er die Gruppe. Dann geht er wie immer mit den Schulkindern zur Bushaltestelle, steigt im letzten Moment in den Bus der Gegenrichtung. Voller Angst und Scham, er kommt sich vor wie ein Dieb in der Nacht. Er fährt so weit, wie sein weniges Geld reicht. Bis Uelzen. Von dort muss er per Anhalter weiter. Irgendwann erreicht er dann Hamburg und kommt zu seiner hochschwangeren und überglücklichen Frau.

Nun fehlen noch ihre eigenen Kinder. Ein Anruf bei den Pflegeeltern in Gronau: Die Kinder wurden heute abgeholt und nach Siegburg gebracht. Als Geiseln genommen. Aber der Pflegevater, ein mutiger Mann, ruft wütend dort an. »Ihr habt uns angelogen. Wenn die Kinder nicht sofort nach Hamburg gebracht werden, gehe ich zur Polizei.« Das Wort Polizei zieht. So treffen der neue kleine Bechtloff und die entführten Kinder fast zeitgleich kurz vor Weihnachten zu Hause ein.

Irgendwann verklingt auch bei Familie Bechtloff der übliche Telefonterror, den viele Sekten gegen Abtrünnige anwenden. Einmal noch steht Hugo Baar vor der Tür, und es gelingt ihm tatsächlich, Bechtloff zu einem offiziellen Abschied nach Siegburg zu lotsen. »So sollte man gute Freunde nicht verlassen«, appelliert er an Bechtloffs Ehrgefühl. Dass er tatsächlich mitfährt, legt Johannes sich später als Feigheit aus. In Haus der Privaten Socialen Mission veranstalten sie ein Scheingericht gegen ihn, großer Saal, dunkel, Johannes vorn auf der Bühne. Es hagelt Vorwürfe, er wird beschimpft, bedroht, die Erinnyen zetern und toben. Aber es berührt ihn nicht mehr.

Im Sommer 1960 hält auch Wilhelm Wagner das Leben in Siegburg nicht mehr aus. Er ist die Nähe zu seiner Frau und seiner Familie gewöhnt. Die Wärme, die Vertrautheit. Das Vertrauen. Er erinnert sich an die Zeit im Panzer, im Krieg, als er sein Gelübde abgelegt hat, eine Gemeinde zu gründen, wenn er zu seiner Familie zurückkäme. Und jetzt ist er wieder allein. Ein Jahr fort aus Graz. Den Basti hat er nicht mehr gesehen und die kleine Hedi auch nicht. Wozu das Ganze? War das alles ein großer Irrtum? Er kann mit niemandem reden, muss ganz allein zurechtkommen, wird hin- und hergeschickt zwischen Siegburg und Gronau, arbeitet als Gärtner in der freien Natur, aber er fühlt sich so unfrei wie nie zuvor. Und Sex gibt es auch nicht mehr. Dafür dramatische Predigten, auf ihre Weise erregend. Was Schäfer predigt, dieses intensivere Christentum, enthält auch mehr Brutalität. Das fasziniert viele.

Es fasziniert sie, und sie unterwerfen sich ihm. Geben ihm die Macht. Aber Paul Schäfer ist keiner, der seine Macht teilt. Was er hat, behält er. Zu Schäfers Macht gehört die Ohnmacht der anderen. Für die meisten aber ist Ohnmacht auf Dauer ein unerträgliches Gefühl. Man kann es bekämpfen, indem man eins wird mit dem Täter, indem man sich identifiziert. Indem man ebenfalls brüllt, schlägt und dabei spürt, wie es ist, jemanden seelisch zu vernichten. Solange genügend Opfer zur Verfügung stehen, kann das funktionieren. Aber wehe, einer will weg.

Gudruns Vater will weg. Er könnte einfach gehen. Aber so einfach ist das nicht. Dann könnten ja alle gehen, wenn sie keinen Spaß mehr haben an der Ohnmacht. Doch es hat seinen Preis, wenn man dem Teufel einmal den kleinen Finger gereicht hat, in der irrigen Annahme, nun würde der göttliche Funke überspringen.

Schäfer stellt eine Bedingung: Er will den kleinen Basti haben. Den Vater gegen den Sohn tauschen. Als Mina, die Mutter, einmal mit den Kleinen zu Besuch kommt, wird der Tausch vollzogen.

Gudruns kleiner Bruder will von Anfang an nicht in Heide

bleiben, er will da gar nicht erst hin. Da machen sie es mit einem Trick. Papa, Mama und Hedi fahren heimlich nach Hause, und Basti muss in Siegburg bleiben. Da ist Basti zehn. Er will nicht. Er will nicht einmal schlafen gehen, weil er schon etwas ahnt.

Er will nicht, aber er muss. Er ist ein kleiner Junge, und irgendwann ist er müde und schläft ein. Am nächsten Morgen sind die Eltern fort und die jüngste Schwester, die ihm am nächsten ist, auch. Um fünf steht er auf und sieht nach, ob der Wagen noch da ist. Aber der Wagen ist fort.

»Ich hab's ja gewusst«, ruft er verzweifelt. »Ich hab's ja gesagt. Ich wollte ja gar nicht schlafen gehen.«

Dieser elterliche Trick ist unsensibel, grob und schützt eher die Eltern als die Kinder. Das ist normal in den Fünfzigerjahren.

Nicht normal sind Paul Schäfer und seine pervertierte Gemeinde. Bestimmt spürt Basti das. Daher ist er im wahrsten Sinne untröstlich. Man kann ihn weder trösten noch beruhigen. Gudrun und ihre Schwester werden von der Arbeitsstelle ins Heim gerufen, damit sie sich um den Bruder kümmern. Aber auch ihnen gelingt es nicht, das heulende Bündel Kinderleid zu beruhigen.

Dann steht Schäfer auf, mittags, wie immer. »Lasst mir den Jungen mal«, sagt er, »ich kümmere mich um ihn.« Alle wissen, wie gut Schäfer mit Jungen umgehen kann. Alle sind erleichtert. Auch Gudrun und ihre Schwester, die es nicht geschafft haben, ihn zu trösten. Doch Basti bleibt untröstlich.

Wilhelm Wagner ist ein Familienmensch. Die Entscheidung, seinen Sohn im Stich zu lassen, trifft er nicht aus freien Stücken. Wenn er eine andere Möglichkeit hätte erkennen können, hätte er diese gewählt. Wahrscheinlich wird Wagner erpresst. Ob er ahnt, was Basti bevorsteht, weiß man nicht. Man kann es aber vermuten. Die Jungen in Bastis Alter wissen alle Bescheid.

Wolfgang Müller, der drei Jahre älter ist als Basti, beschreibt es verschlüsselt als Ortsbegehung. »Der Basti kommt rein in das Haus, da ist erst ein ganz großer Raum, danach kommt der Waschraum, dann ein Viererzimmer, dann ein Dreierzimmer, noch ein Dreierzimmer, geradeaus hat Schäfer sein Zimmer, links rein ist das Konferenzzimmer. Schäfer hat auch ein extra Bad. Da hat er sein Reich aufgebaut. Er hat immer das Beste vom Besten.«

Diese Schilderung der Initiation, der ersten sexuellen Begegnung mit Schäfer, die über sein übliches zwanghaftes Befummeln in bekleidetem Zustand hinausgeht, klingt bei vielen Betroffenen ähnlich: Türen werden geöffnet, Räume betreten, Waschungen zelebriert, das Kind dem Erwachsenen durch einen Boten zugeführt. Stufen eines Rituals.

KAPITEL 8

Entführung

1961
Politik: Bau der Berliner Mauer; John F. Kennedy: US-Präsident;
Juri Gagarin: erster Mensch im All.
Gesellschaft: Reisewelle; Antibabypille;
Rekordumsatz bei Sekt.
Schlager: *Are you Lonesome Tonight?* (Elvis Presley).
Im Kino: *West Side Story; Dorf der Verdammten;*
Augen der Angst (Karlheinz Böhm);
Spruch des Jahres: *Unser Dorf soll schöner werden!*

Von dem erwirtschafteten und gespendeten Geld der Sektenanhänger bleibt auch nach dem Bau des Jugendheims viel übrig für eine Reise nach Nordafrika und in den Nahen Osten, die Paul Schäfer, Hugo Baar und Hermann Schmidt Ende 1960 unternehmen. Recht bequem reisen sie drei Monate lang durch Nordafrika, vermutlich auf der Suche nach einer Bleibe. Auswanderungspläne gibt es schon lange. Wie wäre es mit einem Kibbuz? Auch Kanada, Australien und Südafrika sind im Gespräch.

Über Frankreich und Spanien geht es nach Marokko. Wegen des Algerienkriegs machen sie einen Umweg über Italien und Tunesien, reisen dann weiter nach Israel. Zwischendurch taucht Schäfer zweimal in Heide auf, bleibt zwei Tage, fährt dann wieder nach Frankfurt und fliegt nach Tunesien. Von dort weiter nach Ägypten. Aus Ägypten kommt er plötzlich noch einmal für zwei Tage nach Siegburg. Für die Kinder ist es unberechenbar, wann er erscheint.

Wolfgang neidet den anderen Kindern die Mitbringsel. Nur er bekommt nichts.

Ach, scheißegal, denkt er dann, vielleicht hab ich mich zu oft gegen Schäfer gewehrt.

Aus Jerusalem bringt Schäfer dann doch noch etwas mit. Einen palästinensischen Jungen. Schäfer kommt mit dem Vater ins Gespräch, der auf dem Postamt arbeitet und sich freut, ein paar Brocken Deutsch mit einem Deutschen zu sprechen. Schäfer verspricht dem Vater für dessen Sohn eine kostenlose gute Ausbildung in Deutschland. Der Vater ergreift das, was ihm wie eine gute Chance für seinen Sohn erscheint, und lässt ihn ziehen. Eine merkwürdige Geschichte.[50]

Nach langen Gewissenskämpfen zeigen einige Eltern Schäfer 1961 endlich wegen sexuellem Missbrauch an. Ein Haftbefehl wird erlassen. Nun entsteht Zeitdruck. »Dann muss ich wohl als Erster abhauen«, sagt Schäfer locker, fast heiter, im kleinen Kreis.

Frühjahr 1961 im Jugendheim in Heide. Speisesaal, es ist kurz vor Mittag. Schäfer betritt den Raum, umgeben von den Brüdern. Alle schauen auf. Er hat eine Prophezeiung, die er in den Raum ruft: »Wir gehen verloren, wir haben den Ruf Gottes, wir sollen dieses Land verlassen und nach Chile gehen. Es wird Zeit, es wird Zeit.« Die Herren Brüder bestätigen dieses, sie alle hätten Entsprechendes geträumt. Hilde Wagner und Gertrud Ritz ebenfalls, wie Kurt Schnellenkamp vor allen berichtet.

Um Zögernde zu motivieren, peitscht Schäfer die Angst vor dem Kommunismus hoch, vor »dem russischen Stiefel, der Europa niedertritt«. Er verkündet immer drastischere Prophetien, die Gott ihm mitgeteilt habe. »Es kommt Krieg, es kommt Gefahr«, hämmert er seiner Gemeinde ein.

Dabei ist *er* die Gefahr, denkt Ida Ritz.

Latent ist die Angst bei vielen da, Angst, gemischt aus eigenen Fluchterlebnissen und aus Furcht vor der Rache für die Verbrechen der Nazizeit. Es ist die Zeit des Kalten Kriegs, der Aufrüstung, der Debatte über die atomare Bewaffnung. Die Spannungen zwischen Ost und West tragen sicher nicht zur Beruhigung bei.

Der Bau der Berliner Mauer am 13. August 1961 wird die Furcht unter den Dagebliebenen noch weiter schüren.

Nun legt Schäfer eine Liste im Speisesaal aus. »Wer mitwill, trage sich da bitte ein!«

Ida Ritz sieht alle hingehen »wie zur Schlachtbank« und sich eintragen. »Ins Gelobte Land.« Nicht eine Minute erwägt sie, sich einzureihen.

Wegen des Haftbefehls gegen Schäfer kommen einige Länder nun nicht mehr infrage. So entscheidet man sich für Chile. Botschafter Arturo Maschke verschafft der Gruppe erste Kontakte.

Kurz darauf flüchtet Schäfer eilig nach Luxemburg, wo er ein halbes Jahr verbringt.

Im März/April 1961 fährt Hugo Baar plötzlich mit einer kleinen Gruppe Jungen nach Brüssel. Wolfgang ist auch dabei. Die Jungen haben keine Ahnung, dass Schäfer jetzt in Brüssel ist. Aber da steht er vor ihnen.

»Nun werdet ihr ein berühmtes Denkmal sehen«, sagt Schäfer. Der große Zampano, der die kleinen Jungen überrascht und in die Kultur der Stadt einführt: Er zeigt ihnen das *Manneken Pis*.

Auf der Rückfahrt, ohne Schäfer, stellen sie plötzlich fest, dass einer fehlt. »Wo ist denn der Gerd?«, fragt Wolfgang; die anderen schauen sich um. Tatsächlich, der Gerd aus Hamburg ist nicht mehr da. Auf der Hinfahrt war er dabei, auf der Rückfahrt ist er weg. »Ja, ja«, sagt Hugo Baar ruhig. Das soll bedeuten, es ist alles in Ordnung, und man fragt besser nicht weiter nach. Schäfer hat ihn wohl bei sich behalten. Wie bei den nächtlichen Selektionen: Du kommst mit.

Ein Heiligenschein für Paul

Eine hysterische Panikstimmung breitet sich aus im Heim in Siegburg. Paul Schäfer ist fort, und wer nicht mitgeht, geht verloren. Ja, willst du verloren gehen? Massiver Druck wird ausgeübt. Hast du endlich deine Ausreisepapiere? Ingrid Seelbach, die zusammen mit Ida die Hebammenausbildung gemacht hat, wird weggeholt, ohne dass sie sich verabschieden kann.

Ida besucht eine alte Frau im Krankenhaus, Schäfer zufolge eine der »weisen Frauen, der Sarahs im Alten Testament«. Ein Leben voller Arbeit hat sie hinter sich. Jetzt liegt sie im Bett, erschöpft nach einer Krebsoperation. Aber sie hat nur *einen* Gedanken. »Ida, glaubst du, dass ich das Gelobte Land noch sehen werde? Ida, ich habe um Paul den Heiligenschein gesehen. Und um Hugo auch.«

Und Ida denkt: Omi, was faselst du da? Ich hab noch nie einen Heiligenschein gesehen. Diese Gehirnwäsche! Was hast du für eine Vorstellung vom Gelobten Land? Für mich ist Deutschland das Gelobte Land, hier habe ich Chancen, die ich sonst nie gehabt hätte. Ein fantastischer Lehrer hier ließ mich zwei Klassen überspringen, ich habe einen Schulabschluss. Ich habe so viel Grund, dankbar zu sein.

Aber Idas Schwester Gertrud unterschreibt. Ida beginnt um sie zu kämpfen. »Für mich kommt Auswanderung nicht infrage, das will ich nicht, und das tue ich unseren Eltern nicht an. Sie haben ja schon so viel Leid erfahren. Ich will selbstbestimmt leben und nicht gegängelt werden.«

Mit vierzehn Jahren wird auch Wolfgang Müller entführt.

An einem Samstagabend im Juni sagt Hugo Baar zu ihm: »In einer Woche fährst du nach Lutter zu deinen Eltern. Da holen wir dich wieder ab, und dann fliegst du von Frankfurt nach Kopenhagen. Wir machen Ferien in Dänemark. Etwas länger.«

Die Kenntnis von Flugrouten ist 1961 kein weit verbreitetes Wissen unter Kindern. Jedenfalls wundert sich niemand, warum man von Lutter am Barenberge – in der Nähe von Braunschweig – nach Frankfurt fahren soll, um von dort nach Kopenhagen zu fliegen.

Für Wolfgang ist nur wichtig, dass er eine Woche in Lutter sein und seine Eltern wiedersehen kann. Und seinen Großvater. Der Wolfgang verreist nach Dänemark? Schon schleppt der Opa

Kartons mit Puddingpulver, Kakao, Bronchialtee, Hagebuttentee vom Dachboden herunter, das aus der Auflösung der Puddingfabrik stammt. Wolfgang strahlt ihn an: Mein Opa, denkt er, mein Opa. Da holt der Großvater auch noch Obst aus seinem Garten und packt es dazu. Nichts davon erhält Wolfgang in Chile.

Schließlich wird ein Foto von Wolfgang gemacht. Zur Erinnerung. Ein Brustbild. Er in einem gestreiften Pullover, den eine Schulfreundin ihm geschenkt hat, als er zwölf wurde.

Beim Abschied, der ein Auf-Nimmerwiedersehen-Abschied ist, fängt es an zu regnen. Wolfgang sitzt mit seinen Eltern und seinem ältesten Cousin im Auto der Eltern. Da sagt der Cousin plötzlich zu ihm: »Wolfgang, nimm dir ein Mädel, ich kenne dich von früher her, du würdest es lieben, nimm dir eins.«

Wolfgang ist vierzehn. Der Cousin ist zwei Jahre älter. Die beiden sind zusammen aufgewachsen, er kennt Wolfgang wirklich. Er ahnt, was auf Wolfgang zukommt und will ihn warnen. Ob die Eltern eine Ahnung haben, was auf ihren Sohn zukommt?

Den Cousin sieht Wolfgang nie wieder, er stirbt, als Wolfgang in Chile ist.

Sport – Spiel – Spannung

Zurück im Heim wirkt zunächst einmal alles wie ein großes Abenteuer für Kinder. Als hätten es die Macher von »Sport – Spiel – Spannung« erdacht, der Jugendserie, die seit 1959 im deutschen Fernsehen läuft.

Um sechs Uhr früh müssen sie hoch und Kohlen abladen bei Kunden von Alfred Schaak. Schaufeln, abladen, schaufeln, abladen. Das ist normal.

Wenn Wolfgang erzählt, wie es weitergeht, wird noch etwas von der kindlichen Freude über die positiven Seiten dieser Aufregung spürbar. Lachend sagt er: »Nach den Kohletransporten waren wir schwarz wie die Neger. Dann haben wir geduscht. So lange hab ich noch nie geduscht. Und trotzdem wurden wir nicht sauber. Das Hemd anziehen und so, denn wir mussten uns schnell fertig machen. Es war Sommer, trotzdem kriegten wir zweimal lange Unterwäsche anzuziehen. Dann kurze darüber. Dann kam noch eine Hose drüber. Noch eine Hose, noch ein Hemd, noch ein Hemd, noch eine Jacke drüber.«

»Was soll das denn?«, fragt er.

»Wird nicht verraten!«

Wolfgang hat das Gefühl, doppelt so dick zu sein wie sonst. Er fliegt im Wintermantel nach Chile. In Deutschland ist Sommer, dort Winter. Aber das wissen die Kinder nicht. Die Taschen werden vollgestopft mit Steckern, Batterien und was man sonst noch brauchen kann. Und die vielen Klamotten. Auch schwere Autoersatzteile sind dabei.

»Warum nehmen wir das alles mit nach Dänemark?«

»Schnell, schnell, Beeilung, alle einsteigen!«

Antworten auf die Fragen gibt es nicht. Aber sie kommen kaum dazu, etwas zu fragen.

In der Eile kriegt Wolfgang viel zu kleine Schuhe zugeteilt, noch dazu Damenschuhe. Er trägt schon Größe 44/45. Das Gehen wird zur Qual. Aber noch schlimmer ist es im Flugzeug. Zwischen Madrid und Dakar zieht er die peinigenden Schuhe aus. Die kriegt er dann nicht mehr an.

Sie fliegen zu sechst, vier Jungen und zwei Erwachsene. Alle fliegen in kleinen unauffälligen Gruppen, zu dritt, zu viert, zu sechst, in ganz normalen Passagiermaschinen.

»Unsere war eine Comet«, sagt Wolfgang.

Unsere war eine Comet. Der erste Flug. Und dann gleich so was.

Gerd Seewald und Erwin Bohnau sind die erwachsenen Begleiter. Dieter, Basti, Wolfgang und noch ein Wolfgang die Entführten.

Zu Schäfers Sekte gehören drei Jungen mit Namen Wolfgang Müller. Schäfer hat die Jungen nach Haarfarben sortiert und sie einer Fahne zugeordnet: der schwarz-rot-weißen Kaiserfahne, die in Siegburg hängt.

Wegen des Haftbefehls wagt Schäfer zu diesem Zeitpunkt keinen Grenzübertritt nach Deutschland mehr. Er hält sich eine Weile in Brüssel auf, vermutlich auch in Luxemburg. Alle minderjährigen Jungen, die gegen ihn aussagen könnten, werden so schnell und so unauffällig wie möglich außer Landes geschafft.

Gudrun merkt anfangs nur, dass jemand im Jugendheim fehlt, weiß aber nicht, wo der geblieben ist. Aber so etwas geschieht ihnen allen, sie müssen mal hier, mal dort arbeiten. Sie fügen sich.

Man weiht sie in keinen Plan ein. Aber plötzlich dürfen die Wagner-Kinder zu einem Besuch nach Österreich fahren. In Wirklichkeit ist es ein Abschied von den Eltern, doch das weiß der zwölfjährige Basti nicht. Nachts kommen sie zurück ins Jugendheim in Heide. Am nächsten Morgen müssen Hilde und Gudrun schnell zur Arbeit in verschiedene Geschäfte. Als sie abends zurückkommen ins Heim, schaut Gudrun sich um: »Wo ist denn der Basti?«

»Der Basti ist nicht mehr da, der Basti ist weg.«

»Was heißt weg?«

»Das wissen wir nicht, der Basti ist weg. Der musste sein Zahnputzzeug holen und wurde ins Auto geladen. Er selber wusste gar nichts.«

Ein beklemmendes Gefühl stellt sich ein: Menschen verschwinden von einem Moment auf den anderen. Man hört keinen Aufschrei, nur leise Verwunderung. Andere wissen Bescheid, sagen aber nichts. Die Schwestern gehen nicht zur Polizei. Konnte das so einfach geschehen, wenige Jahre nach dem Ende des *Dritten Reichs*?

Normalerweise hätten die Eltern ihr Einverständnis geben müssen, aber dies ist eine Entführung. Es wird Jahrzehnte dauern, bis Gudrun und Wolfgang das erkennen können.

Doch vielleicht gaben die Eltern ja ihr Einverständnis? Hielten es aber nicht für nötig, ihren Kindern davon Mitteilung zu machen? So wie die Mutter von Ernst-Wolfgang Kneese (damals Müller) ihr Einverständnis gab. Ihre Unterschrift liegt als archiviertes Dokument vor:

Ich, die Unterzeichnete, Vera Müller, geb. Lilischkies, Hamburg, erkläre mich als Sorgeberechtigte für meinen Sohn Wolfgang Müller, Heide b. Birk (Siegkreis), geb. am 10.9.1945, damit einverstanden, dass dieser eine Reise nach Chile antritt, und gestatte ihm, dort Aufenthalt zu nehmen.
Herr Hermann Schmidt oder Herr Hugo Baar, beide in Heide b. Birk (Siegkreis) sollen berechtigt sein, während der Überfahrt und während des Aufenthalts meines Sohnes in Chile dort meine Rechte, die mir als der Sorgeberechtigten meinem minderjährigen Sohn gegenüber zustehen, voll wahrzunehmen.
Hamburg-Altona, den 28. April 1961
Vera Müller

Der Wert dieser Urkunde ist auf 100,– DM festgesetzt. Daraus berechnet sich die Gebühr von 3,12 DM.

Am 28. April wird das Einverständnis gegeben. Am 26. Juli landet Ernst-Wolfgang Kneese in Santiago de Chile. Ein Vierteljahr liegt dazwischen. Genug Zeit wäre gewesen, noch einmal über alles nachzudenken.

Einige Unterschriften dieser Übertragungsurkunden sind tatsächlich gefälscht. Die Jungs werden einfach zu schnell abtransportiert. Der Papierkram muss hinterher erledigt werden.

Beim Lesen dieser Urkunde fragt man sich unwillkürlich, ob es auch heutzutage nur um die Rechte der Sorgeberechtigten geht, nicht um deren Pflichten. Und die Rechte der Kinder? 1989, fast dreißig Jahre nach Wolfgangs Entführung, formuliert die UN die Kinderrechtskonvention[51]. In unsere Verfassung ist sie immer noch nicht aufgenommen.

Mitte September in Düsseldorf: Gertrud Ritz besucht ihre Schwester an deren Arbeitsplatz in der Klinik. »Ida«, sagt sie entschlossen, »ich bleibe auch hier und fahre nicht nach Chile.«

Gott sei Dank, jetzt hat sie es geschnallt, denkt Ida und ist ungeheuer erleichtert über Gertruds Umkehr.

Aber am nächsten Tag schon erscheinen Hugo Baar und Kurt Schnellenkamp an Gertruds Arbeitsplatz auf der Geflügelfarm. Sie gehen direkt zum Besitzer der Farm. »Wir nehmen Fräulein Ritz und ihre persönliche Habe sofort mit«, setzen sie ihn in Kenntnis in einem Ton, der Nachfrage und Widerspruch verbieten soll. »Sie verlässt Deutschland und wandert aus.« Dann packen sie Gertruds Habe und Gertrud ein und fahren ab.

In der folgenden Nacht schreckt Ida in ihrem Bett im Schwesternzimmer der Düsseldorfer Klinik aus dem Schlaf hoch: Eine Gestalt steht im Dunkeln neben dem Bett.

»Ida, wach auf«, sagt sie. Es ist Gertrud.

»Was ist denn?«

»Ich gehe nach Chile. Hugo Baar und der Schnellenkamp haben mich abgeholt.«

Ida springt aus dem Bett, packt ihre Schwester an den Schultern, rüttelt und schüttelt sie. »Gertrud, wach auf, komm zu dir! Es ist alles Lug und Trug.« Sie heult Rotz und Wasser, kann sich gar nicht beruhigen. Aber sie erreicht ihre Schwester nicht. Die bleibt ganz ruhig. »Beruhige dich doch, Ida, ich drohte verloren zu gehen, aber Gott hat mich noch einmal bewahrt.«

Gertrud ist völlig blockiert, nicht zugänglich. »Ich habe keine Zeit«, sagt sie, »der Hugo und der Schnellenkamp warten im Treppenhaus auf mich.«

Ida folgt ihr ins Treppenhaus.

»Was heulst du denn?«, sagt Schnellenkamp zu ihr. »Du kannst doch mitkommen.«

»Das kommt für mich nicht infrage«, antwortet Ida, »das tue ich unseren Eltern nicht an.« Der Blick aus Hugo Baars Augen erschreckt sie. Das ist nicht mehr Hugo, der sanfte Familienvater, das ist ein Wahnsinniger. Der starrt Ida an und donnert los: »Wer ist dein Vater und deine Mutter? Die den Willen Gottes tun!«

Und Idas Eltern tun ihn nicht, will er damit sagen.

Am 14. September fährt Ida noch einmal mit ins Heim nach Siegburg. Dort darf sie sich ein Abschiedslied wünschen, weil sie Geburtstag hat. Sie wählt ein Volkslied:

Heut noch sind wir hier zu Haus,
Morgen geht's zum Tor hinaus.
Und wir müssen wandern, wandern,
Keiner weiß vom andern.

Lange wandern wir umher
Durch die Länder kreuz und quer,
Wandern auf und nieder, nieder,
Keiner sieht uns wieder.

Einen Tag verbringen die Schwestern noch zusammen. Am 16. September 1961 lassen sie sich fotografieren für ein gemeinsames Abschiedsfoto. Dann verlässt Gertrud Ritz ihre Familie und fährt nach Chile.

*

Dass diese Reisen viel Geld kosten, weiß Lilli aus Gronau genau. »Das Geld war unsere Entschädigung, weil wir in Kriegsgefangenschaft waren. Mein Vater in Russland, meine Mutter und wir vier Kinder im polnischen Lager. Meine Mutter hat das Geld bekommen. Dann hat sie entschieden, dass mein Bruder das Geld haben soll für die Fahrt nach Chile. 2400 DM kostet das.«

Lillis Vater nimmt, nach anfänglichem Zögern, Abstand von der Gruppe. Hugo Baar hat einen Fehler gemacht. Aus einem Nebenraum hört Lilli, wie Hugo Baar ihren Vater anschnauzt. Grob, laut und beleidigend.

»Ich lass mich doch von dir nicht anschnauzen«, sagt er zu Baar. »Ich könnte dein Vater sein.« Er ist 66 Jahre alt, und Hugo Baar ist in den Dreißigern. Wütend stapft Lillis Vater aus dem Raum und lässt Baar stehen.

»Ich lass mich doch von dem nicht anschnauzen«, sagt er auch zu Hause der Familie, immer noch wutschnaubend. Lillis Vater fordert Respekt ein, und er bleibt konsequent. Um die Kinder ist er weiterhin besorgt, und er will nicht, dass sie nach Siegburg fahren. Immer wieder spricht er von seinem Gefühl, »dass es die falsche Bahn einschlägt«.

Trotzdem schlägt Lillis Bruder 1961 Schäfers Bahn ein und fährt nach Chile. Dort lebt er immer noch. Im Reisegepäck der Gruppe ist auch ein Teelöffel mit der Gravur »Weihnachten 1953«.

Der Bruder ist schon eine Weile in Chile, als plötzlich Hugo Baar wieder bei Lillis Mutter in Gronau auftaucht und merkwürdige Fragen stellt. Baar betreut weiterhin die deutsche Dependance, die mit reduziertem Personal bis 1976 funktioniert. Alfred Schaak, der kaufmännische Leiter, bleibt bis 1985 mit anfangs zwanzig Mitarbeiterinnen in Siegburg. Eine davon ist Gudrun. Schaak kümmert sich um die sieben Läden der Schaak und Kuhn OHG und organisiert den Export von allem, was die Kolonie benötigt – Fahrzeuge, Maschinen, Chemikalien und Waffen. Mit Zollkontrollen gibt es keine Probleme: Die Private Sociale Mission und Colonia Dignidad sind als gemeinnützig anerkannt und stehen ab 1973 unter besonderem Schutz. Waren, die sie verschicken und bekommen, werden vom Zoll nicht geprüft.

»Sag mal«, sagt Hugo Baar nachdenklich zu Lilli, nachdem er ein Gespräch über Schriften angefangen hat, »wie schreibt sich euer Heinrich eigentlich?«

»Der druckt das H immer so«, antwortet Lilli und macht es vor. Es ist wie ein Spiel: Buchstaben malen. Sie begreift nicht, dass Hugo gerade Urkundenfälschung übt.

Damit meldet er Lillis Bruder ab, als der schon längst in Chile ist. Erst jetzt ist er 21 geworden und könnte sich nun selbst abmelden. Nun macht es eben Hugo. Den Beleg mit der gefälschten Unterschrift besitzt Lilli immer noch.

Schon 1962 wird der Sitz der Privaten Socialen Mission mit allen Gebäuden für 900 000 DM an die Bundeswehr verkauft. Die Kontakte zur Bundeswehr sind gut. Kaum zwei Jahre hat der Verein dieses in mühsamer Arbeit errichtete, selbst finanzierte Anwesen in Besitz. Dann macht Schäfer alles wieder zunichte.

TEIL 2

Gespaltene Welten
Chile 1961-1997

»Ich brauche einen Ort,
wo mir niemand reinriecht.«

Paul Schäfer, 1949

KAPITEL 9

Das Gelobte Land
Chile 1961

Die Auswanderung und die Ansiedlung in einem abgelegenen einsamen Landstrich im südlichen Chile ermöglicht dem Führer der Sekte eine noch straffere Organisation und Kontrolle. Nach einer relativ entspannten Anfangsphase, die durch den Aufbau geprägt ist, wird das Leben der Menschen gespalten wie mit einer Axt: brutal und messerscharf.

Alles, was in Siegburg galt, wird hier noch rigoroser durchgesetzt. Hohe Zäune werden errichtet, Stacheldraht gezogen, ein hermetisch abgeriegeltes Arbeitslager entsteht. Die Siedler haben kein Geld, die Pässe sind unter Verschluss, ein Entkommen ist kaum noch möglich. In Siegburg konnte man noch zur Bushaltestelle gehen und einfach wegfahren. Hier gibt es keine Busse. Und verständigen kann man sich mit der spanisch sprechenden Bevölkerung auch nicht. Die meisten Siedler sprechen nur Deutsch und sollen auch nichts anderes lernen.

Das Leben wird nach Geschlecht, Hierarchie, Alter, Funktion aufgespalten. Das Geld für den Aufbau der Colonia Dignidad wird anfangs noch in den sechs bis neun Läden der deutschen »Zweigstelle« in Siegburg erwirtschaftet. Kontakt dorthin ist nur wenigen der »Herren« vorbehalten, meist geht es dabei um geschäftliche Aufträge. Oft sind diese Geschäftsbriefe in einem unangemessenen Ton pubertärer Albernheit gehalten: Ein Klausi schreibt an einen lieben Bäcker und grüßt von Wolle in einer Bestellung von dreizehn Kuhglocken, die vom dreigestrichenen C bis zum viergestrichenen C gestimmt sein sollen. Das wirkt emotional, heimelig, soll aber nur für Außenstehende verschleiern, wer da eigentlich an wen schreibt. Private Briefe sind selten; Inhalt und Formulierungen werden vorgeschrieben, viele Briefe sind fast gleich lautend. Sie sagen nichts darüber aus, wie es den Menschen wirklich geht, was sie beschäftigt und was dort tatsächlich geschieht.

Wolfgang Müller weiß nicht, ob Gudrun auch nach Chile kommen wird. Er hat keine Möglichkeit, es herauszufinden. Gudrun Wagner bleibt weiterhin in Siegburg. Sie weiß nicht, wie lange. Sie weiß nicht, warum. Sie vermutet, es hat mit Alfred zu tun, der in Chile ist. Mit ihren Geschwistern in Chile hat sie keinen Kontakt. Mit ihren Eltern in Graz immer weniger. Die Grazer fallen in Ungnade, weil sie sich widersetzen. Davon erfahren die Geschwister in Chile jahrzehntelang nichts.

Drei Welten sind inzwischen entstanden, die nichts voneinander wissen. Wenn es trotzdem zu kurzen Kontakten kommt, verstehen sie einander kaum noch.

Chile nimmt die Deutschen gerne auf, die Empfehlung des chilenischen Botschafters in Deutschland, Arturo Maschke, ist viel wert. Die Deutschen versprechen Hilfe nach einer Naturkatastrophe: Das schwerste Erdbeben des 20. Jahrhunderts ereignete sich am 22. Mai 1960 in der Provinz Valdivia im Süden Chiles. Es löste einen Tsunami aus, der im Pazifik bis nach Hawaii große Zerstörung anrichtete. »Gebirgsprofile verrutschten bis zur Unkenntlichkeit, Küstenstreifen wurden ins Meer gespült. Inseln versanken im Ozean, neue tauchten auf. Zwei Millionen Menschen wurden obdachlos – ein Viertel der Bevölkerung Chiles. 6000 Menschen kamen bei den Beben, von denen das heftigste als ›Weltbeben‹ registriert wurde, ums Leben«, schreibt der *Spiegel* am 8. Juni 1960[52]. Ein Weltbeben ist so stark, dass es von Seismografen auf der ganzen Erde registriert wird. Den von diesem Erdbeben betroffenen Chilenen wollen die Deutschen um Paul Schäfer helfen. Allerdings siedeln sie sich fünfhundert Kilometer oder neun Fahrstunden von den Erdbebengebieten entfernt an.

Pfadfinderträume

Am Dienstag, den 27. Juni 1961, um 15 Uhr landet Wolfgang Müller aus Lutter am Barenberge in Santiago de Chile. Als der Vierzehnjährige und seine kleine Gruppe Chile erreichen, ist auch Schäfer gerade auf dem Flughafen. Er muss nach Argentinien fliegen, um eine neue Aufenthaltsgenehmigung zu beantragen. Als die Jungen hören, dass *Er* da ist, sind sie aufgeregt, wollen ihn überraschen und verstecken sich. Suchend schaut Schäfer sich um, das Spiel bringt ihm und den Kindern Vergnügen. Er macht ein Spektakel aus der Suche, bis er Wolfgang hinter einer Säule entdeckt. »Ach, da bist du ja«, sagt er. Und fügt hinzu: »Endlich!« Eher der Stoßseufzer eines sehnsüchtigen Liebhabers als die Begrüßung eines erwachsenen Betreuers.

Schäfer fliegt nun nach Argentinien, die Gruppe bleibt noch eine Woche in der Hauptstadt, dann transportiert man sie dreihundert Kilometer nach Süden in die Provinz Linares, in der Region Maule. 35 Kilometer entfernt von der nächsten größeren Stadt, an einer Biegung des Perquilauquén-Flusses, lassen sie sich nieder – wie man so sagt. Von einer Niederlassung kann aber nicht die Rede sein. Weder ist Zeit zum Ausruhen, noch gibt es eine Unterkunft. Einige Jungen sind schon da. Sie hausen in Zelten. Es ist mitten im Winter und sehr kalt. Weitere Zelte werden aufgebaut. Ein Schlafzelt und ein Werkzeugzelt.

Der Landbesitz trägt den Namen »Fundo El Lavadero« und wird für 34 000 DM gekauft. Bald sprechen sie vom »Fundo«, wenn sie ihre neue Heimat aus anfangs dreitausend Hektar Wildnis mit ein paar Bruchbuden darauf meinen. Die Bruchbuden sind so verfallen, dass sie die ersten vier Wochen in Zelten wohnen.

Nach seiner Rückkehr besorgt Schäfer einen Kupferkessel, die Jungen suchen Steine, machen Feuer, kochen. Dann beginnt der Regen. Zum nächsten größeren Ort, nach Parral, können sie nicht, sie haben kein Auto. Nur Schäfer hat einen Wagen. Damit fährt er einige Male nach Santiago und kommt mit der nächsten Gruppe zurück.

Trotz vier Wochen Dauerregens: Es ist ein Pfadfindertraum.

Nachts gehen sie mit Flinten und Autohandscheinwerfern auf Kaninchenjagd. Morgens gehen sie schlafen und nachts wieder jagen. Zwischendurch kommt ein Nachbar vorbei, ein Südtiroler, bringt selbst gebackenes Brot. Nach sieben Wochen taucht ein Italiener auf, Don Vittorio, und bietet ihnen an, in ein Haus in der italienischen Siedlung zu ziehen. Für vier Wochen nimmt Schäfer das Angebot an, und sie entkommen dem Dauerregen. Um zu ihrer Arbeit zu gelangen, müssen sie nun zweimal täglich über eine baufällige Brücke klettern, ein halsbrecherischer Balance-Akt hoch über dem Lavadero-Fluss, der ihrer neuen Heimat den Namen gibt.

Zuerst wird das Kinderhaus erbaut. Wolfgang Müller macht den Zimmermann. Mitte September ist das Haus fertig, eher ein Holzschuppen, von außen noch nicht verschalt. Da beginnen sie schon, das Zippelhaus zu bauen, das Gemeinschaftshaus, um einen Saal für alle zu haben. Sie legen Wege an und beginnen, die Umgebung urbar zu machen. Erfahrung konnten sie in Siegburg sammeln. Aber dies hier ist Urwald.

Vierzig Jahre später sehen sich Ernst-Wolfgang Kneese und Wolfgang Müller wieder. Die gemeinsam erlebte Anfangsphase haben sie in sich gespeichert und können übergangslos die Atmosphäre von damals spürbar machen:

Ernst-Wolfgang Kneese: Da stehe ich alleine mitten im Urwald, ohne Vater und ohne Mutter, nur mit einer durchgeknallten Gruppe von Baptisten, die der Meinung sind, sie müssen das Ganze jetzt in irgendeine urbare Form verwandeln, aber wie lange soll die Scheiße denn dauern? Soll ich mir da Nägel in den Fuß treten und Dornen in die Hände reißen und dann diese Schwielen, wir arbeiten ja wie die Wahnsinnigen. Auf Schlaf wird keine Rücksicht genommen, auf Sauberkeit wird keine Rücksicht genommen, auf Privatsphäre wird keine Rücksicht genommen. Wir sind eingepfercht in einen riesengroßen Galpon, eine Lagerhalle.

Morgens putzen wir uns im kalten Wasser des Perquilauquén die Zähne mit einer Paste, die irgendwer selber mit Kies oder mit Schlämmkreide und mit Pfefferminzgeschmack zusammengemischt hat. Schuhe, die nicht passen, Klamotten, die nicht passen. Es gibt wirklich nicht einen einzigen Grund für mich, dort auch nur einen Tag länger zu bleiben.

Wolfgang Müller: Wollen wir mal etwas sagen zur Sauberkeit. Da waschen sich zwanzig Jungens in einer Holzschüssel. Da steckt jeder den anderen an.

Ernst-Wolfgang Kneese: Da fängt das an, dass ich merke, wir sind belogen worden. Nichts von dem, was uns versprochen wurde, finden wir vor. Keine Schule, keine Ausbildung, kein wunderbares Paradies. Wir müssen Stämme aus dem Wald schleppen, bevor wir die erste Blockhütte bauen können. Eigentlich sind wir als karitative Organisation nach Chile gegangen, und unsere erste große Aufgabe soll sein, den Opfern des Erdbebens von 1960 Hilfe zu leisten. Bis auf den heutigen Tag haben wir nicht einem einzigen Opfer dieses Erdbebens geholfen. Als wir ankommen, sind wir selber hilfsbedürftig. Wir haben kein Dach über dem Kopf. Wir campen in Zelten wie die Indianer. Vier Wochen lang bei Regen. Wir haben einen großen Kupferkessel in der Mitte, darin kochen wir uns Suppe. Die Fleischeinlage muss in der Nacht zuvor mit der Schrotflinte geschossen werden.

Wolfgang Müller: Die Milchsuppe ist blau. Das ist nämlich Trockenmilch mit mehr Wasser als Milch.

Ernst-Wolfgang Kneese: Und wir müssen diesen Tieren auch noch das Fell abziehen, sie klein machen und braten. Aber mit 15 Jahren haben wir kein Interesse, zum Schlachter ausgebildet zu werden. Beim Essen beißen wir auf Schrotkugeln, dass uns die Plomben wegfliegen. Auf Geruchsentfernung ist der Donnerbalken konstruiert. Wenn der Wind schlecht steht, hast du nicht nur die blaue Milchsuppe, dann hast du auch die Düfte von Exkrementen in der Nase. Und der Regen von oben. Was interessiert mich, da in den Urwald zu gehen und Bäume zu schlagen und Häuser zu bauen? Bin ich denn bescheuert? Ich habe keine abgeschlossene Schulausbildung und keine Berufsausbildung. Darüber wird gar nicht mehr geredet.

Wolfgang Müller: Ich habe ihn mal danach gefragt. »Nein, gibt es nicht«, sagt er. »Wenn du das willst, musst du studieren gehen; ob du das Geld hast, musst du selber wissen.«

Ernst-Wolfgang Kneese: Anderen sagt er: »Hat Jesus Christus studiert?« Mit solchen Plattituden wird man mundtot gemacht. Und der durchgeknallte Typ erwartet von mir, dass ich den Rest meines Lebens im Busch verbringe.

Wolfgang Müller: Darüber haben wir beiden Wolfgangs und der Heinz mal gesprochen. Wir waren uns einig. Wir hauen ab.

Ernst-Wolfgang Kneese: Am Anfang kann man noch miteinander reden. Da ist man mit dem Aufbau beschäftigt. Es gibt noch keine Zäune, du kannst einfach raus und rein.

Wolfgang Müller: Weißt du noch, als der Teppi kam, der Südtiroler? »Ich bin Tiroler, wollt ihr Brot?« Die haben sich alle bemüht um uns.

Ernst-Wolfgang Kneese: Dann tropft der Regen durch das Dach, Eimer werden aufgestellt und Wannen. Habe ich denn Interesse, Regentropfen zu zählen, wenn ich einschlafe, oder will ich auf einem Strohsack liegen, der vom Regen feucht ist? Nur Sachen, die meinem ästhetischen Lebensgefühl völlig zuwider sind. Ich war schon als Kind ein bisschen etepetete und habe auf Sauberkeit und Ordnung geachtet. Als Zwölfjähriger habe ich Schuhe mit weißen Blessen getragen und bin mit meiner Mutter nicht auf die Straße gegangen, wenn mir ihr Hut nicht gefallen hat. Ich habe so lange unter dem Bett gelegen, bis meine Mutter einen anderen Hut aufgesetzt hat. Ich hatte also ganz bestimmte ästhetische Vorstellungen, und wenn die nicht erfüllt wurden, wurde ich rebellisch.

Die Flucht zu dritt, von der Wolfgang Müller erzählt, findet nicht statt. Im Laufe der Jahre gibt es mindestens zwanzig Fluchtversuche. Aber mehr als zwei schaffen es nie gemeinsam. Zu groß ist die Angst vor Betrug und Verrat.

KAPITEL 10

Die Erde untertan

1962
Kuba-Krise; *Spiegel*-Affäre.
Politik: US-Handelsembargo über Kuba.
Peter Fechter (18) bei Fluchtversuch über
Berliner Mauer erschossen.
Gesellschaft: Adolf Eichmann in Tel Aviv hingerichtet;
Marilyn Monroe tot aufgefunden; Contergan-Skandal.
Schlager: *Junge, komm bald wieder* (Freddy Quinn).
Im Kino: *Frühstück bei Tiffany; Cleopatra.*
TV-Serie: *Das Halstuch* (Francis Durbridge).
Theater: *Die Physiker* (Friedrich Dürrenmatt).
Werbung: *Puschkin – für harte Männer.*

Vier Monate nachdem Wolfgang mit dem Flugzeug in Chile gelandet ist und sich plötzlich und unvorbereitet in einem vollkommen fremden Erdteil wiederfand, erfährt er, dass im Februar 1962 ein Schiff mit siebzig Personen aus Deutschland ankommen wird. Jetzt ist es November, im Oktober wurde Wolfgang fünfzehn, aber Geburtstage feiert man nicht mehr. Man arbeitet. Vier Monate noch, dann kommt sie, denkt er. Dann hat sich alles gelohnt. Kurze Gedanken, vorüberflackernde Bilder, mehr kann Wolfgang nicht an Schäfer vorbeischmuggeln, der ihn auch innerlich besetzt hält.

Die Arbeit verdrängt alles. In vier Monaten müssen sie nun Quartiere für die Neuankömmlinge schaffen. Sie arbeiten Tag und Nacht, bauen große Holzschuppen, die innen verschalt und provisorisch angestrichen werden. Sie arbeiten im Akkord.

In Genua gehen siebzig erwartungsvolle Schäfer-Anhänger an Bord der *Marco Polo*, wenige Männer, viele Frauen und mehr als drei Dutzend Kinder. Kurz bevor sie Wochen später, am 11. Februar 1962, im Hafen von Santiago de Chile wieder festen Boden betreten, machen sie noch ein Gruppenfoto. Sie versammeln sich rings um den Rettungsring, wählen unbewusst ein bedeutsames Motiv. Links vom Ring steht Eva Schaak, die Frau von Gudruns Chef Alfred Schaak, sie hält ihre Tochter auf dem Arm. Vielleicht zum letzten Mal, aber das ahnt sie nicht.

Alfred Schaak bleibt in Siegburg zurück, um die Geschäftsstelle zu leiten und alle Bestellungen aus Chile für die Mission zu beschaffen. Dass es mehr sein würde als nur eine kurzfristige Trennung, ahnt Eva Schaak nicht. Viele Familienväter werden auf diese Weise von ihren Ehefrauen und ihren Kindern getrennt.

Februar ist der heißeste und trockenste Monat in der südchilenischen Region, anstrengend für schwangere Frauen. Zu dem Zeitpunkt ist Eva Schaak im achten und Emma Schaffrik im siebten Monat schwanger. Der Arzt in Deutschland hat Eva Schaak vor der vierwöchigen Schiffsreise gewarnt, da ihre siebte Schwangerschaft ohnehin eine Risikoschwangerschaft ist. Doch sie ist entschlossen: Dort liegt ihre Zukunft.

Das erste Schiff bringt auch Gudruns Zwillingsschwestern über den Atlantik. Hannchen, die älteste, und der kleine Basti sind schon im August mit dem Flugzeug gekommen. Schäfer hat sortiert, wer reisen und wer zurückbleiben muss. Wer eine Straftat gegen Schäfer bezeugen kann, fliegt zuerst.

Während die Neuen schon unterwegs sind zum Fundo, stopfen Wolfgang Müller und die anderen Jungs noch Strohsäcke, die dicht an dicht auf der Erde liegen sollen, damit Alt und Jung in dem großen Saal schlafen können.

Als die Einwanderer dort eintreffen, erleben sie einen Schock: Ihre Reise endet im Urwald. Sie sehen große Armut. Ein krasser Unterschied zu Deutschland.

Während die Neuankömmlinge sich erschöpft auf den Strohmatratzen ausstrecken, sieht Wolfgang Müller nur eines: Gudrun Wagner ist nicht dabei.

Der Wassereimer geht so lange zum Brunnen, bis er ein Einsehen hat

Nun sind es über siebzig Personen mehr, die Steine sammeln, Gestrüpp ausreißen, Felder urbar machen, jeden Tag, auch sonn- und feiertags. Später wird in Tag- und Nachtarbeit noch eine Schule erbaut. Mehrere Jahre hindurch erleben sie Großeinsatz in allen Bereichen. Dazu müssen sie Geld verdienen und sei es durch den Verkauf frischer oder eingekochter Brombeeren und Hagebutten.

Im zweiten Jahr wird ein Kanal angelegt, und wieder müssen alle zusammen Steine sammeln. Jung und Alt. Frauen und Männer. Kinder. Der Bagger durchwühlt den Boden, um die Steine freizulegen. Sie nennen es den Steinacker. Drei Monate lang Steine sammeln, in glühender Hitze, bis zu fünfzig Grad, ohne Kopfbedeckung.

Wolfgang weiß, wie man richtig hebt: in die Knie gehen und dann mit der Last wieder hoch, das schont den Rücken. Da kommt Schäfer und sagt: »Du machst das falsch, du musst den Rücken beugen und die Knie gerade lassen.«

Während Schäfer hinschaut, folgt Wolfgang dem Befehl. Ist er weg, geht Wolfgang wieder in die Knie. So bleibt sein Kreuz heil. Wenigstens das. Aber dafür wird es zwei-, dreimal am Tag blau geschlagen, weil er sich widersetzt und nicht so hebt, wie Schäfer es will.

»Wenn das Kreuz jung ist, biegt es sich noch«, sagt Schäfer, der diese gebeugten Rücken gerne sieht. Die meisten Kolonisten bekommen schwere Rückenschäden.

Wolfgang hatte von seinem Fußballtrainer rückenschonendes Heben gelernt, dem traut er mehr als Schäfer, deshalb hebt er weiterhin aus den Knien heraus.

»Geh mal da hinten hin und hol Wasser für den Motor«, sagt der Baggerfahrer plötzlich zu ihm. Der 16-jährige Wolfgang weiß, dass der luftgekühlte Motor des Baggers kein Wasser braucht. Aber er hat gelernt, zu gehorchen, ohne zu fragen. Er geht zu den Büschen am Wasser. Dort wartet ein Mann auf einer Bank, der ihn prügelt. Beim zweiten Mal weiß Wolfgang nun, wofür »Wasser holen« steht. Aber unbeirrt hebt er die Steine weiter auf seine Art. Und zwei-, dreimal am Tag geht er Wasser holen.

So funktioniert die Befehlskette: Schäfer gibt eine Anweisung. Der Baggerführer überwacht die Ausführung. Ist sie nicht korrekt, schickt er die Jungen zu einem dritten Mann, der den Auftrag hat zu prügeln. Die Bestrafung wird in Einzelsegmente unterteilt, keiner trägt die Verantwortung.

Schon die Milgram-Studie zeigte 1961[53], dass es vielen von uns nicht schwerfällt zu foltern, wenn eine Autoritätsperson es befiehlt und man den Gefolterten nicht sieht.

Bis jemand den Befehl hinterfragt.

Eines Tages fragt der Mann am Ende der Befehlskette Wolfgang: »Wofür kriegst du eigentlich die Prügel?« Und Wolfgang antwortet: »Weil ich die Steine aus den Knien heraus hebe, statt mich zu bücken.« Da sagt der Mann: »Dann gehen wir mal schön da hin, und du legst du dich eine Weile auf die Bank, bis ich das normalerweise durchgeführt hätte, und dann gehen wir wieder zurück.« Hinterher nimmt Wolfgang seinen Wassereimer und geht zum Bagger zurück. Und beide haben sich einen kurzen Moment ausgeruht.

Auf diesen Moment, in dem er sich traut, Schäfer Widerstand zu leisten, ist Wolfgang heute noch stolz. Er tut es heimlich. Aber dennoch: Er gehorcht nicht.

KAPITEL 11

Das Paradies

1966
Politik: APO formiert sich – Demos gegen Vietnamkrieg;
Notstandsgesetze; Franz-Josef Strauß Finanzminister.
Gesellschaft: Jürgen Bartsch (19) wegen Mordes an vier Jungen verhaftet.
Im Kino: *Dr. Schiwago* (Omar Sharif, Julie Christie);
Abschied von gestern (Regie: Alexander Kluge).
TV: *Raumpatrouille Orion.*
Literatur: *Kaltblütig* (Truman Capote).
Hitparade: *Marmor, Stein und Eisen bricht* (Drafi Deutscher);
Hundert Mann und ein Befehl (Freddy Quinn).
Spruch des Jahres: *Jetzt sind wir populärer als Jesus* (John Lennon).

»Das Graubrot wird nicht morgen, sondern übermorgen gebraucht«, sagt das Mädchen. Sie sagt es laut vor sich hin: »Das Graubrot wird nicht morgen, sondern übermorgen gebraucht. Das Graubrot …«

Vier Jahre ist die Kleine alt. Genauso alt wie der Junge, den sie an der Hand hält. Nebeneinander gehen die beiden den Anna-Weg, einen schnurgeraden Betonweg, entlang. Vom blauen Himmel eines Frühlingstages strahlt die Sonne herunter und wärmt die Kinder. Die Weinranken der Pergola über ihnen bieten ein wenig Schutz. Ein leichter Wind bewegt die gelbe Blütenpracht wilder Mimosenbäume in der Ferne.

Die beiden sind auf dem Weg zur Bäckerei, dort soll das Mädchen ihre Botschaft abliefern. Das hat ihr die Frau im Küchentrakt aufgetragen. Mit vier Jahren hat die Kleine noch keine Vorstellung von »übermorgen«, also muss sie die Wörter auswendig lernen: »Das Graubrot wird nicht morgen, sondern übermorgen gebraucht.«

Hand in Hand im Sonnenschein. Das Gefühl ist tief und überdeckt alles andere. Glückseligkeit nennt die Kleine von damals es heute.

Mit großen Schritten überholt ein Mann die beiden Kinder. Er hat rote Haare, so was hat sonst keiner, deshalb lachen die Kinder. Als er in sicherer Entfernung ist, ruft der Junge ihm hinterher: »Pfuscher, Pfuscher, Pfuscher!« So rufen die Erwachsenen den mit den roten Haaren immer, und sie sagen es in einem komischen Ton, sodass man lachen muss. Der Rote dreht sich um, und ein heißer Schreck durchfährt die Kinder: Die Großen schlagen, und der da ist stark. Weglaufen darf man nicht, der da hat lange Beine und erwischt einen sofort. Der Große kommt ein paar Schritte auf sie zu, dann geht er in die Hocke, sodass er auf ihrer Höhe ist, lächelt und sagt: »So heiße ich nicht. Mein Name ist Wolfgang. Wolfgang.«

Dann steht er auf und geht weiter seines Weges.

Wolfgang Müller ist nun zwanzig Jahre alt. Seine Tage sind ausgefüllt mit Arbeit. Seine kurzen Nächte immer mal wieder mit Schäfer. Seine Träume von Gudrun sind gefährlich. Schäfer versucht, seinen Jungen abzugewöhnen, beim Anblick von Mädchen und beim Gedanken an sie eine Erektion zu bekommen. Am besten denkt man nicht an Mädchen, am besten träumt man nicht mehr von Gudrun.

»Wolfgang«, sagt das kleine Mädchen, ihm immer noch hinterherstaunend, »Wolfgang«. Dann entsinnt sie sich ihres Auftrags: »Das Graubrot wird nicht morgen …«

»Er ist lieb«, sagt der Junge.

Als sie den Fußmarsch zur Bäckerei geschafft und den Raum betreten haben, ist niemand da, bei dem sie ihren Satz anbringen können. So klein sind sie, dass sie noch nicht einmal auf den Backtisch gucken können. Das Mädchen, etwas vorwitziger, langt mit dem Finger hoch und wischt über den Tisch. Ein braunes Pulver bleibt an ihren Fingern kleben. Es schmeckt süß und bitter. Kakao. Da erklärt sie ihrem Gefährten, was sie zu wissen meint: »Daraus wird Schwarzbrot gebacken, darum ist das Schwarzbrot so dunkel, weil da Kakao drin ist.«

Waltraud heißt die Kleine. Und das ist eine ihrer ersten Erinnerungen. Noch weiter zurück liegt eine andere: Etwa dreieinhalb ist sie, und eines Tages gelingt ihr, was ihr sonst so schwerfällt: morgens ganz schnell aus dem Bett zu springen. Wer zuerst rauskommt, wird auch zuerst von der Gruppentante gekämmt. Und kann eine Weile draußen warten, während die anderen fertig gemacht werden. Da steht sie nun vor dem Kinderhaus im Sonnenschein, mit schwarz-weißen Lackschühchen an den Füßen. In den Quillaja, den hohen Seifenrindenbäumen, sitzen die schwarzen Amseln und singen so süß, so tröstlich. Dieser Augenblick ist für Waltraud der Himmel auf Erden. Sie spürt ihn noch heute, nach über vierzig Jahren.

Bernd dagegen, der Junge an der Hand von Waltraud, erinnert sich heute kaum noch an die Zeit vor seinem achten Lebensjahr. Nur Urwald und Brombeerhecken sind ihm haften geblieben. Dichte Brombeerhecken, die wild um das Kinderhaus herumwachsen, in denen man spielen und sich verstecken kann. Natur und Spiel, das gehört zusammen. Anderes Spielzeug gibt es nicht. Doch diesen Satz muss man korrigieren: Anderes Spielzeug gibt es schon, aber nicht für die Kinder. Ihre Eltern haben große Mengen Kinderspielzeug aus Deutschland mit nach Chile gebracht, dürfen es den Kindern aber nicht geben. Auch in diesem Satz steckt noch ein Fehler: Auch Eltern gibt es für die Kinder nicht mehr; sie werden vor der Abreise nach Chile oder nach der Ankunft im Gelobten Land voneinander getrennt. Familien werden auseinandergerissen und nach Geschlecht und Alter sortiert. Nur die ganz kleinen Jungen und Mädchen arbeiten und spielen noch eine Weile miteinander.

So wird ihnen ein umgefallener Baum zum Auto, ein Ast zum Ganghebel oder zum Steuerknüppel; darauf klettern sie herum, machen Autogeräusche nach, die sie manchmal hören, Mädchen und Jungen zusammen. Und sie verstecken sich in den Brombeerhecken.

Wilde Katzen hocken ebenfalls dort in den Brombeerhecken, das weiß Bernd noch, manchmal jagen die Kinder die Katzen und lachen, wenn diese aufgescheucht auseinanderstieben. Und eine ganz alte Frau ist da auch, Oma Gerstetten heißt die.

Bernd Schaffrik und Waltraud Schaak gehören zur ersten Generation, die in der Colonia Dignidad geboren wird. Hineingeboren in Paul Schäfers Sekte. Ihre Mütter sind Ende Februar 1962 hochschwanger in Chile gelandet. Trotz ärztlicher Warnungen hatte sich Eva Schaak auf die Reise gemacht. Am 18. März 1962 brachte sie ein gesundes Mädchen zur Welt: Waltraud. Es war eine Geburt voller Komplikationen. Einen Monat später, am 16. April, wurde Bernd geboren.

Nach vier Wochen geben alle Mütter ihre Kinder an sogenannte Gruppentanten ab, die die Kinder verwahren. »In Obhut nehmen« kann man dazu nicht sagen. Doch Bernd und Waltraud kennen kein anderes Leben. Dies ist alles, was sie haben. Manchmal dürfen sie die Mütter sehen. Dann sitzen sie für kurze Zeit auf dem Schoß einer fremden Frau, von der sie wissen, dass es die Mutter ist. Einen emotionalen Bezug haben sie nicht zu ihr, auch keine Bindung.

Bindung zu den Eltern entsteht durch Kontakt. Hautkontakt, Blickkontakt, durch die Stimme, ganz am Anfang auch durch den Geruch. Verlässlicher, wiederkehrender Kontakt. Trost durch Berührung. Liebe. Doch für diese Kinder gibt es das nicht. Anlass dieser Begegnung mit der Mutter ist meist ein offizieller: ein Foto der Familie soll gemacht werden, um der Außenwelt, besonders in Deutschland, zu zeigen, wie normal hier alles ist, »um den Eindruck einer gesunden, fröhlichen und zufriedenen Familie zu machen«, wie Waltraud sagt. Die Aufnahmen müssen mehrmals wiederholt werden – meist gelingt den Kindern nicht auf Anhieb das geforderte Lächeln.

Die vierjährige Waltraud auf dem Schoß der Mutter, dieses Bild gibt es auch. Das vorgeschriebene Lächeln liegt auf dem Gesicht der Mutter, aufgetragen wie Rouge, die Tochter aber blickt ernst, vielleicht ist sie damit beschäftigt, nicht herunterzurutschen, denn die Mutter hält sie nicht fest, eine Umarmung gibt es nicht.

Merkwürdig verkrampft liegt der Arm der Mutter auf dem Schoß der Tochter.

»Ich habe in meinem Leben keine Elternliebe und Geborgenheit kennengelernt, obwohl ich das Bedürfnis und die Sehnsucht danach hatte«, schreibt Waltraud vierzig Jahre später in ihrem »Selbstzeugnis«, wie viele Opfer der Colonia Dignidad es nach Schäfers Verurteilung verfasst haben. Und Bernd schreibt: »Ich bin ohne Eltern aufgewachsen und habe keine Liebe von Papa und Mama kennengelernt. Familienleben ist mir fremd. Schon nach drei Wochen wurde meine Mutter dazu gedrängt, mich an das sogenannte Kinderhaus abzugeben, wo alle Kleinkinder, Kinder, Jugendlichen und zum Teil auch schon halb erwachsenen Leute, je nach Geschlecht und Altersstufe, in Gruppen untergebracht wurden. Ich habe den größten Teil meines Lebens nur Gruppenleben kennengelernt mit system- und schäferfreundlichen Gruppentanten und später Gruppenbossen und fanatischen Erziehern an der Spitze.«

Doch die Gruppentanten sind kein Ersatz für Familienleben. Sie wechseln häufig; viele bleiben nicht einmal lange genug, dass man sich ihre Namen merken könnte. So entsteht keine verlässliche Bindung, die die Basis für freie Entfaltung im späteren Leben wäre. Selbstbewusstsein wird verhindert, denn unsichere Menschen sind leichter zu manipulieren.

Aber diese Generation weiß, wer ihre Eltern sind, sie kennt die eigenen Vor- und Nachnamen. Der Vater von Waltraud ist Alfred Schaak, er organisiert und verwaltet die Ladenkette der Sekte in und um Siegburg. Aus Sicht von Paul Schäfer hat das mehrere Vorteile. Einer davon ist die Aufspaltung der Familien, die Trennung der Kinder von den Eltern, die Trennung der Ehepartner voneinander.

Wie Schäfer dabei vorgeht, wird in seinem Umgang mit Bernd Schaffriks Vater deutlich. Eine spätere Zeugenaussage führt dies aus.[54] Der Vater von Bernd ist Helmuth Schaffrik. Als er Schäfer kennenlernt, lebt Helmuth Schaffrik mit seiner Familie als selbstständiger Kaufmann in der Nähe von Hamburg, »in guten

Verhältnissen, gut situiert ... gepflegt ... allerdings auf die Hilfe seiner Frau für die täglichen Verrichtungen angewiesen«. Helmuth Schaffrik war mit 21 Jahren an Kinderlähmung erkrankt und wurde durch eine falsch durchgeführte Penicillinbehandlung querschnittsgelähmt. Er sitzt im Rollstuhl. Dennoch macht sich der gläubige Baptist 1962 mit seiner hochschwangeren Frau und seinen sieben Kindern auf die Schiffsreise nach Chile. Auf Anweisung von Schäfer wird er dort sofort von Frau und Kindern getrennt, muss mit zwei Männern in einem Raum leben und darf seine Familie nicht sehen. Als Begründung sagt man ihm, »dass er sich so besser in die Situation hineinfinden« würde. Auch seiner Frau und seinen Kindern wird erklärt, dass er sich »besser in die Situation schickt, wenn er keine Besuche erhält«. Als Arbeitsplatz wird Bernds Vater ein Holzverschlag zugewiesen, in dem er als Schuster arbeiten muss. Dagegen wehrt sich Helmuth Schaffrik, der als erfolgreicher, gebildeter Kaufmann mit anderen Erwartungen ausgewandert ist. Doch er ist mittellos: Wie fast alle anderen hat er zuvor seinen gesamten Besitz auf Schäfer überschrieben. Für Paul Schäfer und die Führungsschicht der Colonia Dignidad ist »diese Auflehnung natürlich unbequem, da dies bei anderen Mitleid oder Sympathien hätte erwecken können«. Schäfers Befehl lautet: »Wir schocken ihn mal, dann ist das fleischliche Verlangen, mit seiner Frau zusammen zu sein, vergangen.«

Von 1963 bis mindestens 1966 werden die sogenannten »Behandlungen« mit Elektroschocks nach Zeugenaussagen in Abständen von vier bis sechs Wochen wiederholt. Es ist klar, »dass diese Behandlung so lange fortlaufen sollte, bis dieser Patient sich in sein Schicksal fügen würde«.

Von all dem ahnt Bernd nichts. Die Welten innerhalb dieser kleinen Enklave sind schon zu diesem Zeitpunkt streng getrennt. Bis 1966 leben Bernd und Waltraud in einer Welt, die Waltraud rückblickend als Paradies empfindet, an die Bernd sich jedoch kaum erinnert.

Ein Paradies mit Abgründen.

Vierzig Jahre später in Deutschland. Der Frühling beginnt, es ist noch kalt, aber die Sonne strahlt von einem blauen Himmel herab. Hand in Hand gehen Bernd und Waltraud durch Straßen der Stadt in Nordrhein-Westfalen, in der sie inzwischen wohnen. Aus einer Seitenstraße biegt ein Mann ein und kommt ihnen entgegen. An der Leine führt er einen Hund, einen gemächlich dahintrottenden alten Berner Sennenhund. Waltraud sieht ihn sofort. Schlagartig bricht ihr der Schweiß aus, in Panik klammert sie sich an Bernds Hand. Sie will weglaufen.

Das geschieht bei jedem Hund.

Plötzlich und ohne Vorwarnung ist der Abgrund wieder da, wie ein klaffender Riss bei einem Erdbeben direkt vor Waltraud in der Straße. Unten ist es dunkel, und sie droht hineinzufallen.

Es fühlt sich an, als wäre sie wieder vier Jahre alt und in Chile. Und Paul Schäfer hetzt seinen Schäferhund auf Menschen, die mit dem Rücken an der Wand stehen. Wütend bellt der Hund die Menschen an, wildes, sich überschlagendes Gebell, der Geifer fliegt ihnen an die Kleider. Nur Zentimeter sind seine Zähne von den Menschen entfernt. Schäfer hält den Schäferhund an der Leine. Er könnte die Leine auch loslassen. Die kleinen Mädchen sind Zeugen, sie selbst werden nicht angegriffen, aber die Drohung gilt auch ihnen.

Schäfer weiß nichts von Spiegelneuronen, Nervenzellen, die dafür verantwortlich sind, dass unser Gehirn dieselben Gefühle erzeugt, ob wir etwas nur sehen oder ob wir es selbst erleben.[55] Aber Schäfer weiß genau, wie man das Phänomen nutzt. Sich einzufühlen in andere ist sehr wichtig in der Colonia Dignidad, denn vielen ist sprechen streng verboten. Lange Zeit haben sie keine andere Form der Kommunikation als das Fühlen.

»Es war für meine Kinderseele etwas so Schreckliches«, sagt Waltraud, die heute noch Panik vor Hunden spürt, obwohl sie sich nicht erinnert, jemals gebissen worden zu sein. Aber die Einschüchterung muss oft geschehen sein. Wie schön wäre es, wenn ihr wenigstens von dieser frühen Phase nur die paradiesischen Seiten in Erinnerung geblieben wären.

Schnell holt sie diese schönen Seiten wieder in den Vordergrund. »Wir wuchsen auf wie eine kleine Horde Wilder. In Schluchten haben wir gespielt, sind auf Bäume geklettert, auch wenn uns das verboten wurde. Mit vier Jahren habe ich versucht zu klettern, mit fünf kam ich rauf, ich wollte unbedingt den Vögeln hinterher, und was die Jungs können, wollte ich auch können.«

Die ersten sieben Jahre ihres Lebens verbringen Waltraud und Bernd zusammen, sie und die anderen Kinder in ihrem Alter. Verglichen mit dem, was in den folgenden 35 Jahren geschieht, ist es das Paradies.

KAPITEL 12

Die Flucht aus dem Paradies
Chile 1966

Knapp ein Jahr hält Ernst-Wolfgang Kneese es aus in der »Sociedad Benefactora y Educacional Dignidad«, bevor er im Juni 1962 zum ersten Mal versucht, aus dem Zwangslager zu entkommen. Er wird wieder eingefangen und zurückgebracht. Den zweiten Versuch unternimmt er ein Jahr später, am 26. September 1963.

Jeder Fluchtversuch wird mit drakonischen Maßnahmen bestraft: Schläge, Elektroschocks, Isolationshaft, verschärfte Zwangsarbeit. »Maßnahmen«, das ist in der Colonia Dignidad ein anderes Wort für Folter. Ernst-Wolfgang Kneese wird bewacht, er muss am Tag rote, nachts weiße Kleidung tragen, sowie Schuhe mit auffallendem Sohlenprofil. Das erleichtert die Verfolgung, falls er wieder versucht zu fliehen.

Doch er gibt nicht auf. Die dritte Flucht im Februar 1966 gelingt ihm. Diese und die zeitgleiche Flucht von Wilhelmine Lindemann alarmieren zum ersten Mal eine größere Öffentlichkeit in Deutschland, Chile und in anderen Ländern und machen auf die Zustände in der deutschen Enklave in Chile aufmerksam. Von Entführung, sexuellem Missbrauch, Freiheitsberaubung und brutalen Schlägen auf dem »deutschen Mustergut« in Chile ist in den Berichten die Rede. Zum ersten Mal hört man auch von ungeklärten Todesfällen.

»Warum wurde Ernst-Wolfgang Kneese nicht schon bei seinen beiden ersten Fluchtversuchen geholfen?« Diese Frage stellt Bärbel Künz[56] und analysiert das Verhalten der Deutschen Botschaft in Chile. Etliche Flüchtlinge aus der Colonia Dignidad kommen bis zur Botschaft in Santiago. Doch dort greifen ihre Verfolger sie wieder ab und bringen sie zurück zur Kolonie. Wie kann das geschehen?

Ernst-Wolfgang Kneese ist der bekannteste Überlebende der Sekte um Paul Schäfer. Ungezählte Artikel wurden über ihn geschrieben. Das Skript seines Lebens. Um Distanz zu den Erlebnissen zu bekommen und zu halten, hat er eine ironisch-sarkastische Version entwickelt, die den Schmerz und das Leid verbirgt. Und die es Zuhörern leichter macht, sich mit dem Thema zu beschäftigen, fast unterhaltsam. Es ist seine Entscheidung, dass die Qual hinter diesem Vorhang privat bleiben soll. Vielleicht hat ihm diese aktive Loslösung aus der Opferrolle auch ermöglicht, handlungsfähig zu bleiben und seine Kraft für den Kampf gegen Schäfer und für die Befreiung der Kolonisten zu nutzen. Und um die Verwicklung deutscher Politiker in die »Affäre Colonia Dignidad« immer wieder zum Thema zu machen. So wurde es zur Geschichte seines Sieges. Hier die Geschichte seiner dritten Flucht:

»Mir war bald klar, dass das eine vollständig geschlossene Veranstaltung war. Zu Schäfer hatte ich kein Vertrauen. Er hat mich belogen, und zwar grundsätzlich. Man kann mich nicht mit einer Lüge von der einen Seite der Welt auf die andere Seite der Welt transportieren, wo alles Versprochene überhaupt nicht existiert. Soll ich dann sagen, du hast mich eben gerade belogen, aber ich gebe dir noch mal fünfzehn Jahre die Chance, mir ein ehrliches Wort zu sagen und mich wieder dort hinzubringen, wo ich hergekommen bin? Ich sah nur die Möglichkeit, mich wie ein Dieb in der Nacht vom Acker zu machen und mein Glück in der Flucht zu suchen.

Ja, da liegst du dann mit der ganzen Gruppe schlafender Menschen in einem Galpon, musst aus dem Strohbett raus, dich anziehen, runterklettern, an allen Leuten vorbei, die Tür aufmachen, die Tür wieder zu, und dann über den Kies zum Pferdestall. Und keiner darf dich hören. Musst bei Nacht ein Pferd satteln und aufzäumen, mit Lumpen an den Hufen versehen, damit es keinen Krach macht im Kies, und dann mit dem Pferd geräuschlos außer Hörweite des Gebäudes.

Dann habe ich die Lumpen weggeschmissen, meine Aktentasche genommen, da hatte ich einen Kompass drin und anderen Kram. Aber ich hatte keinen Pass dabei. Dann bin ich mit dem Pferd zur Panamericana geritten. Plötzlich lande ich in einer riesengroßen abgezäunten Weide und finde nicht wieder heraus, weil es kein Tor gibt, ich finde jedenfalls keines. An einer Stelle ist eine tiefe Ausgrabung, eine Furt, durch die ich mit dem Pferd gerade eben durchkomme. Dann bin ich wieder draußen, kann über die Holzbrücke am Termas de Catillo und in den Feldweg nach Parral rein. Eine Hand für die Zügel, eine für die Aktentasche, reite ich durch diese Steppe aus mannshohen Sträuchern, wobei wir an einer Stelle Meinungsverschiedenheiten haben, das Pferd und ich. Das Pferd will links am Busch vorbei, ich will rechts am Busch vorbei. Das Pferd läuft alleine links am Busch vorbei, und ich hänge rechts in der Luft, mache dann den großen Aufprall, wobei das Pferd sich erschreckt, aber freundlicherweise stehen bleibt und wartet, bis ich wieder aufsitze.

Die Strecke nach Parral. Links und rechts stehen riesengroße Pappeln. Zwischen diesen Pappeln wachsen hohe, undurchdringliche Brombeerhecken. Zwischen diesen großen Brombeerhecken gibt es alle paar Kilometer eine Schneise, durch die man auf den Acker kommen kann oder zu einem Haus. Wenn du dich diesen Weg entlangflüchtest und dir von hinten die Scheinwerfer im Nacken sitzen oder du unbeleuchtete Fahrzeuge hörst, dann kannst du weder nach links noch nach rechts weg. Du weißt nicht, wie viele Kilometer du noch reiten musst, oder hat er dich nach dreihundert Metern gleich am Arsch? Also muss ich mir immer den letzten Durchbruch merken, damit ich eventuell auf dem Absatz kehrtmachen kann, um dort zu verschwinden.«

Schließlich erreicht Ernst-Wolfgang Kneese die Panamericana, die berühmte Schnellstraße, die von Alaska bis Feuerland den gesamten amerikanischen Doppelkontinent durchläuft. Er bindet das Pferd am Zaun einer Tankstelle in Richtung Santiago fest, hängt noch einen Zettel dran, wem es gehört. Er ist kein Dieb. Dann trampt er. So kommt er ins vierzig Kilometer entfernte Chillán.

Dort nimmt eine Familie ihn auf. Sie geben ihm eine Orange zu essen. Er isst sie mitsamt der Schale. Es ist die erste Orange seines Lebens.

Nach dieser dritten Flucht, die einigen Wirbel in der chilenischen Presse macht, zeigt die Kolonie Ernst-Wolfgang Kneese wegen Pferdediebstahl, Falschaussage, Pressemanipulation und Homosexualität an. Auf Druck von Schäfer muss Wolfgang Müller eine Falschaussage machen: Kneese hätte ihn verführt. Nichts daran ist wahr. Wahr ist, dass dieser sah, wie Schäfer Wolfgang Müller vergewaltigte. Schäfer mag Zuschauer. Der chilenische Richter glaubt die Lüge und schickt Kneese für zwei Wochen ins Gefängnis.

Die Colonia Dignidad genießt hohes Ansehen und große Wertschätzung in der chilenischen Gesellschaft, bei den chilenischen Behörden und der Justiz. Im Krankhaus der Kolonie werden kranke chilenische Kinder der armen Landbevölkerung gepflegt, operiert, geheilt. Von den Eltern verlangt die Kolonie kein Geld. Geld für die Behandlungen bekommt sie vom chilenischen Staat.

Zu schrecklich scheinen dagegen die Geschichten, die Ernst-Wolfgang Kneese über die Kolonie erzählt, man mag sie nicht glauben. Seine Chancen, das Land auf legalem Wege zu verlassen, stehen daher schlecht. So flieht er nach seiner Freilassung auf Kaution illegal weiter über die Grenze nach Argentinien und von dort nach Deutschland.

Die Flucht von Ernst-Wolfgang Kneese lenkt zum ersten Mal die Aufmerksamkeit der Presse einiger Länder auf die Colonia Dignidad. Um Offenheit zu signalisieren, beschließt Paul Schäfer, drei seiner jungen Männer außerhalb der Kolonie studieren zu lassen: Hartmut Hopp, Günter Reuss und Hussain Siam. Hartmut Hopp beginnt Medizin zu studieren; Hopp bekommt von Schäfer im Laufe der Jahre viele Rechte, er darf reisen, sich frei außerhalb der Kolonie bewegen, sexuelle Beziehungen zu Frauen haben, bekommt Zugang zu Auslandskonten der Kolonie. Er ist der

Liebling Schäfers, viele nennen ihn den »Außenminister« der Kolonie. Trotzdem bleibt er ein Getriebener, Zerrissener – soll er gehen oder bleiben?

Hussain hat schon einen Fluchtversuch hinter sich, als Schäfer ihn mit Günter Reuss zum Studium nach Los Angeles in den USA schickt. Er kehrt nie wieder in die Kolonie zurück.

KAPITEL 13

Wilhelm Wagner
Österreich 1966

Die Sache mit Gudruns Vater«, wie manche es nennen, spielt sich 1966 in Deutschland und Österreich ab. Zu diesem Zeitpunkt lebt Wolfgang Müller schon fünf Jahre in Chile. Ernst-Wolfgang Kneese hat seine abenteuerliche Flucht hinter sich, versteckt sich aber noch in Chile. Gudrun Wagner arbeitet in Siegburg zusammen mit etwa zwölf Sektenmitgliedern unter Führung von Hugo Baar und Alfred Schaak. Ida Ritz hat geheiratet und arbeitet als Hebamme in Düsseldorf; eine schwere Depression nach der dramatischen Ausreise ihrer Schwester Gertrud nach Chile hat sie inzwischen überwunden. Kontakt zur Privaten Socialen Mission in Siegburg hat sie nicht mehr. Und die beiden Vierjährigen, Waltraud und Bernd, gehen Hand in Hand im Sonnenschein unter Weinranken den Anna-Weg in Chile entlang und vertrauen ihrem Gedächtnis einen Satz an: »Das Graubrot wird nicht heute, sondern übermorgen gebraucht.«

Jeder, jede in einer Welt für sich.

Die Sache mit Gudruns Vater ist ein Krimi. Über diese Sache zu sprechen ist für Gudrun fast noch schwerer als über die Sache mit Alfred. Sie braucht viel Ruhe, Zeit und Kraft, um einen klaren Blick auf diese Ereignisse zu werfen und sie dann in eine entlegene Schublade des Gedächtnisses zu packen, die sie öffnen kann, wann immer sie will, die aber weder klemmt noch aufspringt, wenn Gudrun es nicht will. Die Ereignisse damals waren so schmerzlich und sind immer noch verworren. Eigentlich mag Gudrun sie gar nicht anschauen. Ihre Erinnerungen daran sind bruchstückhaft.

Vieles weiß sie nur, weil andere ihr davon berichtet haben und weil sie nach Jahrzehnten endlich die Zeitungsartikel aus dem Jahr 1966 lesen kann.

1966 aber kann sie keine Zeitungen lesen, obwohl sie noch in Deutschland ist. Zeitungen sind des Teufels. Zusammen mit ihrer Schwester Hilde arbeitet sie in den Geschäften der Schaak und Kuhn OHG. Die anderen Geschwister sind schon seit Jahren in Chile. Da sagt man ihr, dass sie ihren Vater im Gefängnis besuchen soll. Bevor Gudrun sich noch von dem ersten Schock erholt hat, folgt schon ein zweiter Auftrag: Die Schwestern sollen erreichen, dass die kleine Hedi, die Einzige, die noch bei Mama in Graz lebt, dieser auch entzogen wird. Der Antrag auf Sorgerechtsentzug ist mit den Namen von Hilde und Gudrun Wagner unterschrieben. Es bleibt bis heute unklar, ob die Schwestern tatsächlich unterschrieben haben. Manche der Unterschriften auf Dokumenten der Colonia Dignidad wurden gefälscht.

»Warum sollte das Sorgerecht entzogen werden? Ich weiß es bis heute nicht«, sagt Gudrun noch 2011.

Die Tour von Siegburg nach Graz ist ein Horrortrip. Hugo Baar am Steuer, Dorothea als Beifahrerin. Die Schwestern auf dem Rücksitz. Gudrun wird überschüttet mit Vorwürfen und Beschimpfungen. Tausend Kilometer, zehn Stunden Fahrt und keinen Moment Ruhe. Wenn sie widerspricht oder nicht antwortet, wird sie geohrfeigt.

Was ist der Sinn? Für das verrückte Verhalten der anderen sucht Gudrun immer noch die »Schuld« bei sich. Der Qual einen Sinn geben. Gudrun weiß nicht, warum die anderen auf ihr »herumdreschen mit Worten«. Vielleicht soll ich einfach keine Kraft mehr haben, denkt sie, mit meinen Eltern etwas zu besprechen. Ich könnte mich verplappern. Ich darf mich nicht verplappern. Was darf ich nicht erzählen? Ich darf nicht erzählen, was mit mir passiert ist. Unter keinen Umständen. Am besten, ich vergesse einfach, was mit mir passiert ist. Was ist überhaupt mit mir passiert?

Ist doch gar nichts passiert. Es ist doch alles schön. Wenn sie bloß aufhören, mich zu beschimpfen. Auch wenn ich weine, hören sie nicht auf.

Am liebsten würde ich gar nicht aussteigen, denkt sie, als der Wagen im Hof des Gefängnisses in Graz angekommen ist. Aber ich muss. Da stehen meine Eltern. Ich kann sie kaum sehen, meine Augen sind so verquollen. Ich kriege nichts mehr über die Lippen. Ich kann nur weinen. Der Anblick von Papa und Mama zerreißt mir das Herz.

»Papa, es tut mir leid.«

Habe ich das gesagt? Ich kann doch gar nichts dafür. Wofür überhaupt? Mama weint, wir nehmen uns in den Arm. Ich bin nicht mehr fähig, irgendwas zu sagen.

So ist es richtig.

Beschuldigen und beschimpfen, laut, fordernd, anklagend ungerecht, stundenlanges Anschreien – das erleben alle, die in den Bannkreis von Paul Schäfers Gruppe geraten. Dass Frauen Hurengeister im Bauch haben, dass man ihnen den Teufel mit Schlägen austreiben muss wird so häufig geschrien, wie man sich anderswo Guten Tag wünscht.

Manche, die anfangs sanft waren wie Hugo Baar und Gerhard Mücke, den Ida Gatz in ihrer Schulzeit als »feinen, gebildeten Menschen« erlebt hatte, erleiden eine auffallende Vergröberung ihrer Persönlichkeit. Schäfer und Baar empfehlen anderen dieses schreiende, lang andauernde Beschuldigen als Methode, um sich durchzusetzen und andere zum Nachgeben zu zwingen oder sogar zum seelischen Zusammenbruch.

Noch heute wundert sich Gudrun, dass ihre Schwester während der langen Fahrt nach Graz schweigend neben ihr saß. Aber vielleicht tat sie das nicht, sondern fühlte sich genauso bedroht wie Gudrun. Eine Aussprache zwischen den Schwestern ist immer noch nicht möglich.

Allerdings sind 1966 alle österreichischen und viele deutsche Zeitungen voll von dem Fall der »Grazer Kinder im Sekten-KZ«. Leider trägt das nur mäßig zur Erhellung bei. Man könnte die

Frage nun einfach beiseitelegen – wäre da nicht die tiefere Frage der fehlenden Erinnerungen.

Fest steht, dass der Gärtner Wilhelm Wagner 1965 in Graz wegen »Blutschande« an zweien seiner Töchter zu drei Jahren Gefängnis verurteilt und 1967 vorzeitig entlassen wurde.

»Er ging freiwillig ins Gefängnis, weil er das alles einfach nicht mehr aushielt«, ist eine Lösung, mit der Gudrun heute gut leben kann. Wolfgang unterstützt diese Version: »Dann hatte er seine Ruhe, und er konnte dort auch als Gärtner arbeiten.«

Nun kommt man ja – trotz gegenteiliger Behauptungen – als unschuldiger Freiwilliger nicht so leicht ins Gefängnis. Wie kam es überhaupt zu der Anschuldigung gegen Wilhelm Wagner? Oder besser: wann?

Die Anzeige ging 1964 bei der Polizei ein.

Hierzu passt eine Erinnerung von Ida Gatz. Ihr gesteht Hugo Baar Jahrzehnte später seinen Vertrauensmissbrauch. »Ich bin an dem Wagner schuldig geworden«, erzählt er ihr, nachdem er sich von der Schäfer-Sekte getrennt hat. Wilhelm Wagner hatte sich offenbar 1956 seelsorgerisch Hugo Baar anvertraut. Und Hugo Baar hinterbrachte es Schäfer. Dieser nahm die Beichte zu seinen »Seelsorgeakten«. Es muss also etwas vorgefallen sein mit den Töchtern. Damit ist Wilhelm Wagner erpressbar.

Nun lebt die Rumpf Familie Wagner in Graz – der Vater im Gefängnis, die Mutter mit der Jüngsten, die plötzlich keine Geschwister mehr hat, im leeren Haus. Vielleicht versteht Hedi schon, dass sie die Geschwister manchmal sehen darf. Aber ob ihr das hilft?

Dann folgt der nächste Angriff.

Längere Zeit verweigern die Wagners ihr schriftliches Einverständnis zur Ausreise der minderjährigen Kinder nach Chile. Die Mutter ist entschieden dagegen. Ohne dieses Einverständnis aber begeht die Sekte Kindesentführung, als sie Basti am 2. August 1961 in Windeseile nach Chile ausfliegt, denn er ist damals erst zwölf. So schnell wie er wurden alle Kinder außer Landes geschafft, die vor Gericht gegen Paul Schäfer hätten aussagen können.

Wie kann ich Wagner unter Druck setzen, damit er sein Einverständnis gibt?, wird sich Schäfer gedacht haben. Er kramt den sechs oder sieben Jahre alten Zettel mit der Beichte Wilhelm Wagners aus dem Archiv verwertbarer Sünden hervor. Von Chile aus befiehlt er Hugo Baar, Anzeige gegen Wagner zu erstatten. Wie alle anderen hatte auch Wilhelm Wagner sich dem schriftlichen Beichtzwang unterworfen, den Paul Schäfer eingeführt hatte. Sich einmal auszusprechen über geheime Wünsche, Gedanken, Begierden, Taten mag für viele befreiend, entlastend gewesen sein. Nicht nur die katholische Kirche kennt die Beichte. Allerdings kennt sie auch das Beichtgeheimnis. Anders Schäfer, Baar und Komplizen: Sie lassen beichten, und Schäfer lässt nachbessern, was ihm missfällt; manches muss drei- oder viermal geschrieben werden. Alles wird archiviert, denn die unterschriebenen Beichten geben erstklassige Geständnisse ab, die bei Bedarf gegen die Beichtlinge verwendet werden können.

Nun wird eine Beichte gegen Wilhelm Wagner verwendet. Da gibt Wagner nach und unterschreibt die Einwilligungserklärung.

So könnte es gewesen sein. Allerdings wird man nie mit Sicherheit sagen können, ob dieses Geständnis der Wahrheit entspricht oder Ergebnis psychischer Manipulation ist.

Auf das Versprechen hin, sie können ihren Kindern nach Chile folgen, verkaufen die Wagners Haus und Grundstück. Als sie aber das gesamte Geld vorab an die Sekte überweisen sollen, schaltet sich die Vernunft wieder ein, und Wagner behält sein Geld. Das passt Schäfer und Baar gar nicht. Sie verweigern ihnen die Zuwanderung in die Kolonie. Manche der in Deutschland lebenden Verwandten der Kolonisten vermuten, dass Schäfer schon damals die Macht hat, eine Einreise nach Chile zu verhindern, doch das ist zweifelhaft.

Eine Weile reist Hugo Baar dem Wilhelm Wagner hinterher, um ihm das Geld abzujagen. Derselbe Hugo Baar, sanfter Familienvater mit einer christlichen Bilderbuchfamilie, auf dem anrührenden Foto in Ida Gatz' Album. Und doch nicht derselbe.

Wagner ist inzwischen mürbe geworden und bereit zu einer Selbstanzeige. Er kommt zu spät: Baar hat den unterschriebenen Beichtzettel schon der Polizei übergeben. Wagner wird angeklagt und verurteilt. Seine Töchter Hilde und Gudrun sagen gegen ihn aus.

An ihre Aussage hat Gudrun keine Erinnerung. Das kann viele Gründe haben.

Kurz darauf werden die beiden jungen Frauen wegen Falschaussage vernommen. Dass sie ihre Aussagen unter Zwang oder unter Beeinflussung gemacht haben, wird vor Gericht deutlich. Der Richter fragt Hilde, ob sie noch Jungfrau sei. »Natürlich!«, antwortet sie empört. Dieser Widerspruch entgeht dem Gericht nicht.

Der Mann im Gefängnis, die Kinder in Chile oder genauso unerreichbar in Siegburg – da gibt Mina Wagner eine Weile ihrer Erschöpfung nach. Dann beginnt sie von Neuem zu kämpfen: Mithilfe eines Anwalts versucht sie, ihre Kinder in Chile zu befreien, bevor diese volljährig sind. Der Briefwechsel zwischen dem engagierten Anwalt Kornberger und dem Auswärtigen Amt in Wien liest sich bedrückend, und die Antwort der Beamten wirkt genauso desinteressiert wie die deutscher Behörden, denen es über Jahrzehnte nicht gelingt, in ähnlichen Fällen Hilfe zu leisten. Der Brief schließt mit den Worten: »Sollten die Eltern weiterhin an der Rückführung der drei Minderjährigen interessiert sein, wird um Mitteilung gebeten.«

Sollten sie interessiert sein.

Mit ausgefeilter Verzögerungstaktik und einem Bündel Lügen (ansteckende Krankheit, Suiziddrohung, verschwunden) gelingt es der »Sociedad Benefactora y Educacional Dignidad«, der »Wohltätigen Gesellschaft«, das Verfahren so lange zu verschleppen, bis die Zwillinge 21 Jahre alt sind.

Mina Wagner ist erschöpft. Gleichzeitig muss sie weitere Versuche aus Siegburg abwehren, ihr das Sorgerecht für die jüngste Tochter, das einzige Kind, das ihr geblieben war, zu entziehen. Angeblich soll der Vater auch dieses Kind missbraucht haben.

Dieser Antrag im Namen von Gudrun und Hilde wird schließlich abgelehnt.

Für Hedi ist diese Zeit ihrer Kindheit eine Zeit voller Angst. Bis sie fünf Jahre alt ist, hat sie sechs Geschwister. Plötzlich sind alle weg. Und der Vater auch. Wenn die Mutter das Haus verlässt, zum Einkaufen, zum Arzt, um einen Besuch zu machen, jedes Mal hat Hedi Angst, dass sie nicht zurückkommt. Dass sie ganz allein zurückbleibt. Für die Mutter ist es eine Zeit tiefer Scham: Aus den Zeitungen glaubt die ganze Stadt zu wissen, was in der Wagner-Familie los ist. Jeder Einkauf wird zum Spießrutenlaufen. Jeder Blick wird so gedeutet. Was sieht sie im Blick der anderen? Ist es Anteilnahme, Entsetzen, Verachtung? Ist der Blick freundlich, oder ist er hämisch?

Eine Zeit lang belauern Mitglieder der Sekte die Restfamilie. Immer wieder stehen dieselben Autos vor dem Haus, Leute gehen vor dem Haus auf und ab, schauen in die Wohnung. Es war eine begründete Angst. Später gibt Hugo Baar zu, dass er etliche Überwachungen »Abtrünniger« in Auftrag gegeben oder selbst durchgeführt hat.

Im folgenden Jahr wird Wilhelm Wagner aus dem Gefängnis entlassen. In überstürzter Flucht vor öffentlicher Aufmerksamkeit, nachbarlicher Neugier und sicher auch aus Scham wandert die kleine Familie nach Rhodesien aus. Dort kauft sie sich ein Haus, muss aber bald zurückkehren, da aus Panik und Uninformiertheit – bloß weg hier! – vorab kein Einreiseantrag gestellt wurde. So verlieren sie auch noch ihr Geld. In den Siebzigerjahren leben sie in einer kleinen dunklen Wohnung, nicht zu vergleichen mit dem schmucken Haus am Wald, das sie sich aus eigener Kraft geschaffen hatten. Wagner stirbt, erschöpft, weit vor der Zeit.

In diesem Jahr warnt auf dem Fundo in Chile Gisela Malessa ihre Kinder vor Schäfer. Er missbrauche die Jungen, sagt sie, sie sollen sich von ihm fernhalten. Ob wegen der Beichtpflicht oder aus anderen Gründen – die Kinder sagen es Schäfer. Dieser reagiert genauso entspannt und entwaffnend wie vor zehn Jahren auf der

Zeltfreizeit in Groß Schwülper, als Ida Ritz ihn mit Adolf Hitler verglich. Diesmal ist seine Antwort: »Ja, eure Mutter hat recht, das brauchen Jungen in eurem Alter.«

Aber vielleicht scheint er nur so locker. Schäfer ist ein begabter Schauspieler, wie alle Soziopathen. Gisela Malessa gehört von nun an zu den Ausgegrenzten, man spricht nicht mehr mit ihr, will nicht mehr mit ihr gesehen werden. Und Schäfer ist entschlossen, die Kinder endgültig von ihren Eltern zu trennen. Damit das Gerede endlich aufhört.

KAPITEL 14

Sie ist da!

1968
Politik: Attentat auf Rudi Dutschke; Prager Frühling.
Gesellschaft: *Revolution ist machbar, Herr Nachbar! Macht kaputt, was euch kaputt macht! Unter den Talaren der Muff von 1000 Jahren! Mein Bauch gehört mir!*
Im Kino: *Das Wunder der Liebe* (Oswalt Kolle); *Zur Sache, Schätzchen* (Uschi Glas); *2001 – Odyssee im Weltraum.*
Literatur: *Deutschstunde* (Siegfried Lenz)
Werbung: *Sexy-mini-super-flower-pop-op-cola – alles ist in Afri-Cola.*

Am 16. Juni 1968 darf auch Gudrun endlich nach Chile fliegen. Die dramatischen Ereignisse um ihren Vater, den Riss durch ihre Familie deckt sie zu mit Arbeit, Anpassung, Beten und Dulden. Bei dem Übermaß an Arbeit kommt sie ohnehin nicht viel zum Nachdenken. Immer noch hofft sie, dass Alfred in Chile auf sie wartet. Dass er ihr niemals schreibt – er wird wohl genauso viel zu tun haben wie sie. Am Tag vor dem Abflug erfährt sie, dass ihre Tante Resi, der sie so sehr vertraut, in der nächsten Woche zurückkehrt aus Chile. Was soll sie tun? Wenn Resi zurückkommt, hat sie triftige Gründe. Aber welche? 1963 hat die Familie ihr Haus in Österreich verkauft, um nach Chile zu gehen, und schon fünf Jahre später kehren sie zurück? Wen kann Gudrun fragen? Nur Resi. Soll sie überhaupt fliegen?

Das Ticket ist gekauft. Die Vernunft tritt in den Hintergrund. Der Flieger hebt ab. Am 17. Juni landet Gudrun in Santiago. Beim Zoll bemerkt niemand, dass in den Saum ihres weiten Rocks Dutzende Armbanduhren eingenäht sind. Man fragt sich, wozu: Nur wenige Kolonisten durften eine Uhr tragen – meist nur auf offiziellen Fotos, die belegen sollten, wie normal und angenehm

**Familienaufstellung:
Familie Wagner 1956-1973**

1956. Daheim in Graz: Im geblümten Kleid die 14-jährige Gudrun.

1960. Jugendheim in Heide: Zum letzten Mal vereint. Gudrun, 18, r. hinten.

1973. Colonia Dignidad: Gudrun (r. vorne) und Geschwister. Cousin Heinz (l.) stirbt bei einem Flugzeugabsturz in der Kolonie.

Spiel und Arbeit:
Private Sociale Mission

1956 Zeltfreizeit Groß Schwülper. Paul Schäfer boxt.

Um 1958. Ausflug, vorne Paul Schäfer und Maria Strebe.

1960. Heide: Theater im Jugendheim. Auch Frauenrollen werden von Jungen gespielt. Paul Schäfer (r.) führt Regie.

1960. Kaldauen: Gudrun Wagner als Verkäuferin im Kolonialwarenladen von Alfred Schaak.

Der schöne Schein:
Colonia Dignidad + Villa Baviera

Der Zippelsaal auf dem Fundo, im Hintergrund die Anden.

Das Blasorchester in Aktion an einem chilenischen Nationalfeiertag (19. September: Tag des Militärs), Gudrun 1. Reihe, 5. v. r.

Das Leben der Männer:
Wolfgang Müller

Um 1975 am Zippelhaus: Wolfgang (30) mit Armbanduhr.

Komalos (ledige Männer). Bei Wolfgang (3. v. l. hintere Reihe) zeigen sich die Folgen der Zwangsmedikation.

Das Leben der Frauen: Gudrun Wagner

Gudrun fotografiert Frauen aus den Gruppen Schranzen und Dragoner (unverheiratete Frauen).

1988. Gudrun (Mitte) in der Wäscherei. Sie muss auf Wolfgang verzichten, er wird ans Meer verbannt.

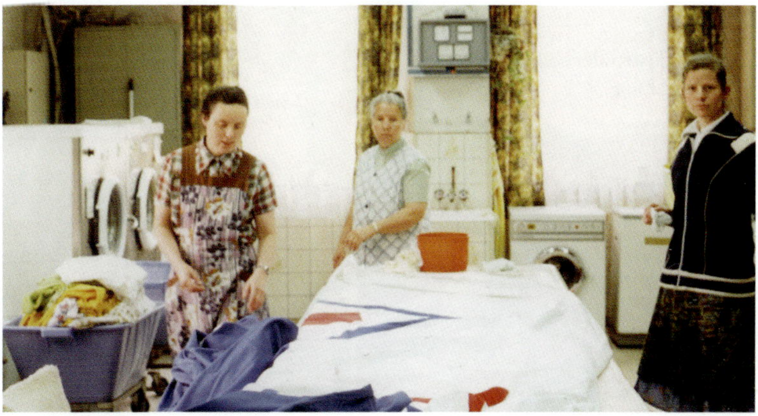

**Das Regime bricht zusammen:
Gudrun und Wolfgang vereint**

2001. Catillo: Trostloser Rahmen für ein langersehntes Ereignis – Gudrun und Wolfgang Müller auf dem Standesamt.

2007. Wien: Wolfgang und Gudrun Müller nach der Rückkehr.

2010. Wolfgang: Endlich das Ruder selbst in die Hand nehmen.

das Leben dort ist. Nach der Aufnahme werden die Uhren wieder eingesammelt.

Mit Tante Resi kann sie noch sprechen, aber sie erfährt nichts. Tante Resi schweigt. Das ist die Bedingung, unter der man sie gehen lässt. Das und der Sohn Horst. Auf einem Familienfoto von Gudrun ist er zusammen mit ihren Geschwistern zu sehen. Ein typisches Bild aus der Colonia Dignidad, blasse Menschen, gerade Haltung. Nur das Lächeln ist nicht mehr so schrill wie auf vielen anderen Bildern.

Tante Resi darf gehen und bekommt eine genaue Abrechnung ihrer eingezahlten Gelder und den Rest in Raten zurück. Nur wenigen gelingt so ein Deal mit Schäfer. Was weiß diese Familie? Oder was opfert sie?

In diesem Jahr sieht Wolfgang Gudrun wieder – zum ersten Mal nach sieben Jahren. Und wieder steht sie auf der Bühne. Alle Neuankömmlinge müssen zuerst auf die Bühne. Da steht sie nun. Und für Wolfgang verschmilzt die Erinnerung an die Szene in Groß Schwülper, seine persönliche »Erweckung«, mit dem Gefühl, dass sie dennoch immer noch getrennt sind wie die Königskinder. Nicht mehr der Atlantik mit Tausenden von Kilometern liegt zwischen ihnen. Sondern genau wie vorher – Schäfer. Miteinander zu sprechen ist fast unmöglich. Und wenn, dann sind es nur unverfängliche Alltagsfloskeln.

Vier Jahre muss er warten, bis er überhaupt eine Gelegenheit findet, sie unauffällig anzusprechen.

Musik und Angst

In Gudruns erstem Jahr in Chile, im Winter 1968, soll eine Schallplattenaufnahme vom Bläser-Chor gemacht werden. Gudrun darf mitsingen und Trompete blasen. In der Pause sitzt sie zufällig einem der »Knappen« gegenüber. Einen Moment zu lange schaut sie ihn an. Oder er sie. Es hat nichts zu bedeuten. Aber jemand sieht es und eilt zu Paul Schäfer. Gudrun fliegt aus dem Orchester. Musik war ihr einziger Trost. Ihr Halt.

Sie hört oft, wie die anderen üben, es hört sich schrecklich an, und jedes Mal zerreißt es ihr das Herz. Wie die sich abmühen beim Vorspielen mit der Klarinette, denkt sie, ein Schrecken für ihre Ohren. Aber sie darf nicht mehr mitspielen.

Diese Szene sieht Wolfgang. Er spürt ihre Enttäuschung, ihr Leid. Er beobachtet, wie sie dort an der Ecke immer stehen bleibt und zuhört. Wie sie sich losreißt und weitergeht. Aber er sagt nichts.

Musik ist Leidenschaft, aber auch Fassade in der Colonia Dignidad. Volksmusik und Klassisches. Bayerisch Volkstümliches für Besucher aus Deutschland. Dabei tragen die Kolonisten frisch gewaschene, gestärkte Dirndl, Trachtenjacken und Kniebundhosen. Wie eingefroren in den Fünzigerjahren, während die Zeit vergeht. Als sie langsam ergrauen, müssen sie sich die Haare färben. Der Knoten wird dünner, abgeschnitten werden darf er nicht. Die Wagner-Familie spielt viele Instrumente: Gitarre, Mandoline, Geige, Harfe, Posaune, Klarinette.

Musik ist Strafe. Wer etwas »angestellt« hat, eine Tasse zerbrochen, etwas verschüttet, wird bestraft. Dann muss er eine »Wohltat« machen. Etwas, das den anderen wohltut, ein Musikstück einüben, ein Stück aufführen. Das muss er neben seiner üblichen Arbeit vorbereiten. Neben seiner üblichen Arbeit ist aber gar keine Zeit. Also geht es vom Schlaf ab.

Musik ist Tarnung. Wenn jemand geschlagen oder sexuell misshandelt wird, überdeckt Musik die Schreie. Musik ist purer Sadismus, wenn schöne klassische Stücke gespielt werden, während im »Kartoffelkeller« gefoltert wird. Gegner der Militärdiktatur von August Pinochet werden in der Colonia Dignidad zu Beethoven gefoltert. Wer die Folter überlebt, nimmt als Erinnerung die für immer beschmutzte Beethoven-Sinfonie mit nach Hause.

Eine teuflische, verworrene Mischung.[57]

Der Mai des nächsten Jahres prägt sich tief ein bei Gudrun, weil er mit einer großen Enttäuschung verbunden ist. Gudrun hält an Alfred fest, trotz allem Unglück, das diese Liebe ihr bringt. Vielleicht heiratet er mich doch noch? Ein Wunsch, der sicher Anteil daran hat, dass Gudrun überhaupt in der Sekte bleibt und 1968 nach Chile auswandert. Doch dort ist nicht einmal ein Gespräch mit Alfred möglich. »Ich hab nichts mit dir zu reden«, sagt er, als sie versucht, ihn anzusprechen, und wendet sich von ihr ab.

Im Mai 1969 heiratet er eine andere.

Der Wonnemonat Mai inspiriert viele Paare zur Hochzeit. Auf der Südhalbkugel der Erde allerdings geht es dann schon auf den Winter zu. Auch sonst ist es ein unromantisches Ereignis. Schäfer teilt die Paare einander zu – er könnte auch würfeln. Nachts geht Schäfer durch den Schlafraum der großen Knappen und weckt die Leute, die heiraten sollen.

»Du bist der erste Schub, und du der zweite«, sagt er. Sie werden eingeteilt in zwei Partien. Wolfgang, der im Schlafsaal der Knappen liegt, stellt sich schlafend und hört zu, als Schäfer seine Entscheidung mitteilt. Als Bräute wählt er möglichst Frauen über vierzig aus.

Eine standesamtliche Sammelhochzeit von sieben Paaren mit anschließender Feier findet statt. Alfred Matthusen heiratet Elli Gerlach. Dem 26-jährigen Hartmut Hopp wird die zehn Jahre ältere Dorothea Witthahn beigegeben. Eher als Aufpasserin, Hopp war schon einmal geflüchtet. Es soll eine geheime Veranstaltung sein, niemand außer den vierzehn Betroffenen darf davon wissen. Daher wird für die anderen an diesem Tag ein Picknick veranstaltet. Genau gesagt zwei Picknicks: nach Schäfers Anordnung sitzen die Mädchen in einem Tal, die Jungen in einem anderen. Wenn hier von »Mädchen« und »Jungen« die Rede ist, sind Frauen und Männer bis zum Alter von vierzig oder fünfzig Jahren gemeint.

Nicht nur die Hochzeit wird verheimlicht, die Paare dürfen auch nie zusammen gesehen werden. Sie werden als »Onkel« und »Tante« angesprochen, selbst von ihren eigenen Kindern, die oft nicht wissen, wer ihre Mutter und ihr Vater ist.

Gudrun ist inzwischen dreißig, auch sie muss zu den Verheirateten nun Onkel und Tante sagen.

Heiraten ist nicht gestattet. Ausnahmen bestätigten die Regel, müssen aber streng geheim gehalten werden. Manches sickert dennoch durch.

»Hei-raten«, sagt Schäfer zu den Kindern, »hei-raten.« Er zieht das Wort in die Länge und macht ein angeekeltes Gesicht, als würde ihm übel. Er übt es mit ihnen ein. Im Chor müssen sie es nachsagen. Die Kinder sollen lernen, dass es um etwas Widerliches geht, einen besonders perversen Brauch.

Schäfers Mutter hatte mehrmals geheiratet. Es hat dem Sohn nicht gefallen.

KAPITEL 15

Die Vertreibung aus dem Paradies

1969
Gesellschaft: Woodstock; Mondlandung;
Ehebruch und Homosexualität werden straffrei.
Schlager: *Heidschi Bumbeidschi* (Heintje);
In the Ghetto (Elvis Presley).
Literatur: *Jakob der Lügner* (Jurek Becker).
Im Kino: *Easy Rider* (Dennis Hopper, Peter Fonda, Jack Nicholson).
TV: *Wünsch Dir was* (Dietmar Schönherr, Vivi Bach).
Politik: Willy Brandt wird Bundeskanzler.
Werbung: *Weg mit dem Grauschleier!*
Spruch des Jahres: *Mehr Demokratie wagen!*

So wie Bernd und Waltraud leben die Kinder, bis sie sieben Jahre alt sind. Dann kommt das Schreckliche. Und das Schreckliche ist gefolgt von einem Riesenfeuer, in dem alle Brombeerhecken abgebrannt werden. Wie ein Flammenschwert, das die Kinder auseinandertreibt und sie spaltet.

Was ist geschehen?

Eines Tages, im Herbst 1969, lässt Paul Schäfer die Kinder zu sich bringen. Wie üblich immer einzeln. Keine Zeugen. Als Bernd an der Reihe ist, sagt Schäfer zu dem kleinen Jungen: »Da ist doch heute der Onkel Kurt zu mir gekommen und hat erzählt, dass du mit den Mädchen Geschlechtsverkehr hattest. Und der Onkel Mücke hat es auch gesehen.«

Wie reagiert ein siebenjähriges Kind darauf?

Bernd ist tief erschrocken. Er kennt das gar nicht. Er weiß nicht, wovon der *tío* spricht. Aber er weiß, dass Fragen in diesem Ton immer Prügel nach sich ziehen. Und während er noch dasteht, starr vor Angst, kommt schon die ernste Nachfrage: »Willst du das etwa abstreiten? Soll ich den Onkel Kurt und den Onkel Mücke mal reinrufen?«

Bloß das nicht.

Diese Namen lösen einen weiteren Schock aus. Gerhard Mücke ist wie der Riese Goliath für den kleinen Bernd. Und auch Kurt Schnellenkamp ist nicht nur aus Sicht eines Kindes ein Riesenkerl. Wenn die Kinder diese beiden nur sehen, bekommen sie Angst. Angst, die aus Erfahrung und Beobachtung kommt. Erinnerungen daran aus der Zeit, bevor er sieben ist, hat Bernd nicht, aber sehr deutliche Gefühle. Die Namen sind in Bernds Erinnerung noch heute mit Angst verbunden.

»Ja, soll ich die mal reinrufen?«, wiederholt Schäfer.

Dann gibt Bernd alles zu. Alles. Obwohl er gar nicht weiß, was das ist und worum es geht. So macht er es immer. Und die anderen machen es auch so. Ob man es versteht oder nicht. Ob es stimmt oder nicht.

Doch nun will Schäfer Details wissen. »Wie hast du das gemacht? Zeigen!«

Dann muss Bernd – und nacheinander jeder der Jungen – zeigen, was gemacht zu haben sie gestanden haben. Auch wenn sie gar nichts getan hatten.

Sie müssen es zeigen am Körper von Onkel Paul.

Und darauf folgen sexuelle Misshandlungen, die Bernd und die anderen Jungen nicht verstehen, die aber weitere Schuldgefühle bei ihnen auslösen. Neben einem Wirrwarr anderer Gefühle.

Dieses eine Mal bleibt Bernd in schrecklicher Erinnerung. Aber es geschieht nicht nur einmal.

Schäfers Taktik ist immer die gleiche. Nie sieht er selbst etwas. Immer sind es die anderen.

»Da sind einige von den Herren zu mir gekommen«, sagt Schäfer oft, »und die haben gesehen, dass du mit dem und dem das und das gemacht hast.«

Plötzlich erinnert sich Bernd, dass er solche Verhöre schon erlebte, bevor er sieben Jahre alt war.

Auch die Mädchen werden vernommen.

Waltraud liegt schon im Bett, als die »Gruppentante« zu ihr kommt, um sie in Schäfers Zimmer zu bringen. Schäfers Zimmer ist im selben Haus, im Kinderhaus eben.

Schäfer fängt scheinbar harmlos an, er klingt freundlich: »Was habt ihr Mädchen denn eigentlich mit den Jungs gemacht?«

Derselbe Schreck durchfährt sie und sie macht denselben panischen Versuch wie Bernd, möglichst schnell irgendetwas zu erzählen, was die Strafe vielleicht gering halten kann. Am besten etwas, das die Erwartungen von Paul Schäfer befriedigt.

Sie erzählt, was ihr vom Tag zuvor in Erinnerung geblieben ist, und fühlt sich schlecht und schuldig dabei.

In Erinnerung geblieben vom Tag zuvor ist ihr eine kleine Szene kindlicher Entdeckerlust. Die bringt sie Schäfer als Opfer dar. Zur Kinderarbeit gehört es, auf den Feldern Kartoffeln und Ähren zu sammeln und Strohballen in einer Reihe aufzustellen, damit die Lastwagen daran vorbeifahren und die älteren Kinder die Ballen leicht aufladen können. An diesem Herbsttag schiebt sie mit einer Gruppe von zehn fünf- bis achtjährigen Kindern die Strohballen in eine Reihe. Es ist ein warmer Herbsttag, der Lastwagen ist noch nicht da, sie lehnen sich an die Strohballen und warten, die Jungen in einer Reihe, die Mädchen in einer anderen.

»Da hat sich etwas Romantisches abgespielt«, sagt sie. »Und dann haben wir natürlich unsere Röckchen hochgehoben, und haben auch gezeigt, was wir hatten.«

Auch? Es muss also etwas vorangegangen sein.

Einigen Müttern war schon in Deutschland aufgefallen, dass ihre Söhne nachspielten, was Schäfer mit ihnen gemacht hatte. Nun zeigen auch die Jungen in Chile bei der Kinderarbeit auf den Getreidefeldern und beim Spielen in den Brombeerhecken diese Reaktion auf ihr Erleben sexueller Gewalt. Es sind kindliche Hilferufe und Versuche, eine unverständliche Erfahrung durch Wiederholung zu verarbeiten. Vierzehn Prozent aller Fälle sexuellen Missbrauchs werden durch sexualisiertes Verhalten aufgedeckt.

Vielleicht war es so.

Vielleicht aber waren es nur ganz normale »Doktorspiele«, ge-

genseitiges Kennenlernen des kindlichen Körpers. Ein weit verbreitetes Spiel, das zur kindlichen Entwicklung gehört. Erwachsene allerdings haben in diesem Spiel nichts zu suchen.

Als Waltraud die kleine Szene hinter den Strohballen auf dem abgeernteten Feld Paul Schäfer berichtet, beschuldigt er das siebenjährige Mädchen sofort, die Jungen verführt zu haben: »Was habt ihr Mädchen denn eigentlich mit den Jungs gemacht?«

Es ist typisch für Schäfer, dass er die Schuldigen für seine Schuld bei den kleinen Mädchen sucht. Die besondere Verachtung und Misshandlung der Frauen in der Colonia Dignidad spiegelt sich bisher nicht in der Literatur wider. Als einer der ersten wies der Journalist Friedrich Paul Heller auf die Situation der Frauen in der Colonia Dignidad hin, sie waren dort »passive, geschlechtslose Arbeitswesen. Während die Verbrechen der Sekte und Schäfers Übergriffe gegen die Jungen nach und nach bekannt wurden, blieben die Misshandlungen der Mädchen unerwähnt.«[58] Es ist das geheimste Verbrechen.

Zu den Misshandlungen der Mädchen gehört auch sexuelle Gewalt. Nachdem Waltraud in ihrer Angst und Verwirrung die kleine Szene bei den Strohballen Schäfer zum Opfer gebracht hat, muss auch sie ihren Körper betasten lassen. Sie muss ihren Fuß auf einen Hocker stellen.

Das Kind ist zutiefst erschrocken über Schäfers intime, zudringliche Berührungen. So etwas kennen die Mädchen nicht. »Wehe, du sprichst mit einem darüber, das darfst du nicht!«, schärft Schäfer ihr ein. Sie wüsste noch nicht einmal, mit welchen Worten sie darüber sprechen sollte.

Dann folgt das, was Bernd und Waltraud »die schreckliche Trennung« nennen. Jungen und Mädchen werden getrennt und dürfen nicht mehr miteinander spielen.

Noch ist Ferienzeit, keine Schule. Dann müssen sie nicht ganz so früh aufstehen. Plötzlich werden sie aus dem Bett geworfen von den »Gruppentanten«. Nur Turnhose und Hemd an, Zöpfe flechten und dann raus. Aber Waltraud ist noch zu klein, sie kann keine Zöpfe flechten.

»Zack, zack, zack«, schreit die Gruppentante, »mach, dass du dich gekämmt kriegst.« Verzweifelt zwirbelt sich Waltraud zwei Zöpfe an der Stirn zurecht. Es sieht wohl schrecklich aus, denkt Waltraud, denn die Gruppentante lacht über sie.

Jedes der kleinen Mädchen bekommt eine große Hacke, die sie sich über die Schulter legen müssen, dann müssen sie geschlossen den Berg hochmarschieren. Keine darf reden.

Die Kinder sind sieben, acht Jahre alt, klein und schmächtig. Als sie oben auf dem Berg angekommen sind, die schwere Hacke für Erwachsene auf den schmalen Schultern, müssen sie Dornen und Disteln aushacken und Steine ausgraben. Das wirkt wie ein inszenierter Bibelvers:

> *... verflucht sei der Acker um deinetwillen! Mit Mühsal sollst du dich von ihm nähren dein Leben lang. Dornen und Disteln soll er dir tragen, und du sollst das Kraut auf dem Felde essen. Im Schweiße deines Angesichtes sollst du dein Brot essen.*[59]

Trockenes Brot. Und wenig Wasser. Mehr gibt es nicht.

Im Unterhemd und in kurzer schwarzer Hose hacken sie nun bei sengender Hitze auf den Äckern Unkraut und sammeln Steine. Die Feldarbeit wird immer wieder unterbrochen, weil die Mädchen einzeln herausgerufen werden. Auf dem großen Acker stehen kleine Buschinseln, dorthin werden sie gerufen. Dort schlägt man sie und bearbeitet die Kinder mit Elektroschockgeräten, Viehtreibern. »Brenner« nennt Waltraud sie. Weil sie so brennend schmerzen. Auf den nackten Unterleib und zwischen die Beine. Alle Mädchen hören die Schreie der anderen. So wird die Qual vervielfacht.

Niemand sagt ihnen, warum das alles geschieht. Wenn sie danach fragen, gibt es noch mehr Schläge.

Dieses geschieht am Tage.

Doch auch nachts gibt es keinen sicheren Ort. Mitten in der Nacht packen zwei Frauen Waltraud, reißen sie aus dem Schlaf und aus dem Bett, halten ihr Mund und Augen zu und drücken sie gewaltsam in ein großes Federbett, sodass sie nicht schreien kann. Dann folgen Schläge und Elektroschocks auf den nackten Kinderkörper. Unerträgliche Schmerzen. Atemnot und Todesangst. Sie verliert das Bewusstsein.

Wie es endet und wer ihre Folterer sind, weiß Waltraud bis heute nicht.

Das alles geschieht über lange Zeit. Wie lange, wissen Waltraud und die anderen Mädchen nicht, denn traumatische Erlebnisse können das Zeitgefühl zerstören. Außerdem droht man den Mädchen, fremde Leute würden sie abholen, weil sie so schlecht seien. Jedes fremde Gesicht löst nun Panik aus.

Willkürlich werden Einzelne ausgewählt, als »besonders schlimm« bezeichnet. Diese müssen mit großen Werkzeugen wie Hacken und schweren Brechstangen in einem trockenen Flussbett Steine aus dem Boden holen. Die Schläge und die Elektrofolter werden dabei fortgesetzt.[60] Um diese Aktion liegt etwas Geheimnisvolles, aber Waltraud weiß nicht, was es ist.

Wie gute Menschen böse werden

Aber wo sind die Eltern? Die meisten Eltern dieser Kinder leben auch in der Kolonie. Sicher versuchen sie alles, um ihre Kinder zu schützen?

Nein.

Das ist schwer hinzunehmen, aber es ist die Wahrheit: Diese Eltern tun nichts für den Schutz ihrer Kinder. Schlimmer noch: Schäfer lässt sie entscheiden, und sie entscheiden sich gegen ihre Kinder.

Schäfer beruft eine große Versammlung von Eltern und Erziehern ein und behauptet, die fünf- bis neunjährigen Kinder hätten Geschlechtsverkehr gehabt. Miteinander.

Natürlich glauben die Eltern ihm nicht?

Doch. Sie glauben ihm.

Waltraud findet es ganz verständlich, dass die Eltern entsetzt darüber sind. Alle sind der Meinung, es müsse dringend etwas unternommen werden. Man müsse die Kinder von ihrem entsetzlichen Treiben kurieren, sie dem Bösen entreißen. Beten und Teufelsaustreibung seien wohl nicht genug. Schäfer hat zwei Möglichkeiten im Angebot. Er sagt den Eltern, er habe mit einer Psychologin gesprochen. Diese sei der Meinung, den Kindern fehle die Liebe der Eltern, und sie sollen die Kinder wieder zu sich nehmen.

Doch es gebe auch den Weg der Härte.

Sie wählen den Weg der Härte.

Das weiß Waltraud inzwischen von ihrer Mutter.

Doch wie kann es sein, dass Eltern dem zustimmen – wie weit auch immer sie sich innerlich von ihren Kindern entfernt haben?

Über dieses Phänomen sprach einmal ein Anhänger einer anderen Endzeitgruppe, der Mini-Sekte »The Seekers«, in Chicago, die den Weltuntergang für den 21. Dezember 1954 angekündigt hatten. Als der Weltuntergang nicht eintrat, sagte der Mann – er war Physiker: »Ich habe alles aufgegeben. Ich habe jede Verbindung abgebrochen, jede Brücke abgerissen. Ich habe der Welt den Rücken gekehrt. Ich kann es mir nicht leisten zu zweifeln. Ich muss glauben.«[61]

Die Eltern in der Colonia Dignidad hatten noch mehr aufgegeben. Sie hatten bis dahin – 1969 – mehr als zehn Jahre ihres Lebens für eine Sache gegeben, von der sie als gläubige Christen zutiefst überzeugt waren. »Es geht um Ewigkeitszubereitung«, hatte Paul Schäfer schon 1954 in seinem Rundbrief Nr. 4 geschrieben und damit trotz seiner ungelenken Sprache die Herzen seiner Anhänger ergriffen. Sie überschrieben ihm ihren Besitz, verließen ihre Heimat und ließen zu, dass er ihre Familien zerriss.

All das taten sie, weil sie Schäfer nicht nur glaubten, sondern weil sie *an* ihn glaubten wie an einen Gott. Gottheiten machen verrückte Sachen, aber sie machen keine Fehler. Wir Menschen können sie manchmal nur nicht verstehen. Dieses mag eine erträglichere Erklärung sein, als zu sagen: Ich habe mich von Anfang an täuschen lassen, ich habe mich furchtbar geirrt, ich bin einem

Irrtum erlegen, der mein Leben und das meiner Kinder zerstört. Aber leider kann ich hier nicht weg.

In vielen Fällen macht unser Gehirn diese Zerreißprobe nicht mit, denn sie fühlt sich sehr unangenehm an. Dieses störende Gefühl nennt man kognitive Dissonanz. Um sich von diesen emotionalen Misstönen zu befreien, macht das Gehirn einen Ruck, ändert einen Teil der Ansichten (Elternliebe), wahrscheinlich auch der Persönlichkeit und entscheidet sich für die stärkere Seite, die, auf der die anderen auch stehen. Dann geht das unangenehme Gefühl weg. Die Welt ist wieder in Ordnung. Auch wenn sie ganz und gar in Unordnung ist.

So könnte es gewesen sein.

In der Kolonie gibt es viele Versionen eines Ereignisses und viele Erklärungsversuche. Da Diskussion und Austausch von Informationen nicht möglich sind, kann auch kein Abgleich stattfinden, und jeder bleibt bei seiner Version oder der offiziellen Version Schäfers, die Mädchen hätten die Jungen verführt. Einige sehen im sexualisierten Verhalten der Jungen untereinander einen weiteren Anlass für die abrupte Trennung. Vielleicht gibt es noch eine dritte Möglichkeit. 1969 und 1970 sieht Schäfer sich gezwungen, einige Hochzeiten in der Führungsschicht zuzulassen. Diese Funktionsträger sind nicht so leicht zu ersetzen, er muss Kompromisse machen. Vermutlich braucht er einen inneren Ausgleich für dieses Zugeständnis an die Heterosexualität und Liebesbedürftigkeit seiner Anhänger. So beschließt er, die Geschlechtlichkeit der Mädchen in früher Kindheit vollkommen zu zerstören und die Sexualität der Jungen umzupolen. Damit startet er eine Versuchsreihe, die in das Programm MK-Ultra des US-Geheimdienstes gepasst hätte. Und vielleicht tat sie das ja auch.

KAPITEL 16

Der Weg der Härte

1970
Politik: Willy Brandts Kniefall von Warschau;
Allende-Regierung in Chile.
Gesellschaft: Grippewelle mit mehr als
zweitausend Todesopfern in Deutschland.
Schlager: *El Condor Pasa* (Simon & Garfunkel);
Let it be (Beatles); *Paranoid* (Black Sabbath).
Spruch des Jahres: *Ich will so bleiben, wie ich bin!*
(Du-darfst-Diätreihe)

Mit acht Jahren bekommen Waltraud und ein anderes Mädchen Leistenbrüche. Als Folge von endloser Plackerei und dem Heben schwerer Lasten. Zur Strafe lässt eine der »Gruppentanten« die frisch operierten Kinder Kniebeugen machen.

Zur Zwangsarbeit der Kinder, den körperlichen Schmerzen, der Brutalität und Unberechenbarkeit der Schläge kommt die Isolationsfolter. Im Alter von sieben bis neun Jahren erhalten die Mädchen vollständiges Sprechverbot und können sich nur durch Gesten und Zeichen verständigen. Und nur in aller Heimlichkeit. Nur der »Gruppentante« müssen sie antworten. Bis zu ihrem 23. Lebensjahr lebt Waltraud streng abgeschottet.

Die strikte Trennung von den Jungen dauert noch bis zu Waltrauds 40. Lebensjahr. Bis dahin müssen sie sich abwenden, wenn Jungen oder Männer ihren Weg kreuzen. Zu anderen Gruppen dürfen sie keinen Kontakt haben. Niemand darf diese Mädchen ansprechen. Sie sind die Ausgestoßenen, die Unberührbaren. Ihre Gruppe wird »die Vögel« genannt. Eine Burka könnte nicht wirksamer sein. Sie sind wirklich die »Letzten der Letzten«. Gudrun Wagner muss – wie alle anderen – wegsehen, wenn diese Gruppe auftaucht.

Die Mädchen werden von einer frommen und jähzornigen »Gruppentante« kontrolliert. Schlagen ist an der Tagesordnung. Die Gesichter der Kinder sind oft durch Schwellungen entstellt, die Lippen aufgeplatzt. Waltraud ist auf beiden Ohren schwerhörig, weil ihr das Trommelfell durch brutale Ohrfeigen mehrmals platzt. Ihr Körper gehört ihnen nicht. Bis zum vierzehnten Lebensjahr werden die Mädchen im Intimbereich von der Gruppentante gewaschen. Diese hat das Recht, sie auch mit der Faust zu boxen.

Spätestens zu diesem Zeitpunkt sind die Mädchen schwer depressiv. Mit zehn Jahren wandern sie am Grenzfluss Perquilauquén entlang. Als sie auf einem sehr hohen Felsen stehen, will Waltraud sich in den Fluss stürzen, weil ihr das Leben unerträglich ist. Sie tut es nicht, weil sie weiß, dass ihre Kameradinnen dadurch noch mehr leiden müssen.

Waltraud wird geprügelt und erhält Stromstöße mit dem Viehtreiber. Sie wird ins Gesicht geschlagen, bis ihre Nase blutet und die Lippen aufplatzen. Mehrmals wird sie bewusstlos geschlagen. Durch hohe Medikamentengaben sind die Kinder ständig benommen. Abends bekommen sie besonders starke Schlafmittel. Wenn sie dann zur Toilette müssen, die außerhalb des Wohngebäudes liegt, sinken sie vor Müdigkeit auf den Steinboden und schlafen ein.

Die nächtlichen Stromstöße in die Scheide, mit denen diese Mädchen gefoltert werden, haben einen ganz bestimmten Zweck. Schäfer will nicht nur den Teufel austreiben, dessen Sitz er dort vermutet. Er will vor allem verhindern, dass sie schwanger werden. Vermutlich werden auf diese Weise die Eileiter zerstört. So lässt er grausam und brutal ihre Fähigkeit vernichten, auf natürlichem Wege Kinder zu bekommen.

In dieser Zeit wird eine geheime psychiatrische Klinik gebaut, in der die Kinder »behandelt« werden sollen. Warum und in wessen Auftrag, darum ranken sich Vermutungen und Gerüchte.

35 Jahre später fällt dem Psychiater Niels Biedermann auf, dass viele Einwohner der Kolonie, unter ihnen vor allem Frauen, »als Kinder im Alter zwischen neun und zwölf Jahren Erinnerungs-

lücken, amnestische Episoden, aufweisen. Hier liegt die Vermutung nahe, dass auch sie missbräuchlicher Elektrokrampfbehandlungen ausgesetzt wurden, wobei uns in diesen Fällen der Zweck nicht ganz klar ist«.[62]

Die Mädchen in Waltrauds Gruppe sind die Paria der Kolonie, die Ausgestoßenen, die Unberührbaren. Sie selbst empfinden sich als untaugliche Menschen, als Nicht-Menschen. Sie werden zwangssterilisiert, gequält, für Foltertraining und für pseudowissenschaftliche Experimente benutzt.

Gudrun und Wolfgang sind liebe, freundliche, hilfsbereite und warmherzige Menschen. Sie geben gern, sie fordern nichts. Sie sind dankbar für Kleinigkeiten. Sie versuchen, so anständig und christlich zu bleiben, wie es in der Kolonie möglich ist.

Beide erleben selbst immer wieder, dass ihnen vollkommen zu Unrecht Handlungen unterstellt werden, die sie nicht getan haben. Es gibt keine Möglichkeit, dies richtigzustellen. Ihre Menschenrechte werden beschnitten, ihre Menschlichkeit wird ihnen abgesprochen. Sie leben in einer Gesellschaft ohne Gerechtigkeit und ohne Trost. Dennoch nehmen auch diese beiden automatisch an, dass die Gruppe der »Vögel« irgendetwas sehr Schlimmes verbrochen haben *muss*. Die Bestätigung ihrer Annahme finden sie darin, dass diese Gruppe ausgegrenzt wird. Es genügt also, eine Untergruppe zu stigmatisieren, dann setzen die meisten von uns die Berechtigung dafür fast automatisch voraus: Die Stigmatisierten haben selbst schuld.[63]

Wie erklären die Kolonisten sich, dass die Gruppe, genannt »Die Vögel«, ausgegrenzt wird?

Die Jungs sollen sie nicht zu Gesicht bekommen. – Sie haben etwas angestellt. Darauf flog die ganze Gruppe raus und durfte nie wieder rein. – Sie dürfen erst wieder rein, wenn sie vierzig Jahre alt sind. – Den Namen haben sie sich selbst gegeben, zuerst hießen sie Wandervögel, weil sie immer unterwegs sind. – Sie werden verschmäht von allen. – Aber bei großen Veranstaltungen wird eine der Doppeltüren im Saal aufgemacht, da dürfen sie durchgucken.

Der Saal

Vier Reihen Tische und Stühle stehen im großen Saal, in dem gegessen wird und wo Veranstaltungen stattfinden. Zwischen den Stühlen und Tischen sind Gänge, manche so schmal, dass man kaum aufstehen kann. Oben in der Ecke steht der Thron von Schäfer. Er sitzt erhöht und sieht alles. Abends sieht er die erschöpften Kolonisten blockweise den Raum betreten und sich melden: »Omagruppe komplett versammelt!« Dann dürfen sie sich setzen. Den ganzen Tag haben alle, die sich bewegen können, geschuftet. Paul Schäfer hingegen hat lange geschlafen, dann folgten Kontrollgänge in seine Überwachungsanlagen, und über Mittag hat er in seinen Räumen im Freihaus einen oder zwei Jungen missbraucht, dabei spielte das Lagerorchester vor dem Gebäude bayrische Volksmusik, stimmungsaufhellend und geräuschdämpfend. Abends ist er munter und hält gern lange Reden. Die im Saal sehen nicht, was Schäfer macht. Oft steht einer der Jungen vor ihm, mit dem Rücken zum Saal, und muss sich betatschen lassen. Die meisten Jungen wissen es. Die, die es nicht wissen, besonders die Frauen, sehen es nicht. Gesprochen wird darüber nicht.

»Mit uns kann man nicht reden«, sagt Hartmut Hopp einmal. In gewisser Hinsicht hat er recht. Sprache und Wortschatz der Kolonisten haben sich in fünfzehn Jahren so verändert, dass Outsider es kaum noch verstehen, selbst wenn Wolfgang nur ihre Sitzordnung im Speisesaal beschreibt: »Hier sitzen die Herren, die mittleren Knappen, ganz oben die Heilsarmee. Die Spechte sitzen auf der anderen Seite und dort die Edelweiße. Dann kommen die großen Knappen. Die Mittleren sitzen auf der anderen Seite uns gegenüber. Wir alle sehen, wie die Vögel an der Tür stehen. Im Durchgang dürfen sie nicht stehen.«[64]

Man erklärt dies mit organisatorischen Gründen. Auch Gudrun deutet es so: Da werden die großen Essenswagen durchgeschoben, denkt sie, da würden die Vögel im Weg stehen.

Einmal fragt sie nach: »Warum dürfen die nicht in den Saal rein?«

»Das hat seine Gründe«, ist die einzige Antwort, die sie bekommt.

Irgendetwas Schlimmes müssen sie also angestellt haben, glauben die meisten, aber was das ist, weiß keiner, man kann es sich nur denken. Es muss eine Strafe sein, glauben die meisten, vielleicht war es etwas mit Jungen.

»Sie sind ja immer so behütet«, sagt Gudrun auch viel später noch und wählt dabei einen Ausdruck, der Schutz und Fürsorge andeutet statt Ausgrenzung. Es ist eine Gruppe von zwanzig Frauen. Niemand soll sie sehen, und auch sie sollen keinen ansehen. Die Gruppentante ist immer dabei und geht immer voraus. »Nicht hochgucken!«, schreit die Gruppentante. »Im Laufschritt marsch!«

Der Weg, den sie immer wieder entlanggehen müssen, wird zum Albtraum. Immer wieder haben sie es vor Augen: Dort ist das passiert, an dieser Ecke jenes.

Doch ihre Arbeitskraft wird benötigt, und daher müssen sie manchmal auch mit erwachsenen Männern arbeiten. Mit dieser Gruppe trifft Wolfgang in der Malerwerkstatt zusammen. Oft nachts. Wenn sie kommen, sagt der Mauk: »Onkel Ernst, geh mal was zu trinken holen für die.« Die Mädchen dürfen die Männer nicht ansehen. Und die Männer dürfen sie nicht ansehen, es ist gefährlich und wird sofort bestraft. Es ist Sünde, es kommt vom Teufel; Hurenweiber nennt Schäfer die Mädchen. Das macht es sehr interessant, findet Wolfgang. Selbst wenn man das alles beichten muss, bis in die tiefsten Gedanken hinein.

Er spürt, was dieses Tabu bewirken kann: »Sie gucken uns an – und zack! Erektion! Wir müssen es verstecken, sagt Schäfer, damit sie es nicht merken. Er sagt, es ist eine Schande, wenn das passiert, nie darf ein Mädel merken, dass da eine Erhöhung in der Hose ist. Wir müssen lernen, die Erektion in uns nicht zu spüren.«

Den Jungen dieser Altersgruppe geht es kaum besser als den Mädchen. Lange Zeit werden sie in der Klinik untergebracht, unter Tabletten gesetzt und mit Elektroschocks gequält. Abends setzt man sie dicht an einen sehr warmen Ofen, damit sie müde werden. Nackt werden sie aufs Bett gelegt, müssen ständige Bewachung ertragen. Tagsüber werden sie unter Drogen gesetzt und müssen schwere Arbeiten verrichten wie Steine sammeln.

Die Jungen werden auf verschiedene Betriebe verteilt. Mit elf Jahren arbeitet Bernd in der Mühle, muss zusammen mit der Oberleiterin in einem fensterlosen Raum schlafen. Oft schreckt er hoch, weil sie im Nachthemd drohend vor ihm steht und mit einem Gummiknüppel auf ihn einschlägt. »In dir ist der Teufel«, schreit sie, »du hast dich angefasst.«

Jede Bewegung wird als sexuelle Regung gedeutet. Wenn die Kinder auf einem Stuhl sitzen und mit den Beinen baumeln, weil ihre Füße noch nicht auf den Boden reichen, wird ihnen unterstellt, sie hätten »etwas Sexuelles« gemacht, und es gibt Schläge. Einmal muss Bernd zur Strafe fünfhundert Kniebeugen machen.

Präsident Salvador Allende

Ende des 15. Jahrhunderts wurde Südamerika ein Kolonialreich, aufgeteilt zwischen Spanien und Portugal. Ohne die Bodenschätze und die von der einheimischen Bevölkerung in Sklavenarbeit erwirtschafteten Reichtümer hätte es kein spanisches Weltreich gegeben.

Nach dem Übergang in die Unabhängigkeit im 19. Jahrhundert entstanden Republiken in Südamerika. Doch die Mächte des Westens wussten immer, dass sie sich in diesen Ländern gigantischen Reichtum und Macht verschaffen konnten und noch können. So beobachten die USA misstrauisch alle Entwicklungen im Schwester-Kontinent, die sozialistische oder kommunistische Parteien an die Regierung bringen könnten. In den Siebziger- und Achtzigerjahren des 20. Jahrhunderts kommen in vielen südamerikanischen Ländern von den USA gesteuerte rechtsgerichtete Militärdiktaturen an die Macht. Die Verwicklung amerikanischer Geheimdienste ist kein Geheimnis. Zehntausende von Menschen, vor allem politische Gegner, werden gefoltert und ermordet. *Desaparecidos*, Verschwundene, nennt man diese Menschen. Die meisten werden irgendwo verscharrt.

1970 bahnt sich in Chile ein Regierungswechsel in Richtung Sozialismus an. Der Präsidentschaftskandidat Salvador Allende will die Armut und das Elend besitzloser Landarbeiter und Bewohner städtischer Elendsviertel bekämpfen. Er plant tiefgreifende Reformen, auch Enteignungen. Aus Sicht der US-Regierung bedroht Allende damit US-amerikanische Interessen. Nicht nur reiche Landbesitzer sind beunruhigt, besorgt sind vor allem amerikanische Kupfer- und Elektronikkonzerne wie ITT, deutsche Firmen wie Hoechst, Bayer, BASF, Dresdner Bank, Hertie, Otto und viele andere, die hier in Chile ihre Claims abgesteckt haben. Die Angst vor Enteignung ist groß, die Angst vor dem Kommunismus wird geschürt.

Am 4. September 1970 sind Wahlen in Chile: Entweder wird der Sozialist Allende oder der konservative Gegenkandidat Alessandri zum Präsidenten gewählt. An diesem Tag entscheidet sich das Schicksal vieler Menschen.

Paul Schäfer lässt beten. In dieser Nacht liegt die gesamte Kolonie auf Knien und fleht Gott um Hilfe an. Gott soll dafür sorgen, dass Alessandri an die Macht kommt. Doch Allende gewinnt die Wahl. Allende ist vom Teufel, sagt Paul, er wird euch alles wegnehmen, er wird dafür sorgen, dass der russische Stiefel euch auch hier zertritt. Ihr habt nicht aufrichtig gebetet, nicht tief genug.

Noch einer tut alles, was in seiner Macht steht, um den Erfolg des demokratisch gewählten Allendes zu verhindern: der amerikanische Präsident Richard Nixon. Er lässt morden.

Am 16. September 1970 gibt Präsident Nixon dem US-Geheimdienst CIA einen Militärputsch gegen den chilenischen Präsidenten Allende in Auftrag.[65] Innen- und Verteidigungsministerium werden nicht informiert. Die verdeckte Aktion darf zehn Millionen Dollar kosten. Die amerikanische Beteiligung (American hand) soll nicht bekannt werden. Es werden schließlich dreizehn Millionen Dollar. Nixon findet, die Aktion ist ihr Geld wert.

Auch Schäfer fühlt sich durch die Regierung Allende bedroht und bereitet sich auf Krieg vor. Spirituell und militärisch.

In den drei Jahren der Allende-Regierung gibt es in der Colonia Dignidad sogenannte »Vierecke«, kleine Gebetsgruppen, in denen Männer und Frauen – getrennt natürlich – Gott anrufen müssen, damit Allende abtritt und das Militär die Regierung übernimmt. Wolfgang und Gudrun werden oft aus der Versammlung ausgeschlossen, weil Schäfer den Eindruck hat, sie sagen im Gebet nicht die Wahrheit. Was für eine Wahrheit auch immer.

Erstaunlicherweise tastet Allende die Colonia Dignidad nicht an. Inzwischen ist sie eine Wirtschaftsmacht, die viel für die Entwicklung der Region unternimmt. Die einheimischen Nachbarn schätzen sie wegen der neuen Straßen, Brücken, der guten Lebensmittel, des Krankenhauses, sie schafft auch Arbeit. Die Polizei deckt sie, auch die katholische Kirche schweigt. Da Schäfer in umliegenden Bordellen Kameras installieren ließ, besitzt er Erpressungsmaterial, um auch Mächtige auf Linie zu bringen. Deutschchilenische Wirtschaftsinteressen sind ebenfalls berührt; sicher lässt man Allende das spüren.

In der Kolonie werden Tag und Nacht Zäune und elektronische Anlagen errichtet, Waffen und Uniformen angefertigt, Sprechanlagen angebracht. Die *Heilsarmee* wird gebildet, ein Zusammenschluss männlicher Jugendgruppen, 43 Personen sind es insgesamt. Auch Bernd Schaffrik gehört dazu. Eingeteilt sind sie in *Bimmels* und *Bammels*. *Bammels* sind Aufpasser, auf die *Bimmels* wird aufgepasst. Einen Meter Abstand müssen die *Bimmels* voneinander halten und dürfen nur mit den *Bammels* sprechen.

Nach vielen Jahren Steinesammeln, Straßenbau, Hausbau ziehen die Jungen nun Zäune. Zäune um Wohngebäude, Wirtschaftsgelände, Zäune um den Flugplatz und einen Teil der Hochfläche. In den Wäldern legen sie »Mauspfade« an, schmale Pfade, auf denen man mit dem Fahrrad, dem Motorrad oder zu Fuß bis zum Eingang der Kolonie gelangen kann, ohne dass man von den offiziellen Straßen aus gesehen wird. Das ist Knochenarbeit für die Kinder, da die Böden der Wälder von Steinen und Wurzelwerk durchzogen und steinhart sind. Alle Hundert Meter müssen sie Stufen in die bewaldeten Berge graben, damit »Sicherheitsmannschaften« schnell auf die Hochflächen kommen, um Eindringlinge oder Flüchtende abzufangen. Aussichtsposten werden mit Funk und mit Ferngläsern ausgerüstet und sind in den Siebzigerjahren ständig besetzt.

In den Wäldern werden grün gestrichene Kupferdrähte gespannt, so fein, dass ein Mensch, der rennt, nicht merkt, wenn er sie zerreißt und in der Zentrale Alarm auslöst. Zwei oder drei Drähtchen sind kurz hintereinander gespannt, sodass man weiß, in welche Richtung der Flüchtige läuft. Zusätzlich gibt es versteckte Lichtschranken, Bewegungsmelder, Fernaugen und Kameras. Hierfür ist nur eine kleine Gruppe zuständig; die meisten Kolonisten wissen nicht, wo die Anlagen installiert sind. So ist eine unbemerkte Flucht fast ausgeschlossen.

KAPITEL 17

Zerstörte Hoffnung

1973
Politik: Radikalenerlass; Watergate-Affäre;
Militärputsch in Chile.
Gesellschaft: Ölkrise; Sonntagsfahrverbot;
Höchste Scheidungsrate seit 1945;
Plateau-Schuhe; Glitzer-Kostüme.
Im Kino: *Papillon* (Steve McQueen, Dustin Hoffman).
Schlager: *Ein bißchen Spaß muß sein* (Roberto Blanco).
TV: *Sesamstraße; Ein Herz und eine Seele; Klimbim.*
Literatur: *Angst vorm Fliegen* (Erica Jong)
Spruch des Jahres: *Freie Fahrt für freie Bürger!*

Die Lage spitzt sich zu. Am 11. September 1973 unternimmt General Augusto Pinochet einen Militärputsch und stürzt die demokratisch gewählte Allende-Regierung. Als Kampfjets das Präsidentenpalais in Santiago angreifen, hält Salvador Allende eine letzte Rede an sein Volk, die ein Radiosender direkt überträgt. Dann nimmt er sich das Leben; die Schüsse hört man im Radio.

Eine Hoffnung ist zerstört.

Von da an bis zum 11. März 1990 regiert Pinochet diktatorisch.

Während des Putsches und in den folgenden Tagen werden Tausende verhaftet, 40 000 Menschen werden im Nationalstadion in Santiago zusammengetrieben, viele von ihnen gefoltert. Konzentrationslager werden eingerichtet und Regimegegner und Kommunisten verhört und gefoltert. 3 100 bis 4 000 Menschen werden ermordet oder verschwinden.

Mehr als hundert von ihnen in der Colonia Dignidad.

Desaparecidos, Verschwundene auch dort. Ihre Gräber werden erst nach Jahrzehnten gefunden.

Schon vor dem Militärputsch bietet Paul Schäfer Manuel Contreras die Zusammenarbeit an. Zwischen beiden entwickelt sich eine herzliche Freundschaft zu beiderseitigem Nutzen. Nach dem Putsch wird Contreras Chef der neu gegründeten Geheimpolizei DINA. Er ist oft zu Gast in der Kolonie. Auch Pinochet und seine Gattin kommen gern.

Am 18. Oktober 1973 wird in der Colonia Dignidad ein Brief an Mina und Wilhelm Wagner in Graz geschrieben:

Lieber Papa u. Mama!
Unseren letzten Brief werdet Ihr ja schon bekommen haben? Wie wir schon erwähnt haben, hat sich bei uns in Chile vieles geändert. Leider werden aber überall falsche Nachrichten verbreitet, was uns sehr traurig macht, deshalb schicke ich Euch einen Bericht, der die Wahrheit schreibt und was wir auch bezeugen können. Es ist nur in kurzen Worten geschrieben die ganze Wahrheit würde zu weit führen. Wir sind so froh, das jetzt allem Marxismus ein Ende gemacht wird und wir wieder froh und frei sein können. Uns geht es allen sehr gut, sind alle gesund und munter, und die Arbeit macht uns viel Spaß. Unser Obstgarten steht jetzt in voller Blüte, eine Pracht, wir haben einen großen Obstgarten.
Wie geht es Euch?
Viele Grüße auch von den andern, Basti, Gudrun, Else, Martha und von Eurer Hannchen.

Der Brief ist mit der Hand geschrieben, die Unterschriften stammen von nur einer Person. Viele solche Briefe werden in diesen Tagen an Familienangehörige in Deutschland geschrieben; es sind Propagandabriefe, vermutlich von Schäfer in Auftrag gegeben. Nach einigen Jahren Funkstille, in denen die Kolonisten auf Schäfers Befehl keinen Kontakt haben sollten oder Briefe unterschlagen wurden, sind nun viele positive Äußerungen zum Pinochet-Regime erwünscht, und man darf seiner Familie wieder schreiben.

Jahrelang werden auf dem Gebiet der Colonia Dignidad Oppositionelle interniert und gefoltert. Hierfür bietet Paul Schäfer Fortbildungen an mittels Folteranweisungen aus der Nazizeit. Mehr als hundert Menschen werden hier ermordet und verscharrt. Wer überlebt, erinnert sich an diesen Ort, wo es anders war als in den Foltergefängnissen der DINA. So sauber, so ordentlich. Selbst die Folter war von anderer Art. Fast wissenschaftlich nennen es einige.

Währenddessen bahnt sich eine Veränderung in Gudruns Leben an, von der sie bislang nichts ahnt.

KAPITEL 18

Liebe in den Zeiten der Folter

Ach, Lieben ist eine Reise mit Wasser und mit Sternen,
mit erstickter Lust und jähen Stürmen aus Mehl;
Liebe ist ein Kampf mit Blitz und Wetterleuchten,
und um des einen Honigs wegen zerfließen da zwei Leiber.

Pablo Neruda, chilenischer Nationaldichter
** 12. Juli 1904 in Parral;*
† 23. September 1973 in Santiago de Chile

Vier Jahre wartet Wolfgang, nachdem er Gudrun zum ersten Mal auf der Bühne im Fundo wiedergesehen hat. Es ist schwer. Es ist schwer zu warten, aber es ist auch schwer, etwas zu tun. Es dauert lange, bis er sich durchringen kann, mit ihr zu sprechen. Wie kann ich sie treffen und wo? Wie nimmt sie das auf, und was für ein Risiko geht sie ein? Er weiß noch aus erlauschten Gesprächen in Lutter, dass man so eine Frage stellen kann, wie er sie stellen will.

Er beobachtet, wo sie arbeitet. Welche Wege sie nimmt. Wann sie wo ist. Beobachten, ohne beobachtet zu werden, denn niemand darf ahnen, was Wolfgang plant. Er versucht herauszufinden, wo es einen sicheren, aber öffentlichen Ort geben kann, um sie anzusprechen. Für einen kleinen Moment müssen sie allein sein, aber niemand, der zufällig durch den Raum kommt, darf dem irgendeine Bedeutung beimessen.

Einige Wochen nach dem Militärputsch beschließt er, es wird in der Schälküche sein. Dort, wo das Gemüse geputzt wird, arbeitet sie, und er kann diesen Raum betreten, ohne Verdacht zu erregen.

Eines Tages sagt er dann im Vorbeigehen, so unauffällig wie

möglich: »Ich möchte dich gern mal sprechen.« Denselben Satz, den er schon einmal gesagt hat. Vor dreizehn Jahren.

Gudrun erschrickt, sie fühlt ihren Herzschlag im Hals, sie meint, auch andere müssten es hören. Schäfer hört es bestimmt. Allein dieser Austausch ist ein Tabubruch und kann Schläge und Schlimmeres nach sich ziehen. Dennoch geht sie auf Wolfgang ein. »Aber nicht hier.«

Beide machen eine Atempause. Sie schauen sich um. Niemand ist da. Ihr Abstand voneinander beträgt anderthalb Meter, das wird geduldet. Nun muss Wolfgang das Kunststück vollbringen, nicht näher zu kommen, aber auch nicht zu laut zu sprechen. Nebenan darf ihn niemand hören. Aber zu leise darf er auch nicht sein, denn Gudruns Ohren sind durch die routinemäßigen Ohrfeigen schon geschädigt. Wie bei vielen hier. Doch das wissen beide noch nicht.

»Abends auf dem Acker.« Es ist raus. Sie hat es gesagt.

»Auf dem Kuhweg«, ergänzt er. Er weiß genau, auf dem Pfad, über den tagsüber die Kühe getrieben werden, ist abends keiner. Über Plätze der Einsamkeit denkt er schon lange nach.

Dann verlässt er die Schälküche. Eine Zeit brauchen sie nicht zu vereinbaren, sie können es auch gar nicht. Keiner hat eine Uhr, nur die Gruppenleiter, zum Überwachen der Arbeit. Der Pito genügt, der hohe, durchdringende Ton, der die Bewohner zu den verschiedenen Tätigkeiten ruft.

Nach seiner Arbeit wird Wolfgang so lange am Kuhweg warten, bis Gudrun kommt. Dass sie kommt, weiß er.

So ein leichter Moment, denkt er, als er abends auf Umwegen dorthin geht. Er ist fröhlich. Aufgeregt und sehr fröhlich. Er muss sich zusammennehmen, um nicht zu hüpfen und zu singen. So ein leichter Moment, das hat er noch nie erlebt. Endlich kann er mit ihr sprechen. Unter vier Augen. In Gedanken spricht er schon mit ihr.

Dieser wundervoll leichte Moment wird ihm immer im Gedächtnis bleiben. Alles Schwere ist plötzlich weg. Alles andere zählt nicht.

Da kommt sie nun, die Kleine. Immer noch so zart. So was Feines. Man sieht es trotz der groben Kleidung, die sie tragen muss.

Er möchte sie berühren, aber er tut es nicht. Ihre Hand anfassen vielleicht. Ihr Haar. Er spürt aber auch ihre Angst. Er weiß von ihren schlechten Erfahrungen. Vielleicht mehr als sie selbst. Er hat ein fast überwältigendes drängendes Gefühl. Aber er möchte ihr Vertrauen. Ganz zart will er umgehen mit ihr. Dass man ohne Angst einfach miteinander reden kann, ist schon unglaublich viel. Und wenn es nur ein paar Worte sind und ein paar Minuten.

»Wollen wir zusammenkommen und zusammenbleiben?«, fragt er sie. Diese Frage ist so bedeutungsschwer, als hätte er gefragt: »Willst du mich heiraten?« Und das hat er ja auch.

»Gib mir ein bisschen Zeit, ich muss überlegen. Ich kann das nicht sofort sagen«, antwortet Gudrun.

»Nimm dir alle Zeit, die du brauchst«, erwidert Wolfgang. Und fragt gleich am nächsten Tag wieder nach. Später treffen sie sich wieder.

»Ja«, sagt Gudrun. Mehr nicht. Eine schlaflose Nacht lang hat sie sich damit beschäftigt. Sie kennt ihn ja gar nicht. Geht sie danach, wie die anderen ihn sehen, wie er abgestempelt ist? Der Fuscher, der manchmal stottert, der Rotfuchs? Aber in ihrem Herzen ist es anders drin. Von Anfang an. Als er sie am nächsten Tag wieder fragt, da weiß sie: Ja. Ja.

Und das Ja festigt sich immer mehr.

Was bedeutet dieses Eheversprechen für zwei, die nicht zusammen gesehen werden dürfen, geschweige denn heiraten können?

Trotz der ständigen sexuellen Angriffe des *tío permanente*, verlernt Wolfgang nicht, die Signale seines eigenen Körpers und seines Herzens wahrzunehmen. Trotz Strafe, Folter, Mordversuchen folgt er seinem Gefühl für Gudrun, für eine Frau. Einem Gefühl also, das in der Kolonie als unmoralisch, verderbt, vom Teufel gilt.

Wolfgang ist jetzt 27, Gudrun 33 Jahre alt. Es gibt ein Foto von Wolfgang aus dieser Zeit. Er sitzt auf der Bruchsteinmauer zwischen dem Freihaus und dem Zippelhaus. An der Hauswand

Kunst am Bau: die bekannte Plastik einer dürren, Lasten schleppenden Frau; auf vielen Bildern aus der Colonia Dignidad ist sie zu sehen. Bei genauem Hinsehen erst bemerkt man, dass die Lasten, die der Frau von den Händen hängen wie schwere Gewichte, zwei ebenso magere Kinder sind, eines von ihnen schreit. Die Sonne scheint Wolfgang ins Gesicht, er lächelt, und er sieht stämmig aus, kräftig, zupackend, mit hochgekrempelten Hemdsärmeln. Er wirkt jünger als 27, aber das liegt an der kurzen Hose, wie sie alle Männer bis vierzig hier tragen. Dazu Halbschuhe und Socken. Jemand hat mit Kugelschreiber einen Pfeil auf das Foto gemalt, er weist auf die Armbanduhr. Sie ist etwas Besonderes. Das ist ein offizielles Foto, das nach Hause geschickt wird, als Beweis, dass Wolfgang das Geschenk seiner Eltern tatsächlich erhalten hat. Nach der Aufnahme nimmt man ihm die Uhr wieder ab.

Am nächsten Tag sehen sie sich wieder. Wolfgang geht in die Küche, Gudrun hat Frühdienst.

Sagt sie Ja? Wenn sie Ja sagt, weiß er Bescheid. Ja. Heute will sie sich mit ihm treffen.

Sie treffen sich, so oft sie können. Heimlich. Bei Nacht und Nebel. Draußen. Wo sollen sie auch hin? Einmal, was für ein Luxus, treffen sie sich in einer kleinen leer stehenden Wellblechhütte, einem Wohnwagen aus Blech. Das Hannelore-Häuschen. Wolfgang weiß, dass es ein Wachtturm ist, und Gudrun hat dort 1970 mit ihrer Gruppe, dem »Dornbusch«, kampiert, als sie die Wahl von Allende zum Präsidenten mit göttlicher Hilfe und inbrünstig betend verhindern sollten.

Doch das ist jetzt egal.

Der unvergleichlich zarte Moment wiederholt sich. So zart, wie er sie wahrnimmt, geht Wolfgang auch mit ihr um.

Wie geht es einem Mann, der seit Jahrzehnten auf eine Frau wartet, ohne dass sie es weiß? Der sie heranwachsen sieht und sie nicht erreichen kann. Ein Junge, der grob missbraucht wird. Dem seit fünfzehn Jahren erzählt wird, dass Frauen Teufelsbrut sind, dreckig und verachtenswert? Der darauf trainiert wurde, sexuelle Erregung nicht zu spüren. Der wegschauen muss, wenn Frauen seinen Weg kreuzen. Was macht der, wenn er allein ist mit der Frau, die er seit Langem liebt?

Als sie in ihrem Versteck sind, der Blechhütte, fällt all das plötzlich von ihnen ab.

Er kann sich so geben, wie er ist, er kann sich ausziehen, und sie kann er auch ausziehen. Alles ist plötzlich ganz leicht. Sie lachen. Alle Zeit der Welt.

»Es war ein zauberhafter Moment«, sagt er noch heute. »Es war der siebte Himmel.«

Sie schauen sich an. Sie, die sich nicht einmal selbst anschauen dürfen, geschweige denn andere, betrachten einander mit Ruhe und Neugier. Sie suchen nach Wörtern, denn sie haben keine gelernt. Zart berühren sie einander. Wolfgang ist ganz vorsichtig; ganz sanft geht er mit ihr um. Wie mit etwas sehr Zerbrechlichem.

Er ist lieb, denkt Gudrun.

Sie erzählt ihm von ihrer Angst. Dass sie nie mehr erleben möchte, was sie in Siegburg erleben musste. Zwar weiß sie noch nichts von den Schlägen, der Folter, aber ihre Erinnerungslücken fühlen sich so schrecklich an, und in den schwarzen Lücken verbinden sich Lust und Schuld miteinander. Als sie es erzählen kann und er sie tröstet, verschwindet das Gefühl. Für diesen einen Moment. Sie sehen sich an und finden sich schön. Sie sind schön. Aber sie wissen es nicht, denn sie leben seit ihrer Kindheit in einer Umgebung, wo das Schöne verteufelt wird und das Grobe verherrlicht. Er, den andere immer nur schlechtmachen, über den sie sich lustig machen, und sie, für die Schäfer nicht einmal einen Namen hat, haben erkannt, wer sie sind.

»Und dann habe ich das erste Mal auf ihr gelegen«, sagt Wolfgang. »Das vergisst man nicht, wenn es so schön ist.«

Egal, was jetzt kommt, denkt er, das ist alles, was ich in meinem Leben erreichen wollte.

Wie kann Wolfgang so sein? Woher hat er diese Zartheit? Seine Biografie, seine Kindheit und Jugend, nichts ließ auf so etwas hoffen.

Und dennoch.

Sie treffen sich, so oft sie können.

Nach einer Woche kommen sie zu sich. Du darfst das ja gar nicht, denkt Wolfgang, du darfst nicht einmal daran denken.

Aber sie treffen sich weiter, weil es so schön ist.

Eines Abends arbeiten sie zu dritt an den Maschinen in der Werkstatt, Wolfgang, »der Mauk« und »Kuddel«. Es dämmert schon, da sieht Kuddel, Karl Stricker, wie ein Bus vom Empfangshaus, vom Galpon herunter in ihre Richtung kommt. Der 31-jährige Siegfried Hoffmann sitzt am Steuer. Etwas ist merkwürdig, aber was? Sie schalten die Maschinen aus und lauschen. Die Straße führt an ihnen vorbei in die Berge. Irgendwo wird ein Licht angeschaltet.

Der Mauk sagt: »Ich muss gehen. Macht's gut, bis morgen.«

»Was ist denn jetzt los?«, fragt Kuddel und schaut ihm nach. Plötzlich erlischt das Licht an der Straße. Der Motor wird leiser, der Wagen hält.

Kuddel sagt: »Mal gucken, was da los ist.« Wolfgang und Kuddel schleichen hinter eine Hecke und versuchen zu verstehen, was vor sich geht. Der Bus steht Richtung Schlosserei, der Weg führt in die Berge. Allmählich wird es dunkel.

Nach einer Weile sagt Kuddel: »Machen wir, dass wir abhauen.«

Was machen die bloß da unten?, denkt Wolfgang, während sie leise in die Werkstatt zurückschleichen. Er hat das Gefühl, dass Kuddel mehr ahnt. Lassen wir lieber die Finger davon – diesen Gedanken haben sie beide.

Es ist nicht nur *ein* Bus, es sind viele, die abends oder nachts auf den Fundo fahren, mit ihrer unheimlichen Ladung. Einen davon fährt Willi Malessa.

»Heute holst du den Bus ab«, sagt Schäfer zu Willi Malessa und erklärt ihm, woher und wohin. Bis zu einer bestimmten Stelle auf dem Fundo soll er fahren, dann aussteigen, den Bus an einen anderen Fahrer übergeben und warten, bis der Bus zurückkommt. »Um alles andere kümmerst du dich nicht«, sagt Schäfer.

Im Bus ist es dunkel, als Willi ihn übernimmt, Licht wird nicht gemacht. Menschen sind drin, das merkt Willi. Beim Halt auf dem Fundo steht schon Gerhard Mücke, um den Bus zu übernehmen. Ohne ein Wort schwingt er sich hinters Steuer und fährt los.

Willi wartet. Dann hört er Gewehrsalven. Als der Bus zurückkommt, ist kein Mensch mehr drin. Außer Gerhard Mücke. Da sagt Willi Malessa: »Nicht noch einmal.« Auch wenn er den Auftrag kriegt, er wird sich weigern, so einen Bus noch einmal zu fahren.

Von alldem weiß Gudrun nichts. Aber sie weiß, dass unter dem Wohnbereich ein Schacht ist, wo sie sich verstecken können, wenn Gefahr droht. »Wenn die Russen kommen«, sagt Schäfer, »dann verschwindet ihr da unten.«

Und Wolfgang weiß, dass in der Autohalle ein Waffenlager ist. Die Pistolen liegen im Freihaus hinter dem Pavillon. Pistolen und Munition. Bei Schießübungen und Einsätzen ist auch seine Gruppe dabei und holt sich Pistolen. Später lernen sie, mit Maschinenpistolen umzugehen. Sie lernen auch, sie zu bauen. Eine interessante neue Beschäftigung. Deutsche und israelische Maschinenpistolen bauen sie nach.

Darüber sprechen die beiden nicht, wenn sie sich sehen. Das ist eine andere Welt. Meistens bleibt sowieso nur wenig Zeit, sich anzuschauen, ein paar Worte zu wechseln. Sich zu berühren, sich bei der Hand zu nehmen. Wenn es möglich ist, sich kurz zu umarmen, welch ein Geschenk.

Heinrich Neufeld aus der Ukraine spricht perfekt Russisch. Er ist Dolmetscher. Heinrich sitzt unten im Kartoffelkeller bei den Wachen und stellt Schuhputzbürsten her, wenn er nichts zu tun hat. So viele Bürsten, dass er sie verschenkt. Auch Wolfgang bekommt welche.

Und wenn er etwas zu tun hat?

Wenn er etwas zu tun hat, dann übersetzt er, was die Russen, die sie geschnappt haben, sagen.

Nachdem sie gefoltert wurden.

Gefoltert wird im Kartoffelkeller. Oben drüber sind Schlafräume. Oben hört man manchmal die Schreie.

Als Heinrich mal etwas zu tun hat, kriegt er mit, was sie mit den Russen machen.

»Was für scheußliches Essen die Russen kriegen«, sagt er zu Wolfgang. »Was wir nicht mehr essen, das kriegen die.« Als ob es nur um das Essen ginge.

Russen in der Colonia Dignidad?

Vor allem Mitglieder der Allende-Regierung, Gewerkschaftler und politisch Linke werden verfolgt. Schäfer übersetzt das in eine Sprache, die seine Anhänger verstehen: die Russen kommen. Was in Deutschland perfekt funktionierte, setzt Schäfer in Chile wieder ein: die Angst der Flüchtlinge vor den Russen im Zweiten Weltkrieg. »Der russische Stiefel ist uns auch hierher gefolgt, wir müssen um unser Leben kämpfen, um nicht zertreten zu werden.« Diese Angst schürt Schäfer. Es wirkt so nachhaltig, dass Wolfgang Müller noch 2009 von »den Russen« spricht, obwohl weder er noch seine Eltern Fluchterfahrung hatten.

Aber Wolfgang ist sich sicher: Es waren Russen in der Kolonie. Zur Zeit des Militärputsches landeten sie an der chilenischen Küste, wurden gefangen genommen und in die Kolonie gebracht. Dort wurden sie gefoltert. Was sie sagten, musste übersetzt werden. Wolfgang ist nicht der Einzige, der dies berichtet.

1974 hört der evangelische Bischof in Santiago, Helmut Frenz, Gerüchte, dass in Chile gefoltert wird. Er geht den Gerüchten nach und begibt sich, von einem Kollegen begleitet, mit der Dokumentation unter dem Arm zu Pinochet persönlich. Um diesen nicht zu provozieren, reden sie nicht von Folter, sondern sagen »physische Behandlung«. Pinochet unterbricht: »Sie meinen Folter«, sagt er, dann fügt er an: »Wenn wir die Kommunisten nicht foltern, singen sie nicht.«[66]

Adriana Borquez, Lehrerin für Französisch und Mitglied der kommunistischen Partei, wohnt in Talca. In den frühen Morgenstunden des 23. April 1975 wird die 39-Jährige von der DINA in ihrem Haus verhaftet, in die Colonia Dignidad verschleppt, dort 24 Tage gefangen gehalten und gefoltert. Wo sie ist, weiß sie nicht, aber sie hört deutsche Worte. Hört, wie Männer über »psychologische Folter« bei Frauen reden. Bin ich in der Colonia Dignidad?, denkt Adriana. Sie will bei Verstand bleiben, sagt lautlos Gedichte von Pablo Neruda auf. In Parral, wenige Kilometer vom Folterkeller entfernt, wurde der chilenische Nationaldichter 1904 geboren.[67]

Später, als sie auch andere Folterorte kennt, sagt sie, die Folter an diesem Ort war anders, technischer, und alles war so sauber. Eines Tages verrutscht ihre Augenbinde ein wenig, und sie kann sehen, dass der Teelöffel, den man ihr zum Essen gibt, eine Gravur trägt: Weihnachten 1958. Oder war es 1953? Sie sieht es nur einen kurzen Moment.

Eines Tages trifft Gudrun Wolfgang in der Autohalle. Dort sitzen sie in einem Pkw zusammen. Da geht die Schiebetür der Halle auf. »Leg dich auf den Boden«, flüstert Wolfgang.

»Onkel Hermann« kommt rein, er macht die Tür auf, macht sie wieder zu, geht um den Wagen herum, macht die Haube auf, macht sie wieder zu, geht herum, geht wieder weg. Er sieht sie, aber er sagt nichts. »Onkel Hermann«, das ist Hermann Schmidt, in Heide war er Leiter des Jugendheims, jetzt ist er der »Präsident« der Kolonie.

In jedem Raum sind Lautsprecher angebracht. Plötzlich eine Durchsage: »Fuscher, ruf in der Dunkelkammer an.«

Wolfgang ruft an und wird in die Dunkelkammer beordert. Dort werden Filme entwickelt, die offiziellen und andere, die heimlich angefertigt werden. Es sind viele. Ach du Schande, denkt er, was passiert jetzt mit dir?

Er geht hin, klopft. »Komm rein, geh in den nächsten Raum.«

Durch drei Räume muss er gehen. Alle sind dunkel. Jetzt knallt es, denkt er, zieht schon mal den Kopf ein. Nach einer Weile geht das Licht an. Der Präsident kommt herein, sagt: »Pass mal auf, trefft euch nicht immer am selben Platz, verstanden?« Das war's. Mehr passiert nicht. Wolfgang kann sein Glück kaum fassen.

Nicht alle petzen. Manche sehen sie, aber sagen nichts. Nur im Vorbeigehen kurz: »Wir haben euch nicht gesehen.«

Ein paar Tage später sagt der Schneidermeister zu Wolfgang: »Ich habe euch nicht gesehen, aber geht bloß nicht immer an die gleiche Stelle.«

Doch es geht nicht lange gut. Sie werden wieder gesehen, und dieses Mal werden sie verraten. Wo sollen sie auch hin? Man kann sich nirgendwo verstecken. Alles findet draußen statt. Die wenigen Kinder, die in der Kolonie noch geboren werden, nennt man »Wald-und-Wiesen-Kinder«.

Nur wenige Wochen dauert dieses kleine große Glück. Ein wenig Nähe und Wärme. Vertrauen. Etwas ganz allein zu zweit haben. Niemand sonst, nur wir beide. Erotische Versuche, tastendes Vorwagen. Obwohl ihnen immer die Angst im Nacken sitzt, erwischt zu werden. Das Besondere: Sie reden miteinander. Über ihre Gefühle und über das, was sie tun. Es ist schwierig, denn ihnen fehlen die Worte. Aber auch das Suchen nach Worten ist schön.

Als der Schneider sie warnt, wissen sie, sie brauchen keine Angst zu haben. Aber es gibt andere, die gar nicht schnell genug bei Schäfer sein können. Dann gibt es »Maßnahmen«, und Wolfgang und Gudrun werden auseinandergerissen.

Es ist vorbei.

König, Dame, Sprinter, Turm

Auch für den elfjährigen Bernd Schaffrik bringt das Jahr 1973 einschneidende Veränderungen. Eines Tages wird er vom Neukra abgeholt und mit dem Fahrrad zum Freihaus, dem großen Empfangshaus, gebracht. Man führt ihn direkt in das Schlafzimmer zu Paul Schäfer im hinteren Teil des Gebäudes.

Nun ist Bernd ein Sprinter. Und wird es lange bleiben.

Wer sind die Sprinter, und was sind ihre Aufgaben? Auf diese Frage antworten viele Kolonisten zuerst: Sie sind Paul Schäfers persönliche Adjutanten. Ein Adjutant ist Offizier, der den Truppenbefehlshaber unterstützt. Doch in diesem Zusammenhang ist das beschönigend.

Bernd weiß es besser. Bernd ist viele Jahre lang einer von Paul Schäfers Sprintern. Eine Rolle, für die man ausgesucht wird und aus der es kein Entrinnen gibt. Eine Rolle, um die andere Jungen einen aber auch beneiden. Schäfer lässt sich immer von zwei Jungen begleiten, einem jüngeren, meist im vorpubertären Alter, und einem älteren. Tagsüber tragen sie seine Aktentasche, nachts die Last sexueller Ausbeutung. Dass diese Last nicht nur Gewalt bedeutet, sondern auch Lust sein kann, macht es schwerer, nicht leichter, die Erlebnisse zu verarbeiten. Wer sich bei der Erfüllung seiner Aufgaben unwillig oder gar widerspenstig zeigt, landet im Krankenhaus bei Frau Dr. Gisela Seewald, der *Doctora*, wie sie genannt wird. Sie gibt den Jungen Elektroschocks mit Viehtreibern und Spritzen in die Hoden. Die Hoden schwellen dadurch massiv an. Möglicherweise handelt es sich nicht nur um Strafmaßnahmen, sondern auch um unnötige und gefährliche medizinische Experimente.

Fast während seiner ganzen Kindheit hat Bernd seelische Qual und körperliche Folter erlebt. Aber kaum Nähe und Fürsorge. Nach dem Leid der frühen Jahre spürt Bernd ein großes Bedürfnis nach Liebe, Geborgenheit und menschlicher Wärme, ohne dass er sagen könnte, was ihm fehlt. Die Kinder kennen keine Bilder oder Bücher von Familienleben, keine Zärtlichkeit oder Liebe. Selbst die Kinderbibel ist stark zensiert, Hinweise auf Familie und Fortpflanzung sind zugeklebt. »Seid fruchtbar und mehret euch« kommt in ihren Bibeln nicht vor. Wahrscheinlich ruft Schäfer diesen Mangel, dieses tiefe Loch der Sehnsucht nach Liebe und Geborgenheit bewusst in den Kindern und Jugendlichen hervor und füllt es dann aus.

Schäfer kann väterlich, beschützend und trostspendend auftreten. Er kann drohen, einschüchtern, auch gewalttätig werden. Gewalttaten delegiert er meist an seine Schläger. Inzwischen hat er einen raffinierten Ablauf konstruiert: Wer ihm zuwiderhandelt, erhält »Maßnahmen«, das heißt, er wird durch einen Schläger verprügelt, ohne dass er weiß, dass Schäfer den Auftrag dazu gab. Eine Anordnung sagt, dass man sich nach einer solchen Bestrafung innerhalb weniger Minuten bei Schäfer melden muss. Schäfer lässt sich die Strafe in allen Einzelheiten berichten. Dann tröstet er.

Bernd weiß nichts von Sexualität. Und er wird auch nichts davon erfahren, bis er fast vierzig Jahre alt ist. Er denkt, was Schäfer mit ihm macht, sei eine besondere Art der Bestrafung für irgendeine von Bernds vielen Übeltaten. Und diese Bestrafung darf nur er, der *tío permanente*, der oberste Priester, der Papst, wie Schäfer sich inzwischen auch nennen lässt, an ihm ausführen. Niemand sonst.

Oft fragt Schäfer mit ernstem, besorgtem Gesicht nach körperlichen Regungen oder Handlungen. »Hattest du Anfechtungen?« Anfechtungen sind zum Beispiel Erektionen. Wer von den Jungen Anfechtungen hat, geht zu Schäfer. Der weiß zu helfen. Manche drängen sich darum. Manche gehen zu Schäfer, bis sie dreißig sind. Die Pubertät hat bei Bernd noch nicht begonnen, in der Hinsicht hat er nichts zu vermelden. Weiß aber Bernd oder ein anderer Junge nichts zu vermelden, zweifelt Schäfer es an. »Willst du etwa lügen?« Dann geht die Befragung weiter: »Es sind aber einige Herren zu mir gekommen, die gesehen haben, dass du das gemacht hast! Willst du das noch länger abstreiten? Oder soll ich den Onkel Mauk reinholen?«

Wenn man vor lauter Angst sagt, was er hören will – was auch immer das ist –, fordert er auf: »Zeig mal, wie du das gemacht hast!« Und verlangt, dass der Junge es zeigt. Am eigenen oder an Schäfers Geschlechtsteil. Später findet Bernd heraus, dass es anderen ebenso ergeht.

Viele befriedigen sich gegenseitig. Das aber darf Schäfer nicht erfahren. Das ist ausschließlich sein Privileg.

KAPITEL 19

Das geheimste Verbrechen

1974
Politik: Willi Brandt tritt zurück (Guillaume-Affäre).
Gesellschaft: Volljährigkeit mit 18. Verkehrssünderkartei;
Keine Tabakwerbung mehr im Fernsehen; Zauberwürfel.
Im Kino: *Der Exorzist; Jesus Christ Superstar.*
Schlager: *Waterloo* (ABBA); *Ein ehrenwertes Haus* (Udo Jürgens).
TV: *Derrick* (Horst Tappert); *Raumschiff Enterprise.*
Literatur: *Die verlorene Ehre der Katharina Blum* (Heinrich Böll);
Archipel Gulag (Alexander Solschenizyn).
Sport: Deutschland Fußballweltmeister.
Spruch des Jahres: *Es gibt viel zu tun. Packen wir's an!*

Irgendwann in diesen Jahren planen Wolfgangs Eltern einen Besuch bei ihrem Sohn in der Colonia Dignidad. Der Termin steht fest. Wolfgang wartet. Er weiß, jetzt müssten sie gerade landen. Doch sie kommen nicht. Wolfgang wartet. Viel später kommt ein Brief von seinen Eltern. Er enthält nur einen einzigen Satz: »Wolfgang, warum hast du uns das angetan?« Diesen Brief händigt man ihm aus. Das kommt nicht oft vor. Alle Briefe werden zensiert und nur auszugsweise vorgelesen. Gudrun hält nie einen Brief in der Hand, der an sie gerichtet ist; meist liest Hannchen, die älteste Schwester, den Geschwistern die genehmigten Auszüge vor.

Angetan?, fragt sich Wolfgang. Was denn nur?

Alle paar Jahre bekommt Wolfgang ein Foto von seinen Eltern. Zu Weihnachten, zum Geburtstag, 1976, 1985. Ein älter werdendes Paar ist darauf zu sehen. Was sie verband, ist nicht mehr da. Sie schauen aneinander vorbei.

Nach Jahrzehnten, seine Eltern sind längst beerdigt, wird Wolfgang erfahren, dass seine Eltern wenige Minuten vor dem Abflug eine Mitteilung aus Siegburg erhielten: Sie sollen nicht fliegen. Wer das arrangiert hat, lässt sich heute nicht mehr feststellen.

Wenn Kolonisten Briefe an ihre Verwandten in Deutschland schreiben, entscheidet Paul Schäfer, was darin stehen darf. Die meisten Briefe ähneln sich, geben Auskunft über Ernte und Jahreszeiten. Sonst nichts. Abgeschickt wird nur, was Schäfer für nützlich hält.

In einen Sammelbrief, zu dem alle Wagner-Geschwister in Chile einen Absatz beitragen, schmuggelt Gudrun einen leichten Zweifel hinein.

Liebe Eltern!
Da wir schon lange nichts mehr von Euch gehört haben, möchte ich Euch ein paar Zeilen schreiben. Wie geht es Euch? Seid Ihr noch gesund und munter? Mir geht es ganz gut. Wir musizieren sehr viel, was mir viel Freude macht. Auch fange ich jetzt an Zitter zu spielen. Es macht mir Spaß, aber ich habe nicht gedacht, daß es sooo schwer ist. Trotzdem hoffe ich es zu erlernen. Papa, Du würdest es wahrscheinlich schneller erlernen als ich oder nicht? Was macht Hedi? Von ihr haben wir auch schon lange nichts gehört. Ich hoffe aber, daß es ihr auch gut geht. So nun für heute grüße ich Euch ganz herzlich Eure Gudrun.
Laßt doch bitte bald etwas von Euch hören.

Der Brief ist nicht datiert. »Mir geht es ganz gut«, schreibt Gudrun. Normalerweise geht es allen »sehr gut«. Dass es gelang, diesen Brief unzensiert zu verschicken, ist erstaunlich. Das Kompliment an den Vater – »du würdest es schneller lernen« – soll dem Vater Tröstliches sagen. Vielleicht weiß Gudrun nicht mehr, dass er im Gefängnis saß, aber dass er getröstet werden muss, scheint sie noch zu ahnen.

Mit dreizehn Jahren sieht Waltraud ihren Vater Alfred Schaak zum allerersten Mal. Zu Weihnachten darf er aus Deutschland in die Kolonie kommen. Paul Schäfer holt ihn mit seinem Mercedes in Santiago ab. Alfred Schaak ist nicht der erste wichtige Besucher in diesem Jahr. Ein Bedeutenderer war schon da: Am 25. August besuchte General Pinochet die Colonia Dignidad, die nun politisch im Aufwind ist. Schäfer hat aufs richtige Pferd gesetzt.

Auch für Alfred Schaak gibt es einen großen Empfang und ein Festessen, an dem alle Bewohner teilnehmen dürfen. Seine Töchter – wie die anderen aus der Gruppe der »Vögel« – müssen immer noch getrennt von der Gemeinde leben, dürfen aber am Tag des Empfangs zusammen mit den Brüdern und der Mutter dem Wagen auf einem offenen Geländewagen entgegenfahren.

An einer bestimmten Stelle des Weges, hinter der »Doktorfalle«[68], sollen sie mit einer langen Blumengirlande den Weg versperren, damit Schäfers Mercedes anhalten muss und Alfreds Familie den Vater begrüßen kann. Als Waltraud ihren Papa aussteigen sieht, bleibt sie wie erstarrt an der Girlande stehen. Erst als sie sieht, dass ihre Geschwister den Vater begrüßen, traut sie sich hervor und erlebt zum ersten Mal das Gefühl, von ihrem Vater liebevoll in den Arm genommen zu werden.

Doch schon nach kurzer Zeit steigen die Eltern wieder in Schäfers Mercedes und fahren weiter. Die Kinder folgen im Geländewagen. Die ganze Gemeinde wartet am Empfangshaus auf das Eintreffen von Alfred Schaak.

Plötzlich stoppt der Wagen. Waltraud und ihre Schwester müssen aussteigen und allein zum Kinderhaus gehen, während die anderen Geschwister weiterfahren und der große Empfang und die Feier beginnen. An der Feier dürfen sie nicht teilnehmen. Diese Ausgrenzung und Verbannung bereitet den Mädchen fast unerträglichen Schmerz. Sie verstecken sich und weinen. »Warum sind wir schlechter als die Jungen?«, fragen sie sich. Sie wissen keine Antwort.

Am nächsten Tag arbeiten die beiden auf dem Feld, während Schäfer, Alfred Schaak und alle Jungen auf einem offenen Lkw am Feld vorbeifahren. Waltraud winkt ihrem Vater wild und glücklich zu. Niemand reagiert, alle sehen über die Mädchen hinweg, als wären sie Luft. Weinend brechen die beiden zusammen.

Der Junge wird in den Raum gebracht. Schäfer wartet schon. »Mach dir keine Sorgen«, sagt Schäfer, und er klingt fast fürsorglich. »Es ist alles in Ordnung. Zieh dich aus.«

Er verbindet dem jungen Mann die Augen. Das kennt der schon. Was dann folgt, kennt er aber nicht. Schäfer führt ihn in einen anderen Raum.

»Was du jetzt machst, das darfst du draußen nicht«, sagt Schäfer. »Reden darfst du auch nicht darüber. Hier, leg dich drauf.«

Der Junge tastet, er fühlt, dass etwas auf der Liege ist. Ein Mensch. Ein Mädchen. Da liegt ein Mädchen! Der Junge ist entsetzt. Was bedeutet das? Mädchen darf man nicht ansehen, man darf sie nicht berühren. Nur weg hier, denkt der Junge. Aber er kann nicht weg. Er kann nichts sehen. Er versucht unter der Augenbinde durchzusehen. Was soll ich hier? Was macht der mit dem Mädel?

»Mach dir keine Gedanken«, sagt Schäfer, »die sind betäubt. Na los.«

Der Junge tastet sich weiter. Sie ist ganz jung, merkt er, sie hat noch fast keinen Busen. Sie bewegt sich nicht. Schläft sie, oder ist sie tot?

»Na, los, mach schon«, treibt Schäfer ihn an. »Sie können sich später nicht mehr daran erinnern, denn sie kriegen Medikamente.«

Was geschieht da?

Mehrere Männer berichten derartige Szenen. Möglicherweise ließ Schäfer auf diese Weise testen, ob die Zwangssterilisationen wirksam waren.

Der Junge kann dieses Erlebnis nicht verarbeiten. Er möchte nie wieder daran denken. Aber er möchte sich bei dem Mädchen entschuldigen. Er möchte sagen, dass er das nicht wollte. Dass es ihm leidtut. Doch wer war sie? Er wurde gezwungen, aber dennoch wurde er an ihr zum Täter, und so würde sie ihn auch sehen. Wenn sie es wüsste.

Opfer und Täter, Schäfer sorgte dafür, dass die meisten in der Kolonie beides zugleich sein mussten.

KAPITEL 20

Bei den sieben Zwergen

1977
Politik: RAF-Terror; Deutscher Herbst; GSG 9.
Gesellschaft: Friedensnobelpreis für Amnesty International;
Emma erscheint; Apple kommt auf den Markt.
Im Kino: *Der Stadtneurotiker* (Woody Allen);
Rocky Horror Picture Show; Saturday Night Fever
(John Travolta, Olivia Newton-John).
Hitparade: *We are the Champions* (Queen);
Und es war Sommer (Peter Maffay).
Spruch des Jahres: *Ein Herz für Kinder.*

Den Weltuntergang, genauer: das »Ende aller Weltsysteme«, hatte der Endzeitprediger William Branham für das Jahre 1977 vorausgesagt. Für die Colonia Dignidad sieht es im März 1977 tatsächlich so aus, als sei der Untergang ihres totalitären Systems nah. Amnesty International veröffentlicht eine Broschüre über die Kolonie als »Folterlager der DINA« und lenkt damit den Blick der Öffentlichkeit auf die dunklen Seiten der »Sociedad Benefactora y Educacional Dignidad«. Die Dokumentation belegt, dass in der Kolonie, die bisher als deutsches Mustergut galt, Regimegegner gefoltert und ermordet werden.

Erhärtet wird das durch die Aussagen dreier Zeugen, die 1975 vom chilenischen Geheimdienst DINA in ein geheimes Folterlager gebracht wurden. Viele Details weisen auf die Colonia Dignidad als Ort der Folter hin. Zeitgleich berichtet der *Stern* über Menschenrechtsverletzungen in der Colonia Dignidad.

Die Kolonie kontert wieder mal mit Hungerstreik, einstweiligen Verfügungen und strengt Prozesse an. Einer davon wird zum längsten Prozess in der Geschichte von Amnesty International.

Dabei zeigt sich auch, wie reich an Vermögen und Einfluss die Führungsclique der Kolonie inzwischen ist. Auch in Deutschland hat sie mächtige Freunde. Nicht nur Franz-Josef Strauß.

Der damalige deutsche Botschafter in Santiago, Erich Strätling, gehört ebenfalls dazu. Ein »herrlicher Empfang« mit Chor, Orchester und deutscher Nationalhymne war ihm bereitet worden, als er die Kolonie im Vorjahr besuchte, nachdem diese in einem UN-Bericht als Folterzentrum genannt wurde. Ihm hingegen sei es dort ergangen »wie im Märchen bei Schneewittchen«[69], soll Strätling geschwärmt haben. Weniger märchenhaft ist der Anlass seines Besuchs: Der UN-Bericht zitiert Aussagen, nach denen in der Colonia Dignidad Häftlinge Experimenten unterzogen wurden:

> *Hunde, die darauf dressiert sind, sexuelle Aggressionen zu begehen und die Geschlechtsorgane von Männern und Frauen zu zerstören; ›Versuche‹ über die Grenzen der Belastbarkeit mit verschiedenen Foltermethoden … Experimente, um die Häftlinge mit Hilfe von Drogen geistig zu zerbrechen; lange Perioden von Isolierung … In Colonia Dignidad scheint es ein besonderes Folterzentrum in einem unterirdischen Ort mit spezieller Ausrüstung zu geben, wo es kleine schalldichte, hermetisch geschlossene Gefangenen-Zellen gibt.*[70]

So gut gefiel es Strätling »hinter den sieben Bergen bei den sieben Zwergen«, dass er gleich im folgenden Jahr wiederkommt, um zu bestätigen, dass auch die Vorwürfe von Amnesty International nicht zutreffen. Er vermeldet dem Auswärtigen Amt: »Ich habe keine unterirdischen Folteranlagen gefunden.« Kein Wunder: Schäfer weigert sich, ihm die Kellerräume zu zeigen. Dann insistiert man lieber nicht.

Aber warum sollte man die Kellerräume überhaupt zeigen, schließlich gibt es eine eidesstattliche Erklärung der Kolonie, die versichert:

... Im Bereich unserer Siedlung haben keinerlei Folterungen stattgefunden, noch sind Gefangene auf unser Grundstück verbracht worden. In unserer Siedlung ist die Geheimpolizei zu keiner Zeit tätig geworden. Wir selbst haben zu keiner Zeit irgendetwas mit politischen oder sonstigen Gefangenen des chilenischen Staates zu tun gehabt.
Es ist auch undenkbar, dass derartige Aktionen auf unserem Grundstück ohne unser Wissen im Geheimen durchgeführt worden wären. Der gesamte Bereich der Siedlung, einschließlich aller Gebäude, auch die dazu gehörigen Kellerräume, sind ständig unverschlossen und können von jedem ungehindert zu jeder Zeit betreten werden. Alle Gebäude, einschließlich der Kellerräume, werden ausschließlich zu den jedermann bekannten Funktionen im Rahmen unserer landwirtschaftlichen Siedlung benutzt.
Es ist völlig ausgeschlossen, dass im »Fundo El Lavadero« politische Gefangene von der chilenischen Geheimpolizei festgehalten und gefoltert worden wären, ohne dass uns solche Aktionen bekannt geworden wären. Wir können darum mit Sicherheit sagen: Die DINA war zu keiner Zeit auf unserem Gelände. Hier sind weder Gefangene festgehalten noch gefoltert worden.

Parral/Chile, den 30. April 1977

51 Sektenmitglieder unterschreiben diese Erklärung, auch Mitglieder aus Gudruns Familie. Wobei von Freiwilligkeit nicht in allen Fällen auszugehen ist. Interessant ist der unnötige zweimalige Hinweis auf die Kellerräume. Doch dass im »Kartoffelkeller« gefoltert wurde, ist inzwischen erwiesen.

Dazu trägt auch die Aussage bei, die die chilenische Lehrerin Adriana Borquez am 20. Juni 1978 vor dem Bonner Landgericht macht. Genau beschrieb sie den Teelöffel, den man ihr zwischen Folterungen und Verhören zum Essen reichte. Das eingravierte Datum »Weihnachten 1953« zeigt: Dieses ist einer der Löffel, die Kindern der Baptistengemeinde in Gronau geschenkt wurden. Und die diese mitnahmen in die Colonia Dignidad.

Nun bildet sich ein »Freundeskreis der Colonia Dignidad«. Der

Waffenhändler Gerhard Mertins stellt eine Liste von etwa 120 Personen zusammen, darunter der ZDF-Journalist Gerhard Löwenthal, der Bundestagsabgeordnete und Siegburger Bürgermeister Adolf Herkenrath und Erich Strätling. Sie alle waren in der Kolonie zu Gast und haben nichts Negatives zu berichten.

KAPITEL 21

Wohltaten
Die 1980er Jahre

Wenn Gudrun einsatzfähig ist, muss sie arbeiten. Hühnerstall, Kuhstall, Flaschenküche, Käserei, Wäscherei. So vergehen die Jahre. Arbeiten im Krankenhaus. Schlafen im Krankenhaus. Immer unter Aufsicht. Immer abmelden, anmelden, abmelden. Geht sie von der Tür zum Schuppen, um die Kinderwindeln zu waschen, schon kommt einer hinterher.

Die Windeln aus dem Säuglingszimmer werden vorgewaschen und erst dann zur Waschküche gebracht. Damit das Gröbste schon mal weg ist. Das ist Gudruns Arbeit. 65 chilenische Babys und Kleinkinder bis zu zwei Jahren sind auf der Säuglingsstation. Es ist viel Arbeit. Dabei macht sie sich das Kreuz kaputt, wie viele andere auch.

Windeln waschen ist keine Freude. Aber man muss das tun, was einem aufgetragen wird, denkt sie. Man muss an dem Platz nützlich sein, wo Gott einen haben will.

Das Auswringen, Ausschlagen, Hochheben, Aufhängen der Wäsche ist Schwerstarbeit bei den alten Waschmaschinen.

*

Wolfgang wird immer wieder zusammengeschlagen. Er darf Gudrun nicht sehen. Er sucht trotzdem nach ihr. Er schaut nach ihrem Fahrrad. Dann hängt er ihr irgendetwas dran, ein kleines Geschenk. Einmal ist es ein kleiner Wecker, eine Kostbarkeit.

Dr. Hartmut Hopp verordnet Wolfgang unterdessen verschiedene Tabletten. Große Mengen davon. Was sie enthalten, wird nicht erklärt. »Das brauchst du, wenn du die nicht nimmst, geht es dir schlecht«, sagen sie und stopfen ihn voll mit den Medikamenten, bis er nur noch lallen kann. Als er den Zusammenhang begreift, behält er die Pillen im Mund, dann spuckt er sie aus. Oft machen sie Blutuntersuchungen zur Überprüfung, vermuten viele. Als sie merken, dass Wolfgang die Medikamente nicht mehr schluckt, geben sie ihm die Tabletten gemörsert, stopfen sie ihm im Vorübergehen auf dem Flur in den Mund. Wasser hinterher. Drei Monate lang. Nun bekommt er schweren Durchfall, kann sich kaum mehr auf den Beinen halten. Trotzdem nehmen sie ihm jeden Abend vor dem Schlafengehen die Kleidung ab, damit er nicht fliehen kann, packen sie in einen Sack, morgens bekommt er sie wieder. Er magert bedrohlich ab.

Mit Tricks schafft er es, den größten Teil nicht zu schlucken. Er lernt den Trick, Flüssigkeiten im Mund getrennt zu halten. So überlebt er die Tortur. Dass er es schafft, wundert viele. Nach den drei Monaten begegnet er Schäfer. Der grinst ihn an. »Na, du bist wohl dem Tod von der Schaufel gesprungen.«

In den medizinischen Aufzeichnungen wird vermerkt: drei Tage Durchfall.

Immer wieder holt Schäfer ihn zu sich. Er hält ihm eine Pistole an die Schläfe, immer häufiger droht er Wolfgang, ihn zu erschießen. »Wenn du ein Wort sagst von dem, was hier passiert, dann drück ich ab.«

Schäfers Pistole ist immer griffbereit, das weiß Wolfgang. Er beobachtet Schäfers wachsende Verfolgungsangst. Man kann es kaum mehr einen Wahn nennen, denn die Angst ist durchaus berechtigt: Die Liste von Schäfers Straftaten ist lang und wird länger zur Zeit der Militärdiktatur; als sich die Liebesgeschichte zwischen Wolfgang und Gudrun entwickelt, kommen noch Verbrechen gegen die Menschlichkeit hinzu.

Bevor Wolfgang den Raum neben der Küche betritt, in der Gudrun jetzt arbeitet, wird der Vorhang zugezogen, damit sie sich nicht sehen. So kann Wolfgang Gudrun zwar nicht mehr anschauen, aber am zugezogenen Vorhang erkennt er, dass Gudrun nebenan sein muss. Dann meint er, sie zu spüren. Sie dürfen sich nicht sehen, aber manchmal gelingt es ihnen doch. Meist ist es nur ein kurzer Blick, einmal eine Berührung der Hände.

Später arbeitet Gudrun in der Käserei. Sie steht um halb fünf auf, um fünf beginnt die Arbeit. Es ist Knochenarbeit. Der chronische Schlafmangel verhindert Erholung, er macht den Verstand dumpf, er verhindert Widerstand. Doch einmal steht Gudrun noch früher auf, schon um halb vier. Sie muss weiterhin im Krankenhaus schlafen, mit Maria Strebe in einem Zimmer. Morgens muss sie an Maria Strebe vorbei und an der Türwache auch. Jedes Mal muss sie sagen, warum und wohin sie geht. Dieses Mal wird sie gefragt, warum sie so früh geht.

»Ich habe heut was Großes vor«, sagt sie, und innerlich lacht sie. »Ich muss sehen, dass ich das schaffe, bis die Milch kommt.« In einer Stunde wird die frisch gemolkene Milch angeliefert.

Den Satz »Ich habe heut was Großes vor« auszusprechen und dabei so zu schauen wie immer, macht Gudrun Freude. Sie meint etwas ganz anderes, als der Wachtposten glaubt.

Sie hat etwas Großes vor, denn es ist etwas Großes, wenn sie Wolfgang in seinem Zimmer besuchen kann. Er holt sie ab. Sie müssen aufpassen, dass niemand sie sieht. Natürlich ist es ein Risiko, hinein- und ungesehen wieder herauszukommen. Natürlich zittert sie innerlich. Das andere Bett ist schon leer, der Kumpel ist zur Arbeit gegangen. Im Zimmer ist es schön warm, Wolfgang hat extra geheizt. Am Abend vorher schon hat er den Ofen angemacht.

»Was machst du Feuer? Wofür das denn?«, fragen ihn die anderen.

»Mir ist so kalt«, sagt er.

Geheizt hat er, und Decken hat er auch besorgt, damit es nicht so hart ist und so kalt. Sie legen sich auf den Boden, damit das Bett nicht knarrt.

Dies ist das Jahr 1985. Gudrun ist jetzt 44 und Wolfgang 39 Jahre alt. Sich zu sehen ist schwierig. Sich zu treffen fast unmöglich. Und immer mit Angst verbunden. Aber sie machen weiter. Eine Hoffnung, dass sie zusammenbleiben dürfen, gibt es nicht. In diesem Jahrzehnt darf keiner heiraten.

Eines Tages entdeckt man sie zusammen in einem der abgestellten Busse in der großen Autohalle. Mittags haben sie sich getroffen, die Zeit reicht gerade für ein paar Worte, vielleicht eine Umarmung. Als Wolfgang wieder an die Arbeit geht, zum Sandstrahlen, beobachtet einer, wie er den Träger seiner Latzhose zurechtrückt. Und die Fantasie des verheirateten Beobachters läuft Amok. Dieses Tropenhaus unterdrückter Sexualität ist die Brutstätte für extreme Fantasien. Der Mann hastet zu Schäfer und behauptet, die beiden hätten miteinander geschlafen.

Die Erinnerung an das, was dann geschah, ist bis heute bildhaft in Wolfgang gespeichert. »Zwei Stunden später kommen alle Herren auf mich zu und bilden einen Kreis um mich, damit ich nicht abhauen kann. Ich arbeite gerade mit dem Sandstrahler auf dem Dach eines Busses. Wenn ich wollte … so ein Strahl ins Gesicht ist tödlich.«

Aber er tut es nicht.

Er muss vom Wagen klettern, und dann kommen die »Herren« von allen Seiten auf ihn zu.

»Stell das mal aus«, sagt Schnellenkamp.

»Wieso, ich bin doch mittendrin.« Wolfgang stellt sich ahnungslos.

»Mach aus!«, schreit Schnellenkamp.

Wolfgang blickt ihm in die Augen und sieht, es hat keinen Sinn. Er stellt das Gerät aus.

»Wo warst du?«

»Wieso?«

»Wir wissen, dass du mit der Gudrun in der Autohalle warst.«

Beide werden getrennt verhört. Beide streiten es ab, aber man glaubt ihnen nicht.

»Doch, du warst mit der Gudrun in der Autohalle! Was habt ihr da gemacht?«

»Gar nichts.«

»Du lügst!« Klatsch! Die erste Ohrfeige.

»Was habt ihr da gemacht?«

»Gar nichts. Wir haben nur miteinander geredet.«

Klatsch! Wieder schlägt Schnellenkamp zu. Wolfgangs Nase blutet, die Augen schwellen zu.

»Schreib auf, was da passiert ist.«

»Es ist doch helllichter Tag, kann ich das nicht heute Abend machen, wenn es zu dunkel ist fürs Sandstrahlen?«

»Nein, du schreibst jetzt!«

Wolfgang geht in sein Zimmer. Er kann kaum noch aus den Augen sehen. Da Schnellenkamp mitkommt, ahnt Wolfgang, dass es noch nicht vorbei ist. Schnellenkamp schließt die Tür ab.

Wolfgangs Bett wird weggeräumt, damit er sich nicht hinlegt. Das andere Bett wird hochkant vor das Fenster geschoben. Dann muss er aufschreiben, wie alles war. Als er fertig ist mit der Strafarbeit, nimmt Schnellenkamp ihm das Blatt weg.

Es klopft. Schnellenkamp schließt die Tür auf, geht hinaus. Wolfgang erkennt die Stimme von Walter Laube.

Genauso ein Schläger, denkt Wolfgang, und gleich geht es drüber her.

»Dann geht es drüber her« – die Kurzfassung, wenn jemand zusammengeschlagen wird. »Klatsch« – die einleitenden Ohrfeigen, auf die kaum ein Folterer verzichtet.

Nachdem auch Laube ihn geprügelt hat, muss Wolfgang weiter in seinem verbarrikadierten Zimmer warten. Schnellenkamp telefoniert. Dann wartet auch er. Nach dreißig Minuten, in denen nichts geschieht, kommt ein Anruf von Schäfer: »Kurt, du sollst die Hagebutten wegbringen. Wen willst du mitnehmen?« – »Ja, meinen Kollegen hier.« – Er meint Wolfgang.

Nun ist Wolfgang unvermittelt Beifahrer bei einer Hagebuttentour. Zusammen mit Schnellenkamp werden bei Sammelstationen Hagebutten eingesammelt zum Verkauf. Wer die meisten Hagebutten beschafft hat, erhält eine Torte als Geschenk.

Inszenierter Irrsinn.

Angst vor Entdeckung

In den Achtzigerjahren wird das Sicherheitssystem der Kolonie modernisiert, Holzzäune werden abgerissen und durch kilometerlange Stacheldrahtzäune, über 2,20 Meter hoch mit nach innen gerichteten Spitzen, ersetzt. Betonpfeiler mit eingebauten Kameras und Sensoren dienen als Stützen. Ein Hochsicherheitsgefängnis entsteht. Jeder Winkel, Brückendurchlass, jede Rohrleitung ist abgesichert. Einheimische werden mit Polizeigewalt aus der Umgebung vertrieben, denn der öffentliche Nachbarschaftsweg in das Umland verläuft am Sicherheitszaun entlang. Eine große Staffel Suchhunde wird abgerichtet, nach deutscher Literatur über die Ausbildung von Polizeihunden. Schäfer fürchtet sich vor Eindringlingen, vor Spezialtrupps, die kommen könnten, aber noch mehr fürchtet er sich davor, dass seine Leute aus der Kolonie entkommen. Jede Woche gibt es einen politischen Vortrag von Schäfer über die Kommunisten, von denen sie bedroht werden und vor denen sie sich schützen müssen. Stundenlang redet der ausgeruhte Schäfer die von Arbeit, Schlafmangel und Terror ausgelaugten Kolonisten in Trance. Manche schlafen schließlich ein. Dann werden sie geweckt, beschimpft, bespuckt. Manchmal schläft auch Schäfer ein. Dann warten sie stumm, bis er wieder erwacht.

Jeder wird von jedem bespitzelt. Fast alle tun es. In jedem Zimmer sind ein Lautsprecher und ein Abhörgerät. So hört jeder, was zu den anderen gesagt wird. Wer gerufen wird und wo er hinmuss.

Einmal treffen Gudrun und Wolfgang sich im Wald. Am »Mausweg«, der vom Fundo zum Eingang hochführt. Auch Bernd hat dabei mitgearbeitet, die sehr dünnen Kupferdrähte zu spannen. Stolperdraht, der sehr leicht reißt. Dann wissen sie im Kontrollraum, dass jemand sich auf dem Weg zum Ausgang bewegt. Aber auch Gudrun und Wolfgang wissen um den Stolperdraht und passen auf. Doch ein Draht reißt trotz aller Vorsicht. Nun weiß die Überwachungszentrale Bescheid und kommt mit Hunden hinter ihnen her. Einer hatte Wolfgang schon gesehen, als der den Mausweg betrat, und sofort macht es die Runde, dass Gudrun nicht weit sein kann. Sie hetzen zwei Schäferhunde hinter Gudrun her, denn von ihr haben sie immer ein Stück Stoff bei sich, damit die Hunde die Spur aufnehmen können.

Wolfgang hat an der Ausbildung der Hunde mitgearbeitet, es ist eine Meute von achtzehn Tieren, Schäferhunde und Dobermänner, und einige der Hunde kennt er gut. Und Bernd Schaffrik war dabei, als die Hunde das Aufspüren und Fassen Flüchtiger lernten. Da war Bernd achtzehn, und für ihn war das der größte Spaß, den er bisher erlebt hatte. Die Rolle des flüchtigen Verbrechers, der vor den Hunden fliehen muss, bringt ihm die sportliche Aufregung, die er nie erlebt hat. Mit Holzpistolen bewaffnet und mit zehn Minuten Vorsprung müssen sie fünf bis sechs Stunden lang durch Wälder hetzen, steile Hänge hochklettern, sich in Schluchten hinablassen, sich durch Brombeerhecken, Staub, Wasser und Wildnis kämpfen und dabei falsche Fährten legen, hinter sich ein Rudel von achtzehn Hunden. Mehrere Jahre macht Bernd das, dann fühlt er, dass dieses spezielle Bedürfnis nun seine Erfüllung gefunden hat. Es gibt einen Moment, da hört er eine Stimme in sich: »Jetzt ist es gut, mein Kind.« Bernd empfindet das so, als hätte Gott zu ihm gesprochen.

Als Gudrun die Hunde hinter sich hecheln hört, in diesem gottverlassenen Wald, in dem sie nichts anderes will, als endlich einmal wieder mit Wolfgang allein sein, wird sie von Panik erfasst. Sie weiß nicht, wohin, aber sie will weglaufen. Wolfgang hält sie am Arm fest.

Nun ist es aus, denken die beiden. Verstecken ist sinnlos. Aber als er nur noch vierzig Meter von den beiden weg ist, bleibt der Trupp stehen, ruft die Hunde zurück, lässt Wolfgang und Gudrun gehen.

Es bleibt folgenlos. In der Zentrale sagen sie, sie haben nichts gesehen. Wolfgang und Gudrun werden geschützt.

Später erfährt Wolfgang den Grund. Einer der Verfolger, Erwin Fege, ist auch verliebt. Wenn ich was sage, denkt er, dann stellt Wolfgang mich auch bloß.

Außerdem ist Wolfgang einer der Besten beim Karate und beim

Judo. Sie befürchten, dass er seine Fähigkeiten anwendet. Davor hat auch Schäfer Angst.

Ausgebildet wird der Sicherheitstrupp zur Zeit der Militärdiktatur Augusto Pinochets von Mitgliedern des Geheimdienstes DINA, der gefürchteten Geheimpolizei. Der Ausbilder, so Wolfgang, ist ein Freund von Paul Schäfer, er heißt Jaime Badija[71].

Seine Jungs sollen kämpfen und ihn verteidigen können, meint Schäfer, aber sie dürfen nicht so stark sein, dass sie sich zusammenschließen und ihre Kraft gegen ihn richten können. Deshalb darf Wolfgang nicht weiter ausgebildet werden. Den Braunen Gürtel würde Wolfgang bekommen, wenn es möglich wäre, eine Prüfung abzulegen. Aber das ist nicht möglich, es muss geheim bleiben, dass die sanften Siedler Kampftechniken lernen.

»Jaime lag mal eine Zeit lang bei uns im Krankenhaus«, erzählt Wolfgang, »den hatten die Kommunisten zusammengeschlagen. Das sollte uns nicht passieren, deshalb lernten wir Judo und Karate.«

Willi Malessa und Wolfgang sind besonders begabt und lernen schnell. Wolfgang wirft sogar Mauk auf die Matte, und der hat über 120 Kilo und ist 1,84 Meter groß. Den wirft er um, und den Ausbilder Badija auch. Das macht Wolfgang Spaß. Er begreift, dass es um Schnelligkeit geht, und schnell war er schon als kleiner Junge beim Fußball. Schnell sein, und die Griffe müssen sitzen. Meditation und Konzentration, das lernen sie nun. Sechs Steine aufeinander schlägt er durch und fühlt sich wie Danilo. Wie damals in der Kindheit. Und es ist doch kein Kinderspiel.

Besonders der Schrei begeistert ihn. Die Spannung, die im Körper sitzt, kann raus im Moment des Schreis, ein Schlag, und die Steine sind durch. Nur mit Konzentration. Wunderbar.

Badija erkennt Wolfgangs Fähigkeiten. »Ich will euch kämpfen lassen«, sagt er, »damit ihr einen anerkannten Gürtel kriegt.«

Doch der Mauk funkt dazwischen. »Kommt nicht infrage.«

Dann kämen sie mit anderen in Kontakt, und das muss Schäfer verhindern. Außerdem soll niemand merken, wie geübt sie sind.

Und da bricht der Stolz in Wolfgang durch. »Schäfer hat es verhindert, aber er hat mich auch gemocht. Weil ich stark war und ein Draufgänger. Ich bin sechzehn Meter tief getaucht, ohne Maske, und fast drei Minuten unten geblieben.«

Ein weiterer Karate-Trainer von Wolfgang ist Eugenio Berríos[72]. Außerdem ist Berríos Chemiker der DINA. Er arbeitet mit der Colonia Dignidad und auf deren Gelände an chemischen und biologischen Waffen wie Sarin, Anthrax und Botulin. 1995 wird er ermordet. Sein Chef, Manuel Contreras, sehr gut befreundet mit Paul Schäfer, geht in der Colonia Dignidad ein und aus, macht dort mit seiner Familie auch Ferien. Der Mamo, sagt der Wolfgang, und die anderen sagen es auch. Fast zärtlich klingt das.

KAPITEL 22

Sehnsucht

1987
Politik: Barschel-Affäre.
Gesellschaft: Mathias Rust, der Kreml-Flieger.
Im Kino: *Dirty Dancing* (Patrick Swayze);
Crocodile Dundee (Paul Hogan).
Hitparade: *Stand by me* (Ben E. King).
TV: *Scheibenwischer* (Dieter Hildebrandt);
Schwarzwaldklinik (Klausjürgen Wussow);
Einer wird gewinnen (Hans-Joachim Kulenkampff).
Literatur: *Das Geisterhaus* (Isabel Allende);
Die Liebe in den Zeiten der Cholera (Gabriel Garcia Márquez);
Wenn Frauen zu sehr lieben (Robin Norwood).
Wörter des Jahres: *AIDS. Glasnost. Ozonloch.*

Gudrun schaut sich um: Die Luft ist rein. Sie ist aufgeregt, denn nach langer Zeit kann sie sich endlich wieder mit Wolfgang treffen. Mit ihrer Schwester Hilde, die 1973 nach Chile beordert wurde, arbeitet sie in der Käserei. Aber heute ist sie allein; da fährt Hilde ins zweihundert Kilometer entfernte Talca, um eine Ausstellung von Kunsthandwerk anzuschauen, Geschirr, Möbel, Kleidung und Speisen. Hilde gehört zu den Privilegierten, ihr werden solche Touren genehmigt. Sie gehorcht Schäfer aufs Wort, daher vertraut er ihr auch den Wachtposten am Tor an. Vertrauen ist das falsche Wort; »der General«, wie Schäfer sich nach dem Militärputsch 1973 auch gerne nennen lässt, denn auch die chilenische Polizei hört auf sein Wort, »der General« vertraut niemandem. Auf Schäfers Anweisung hin kontrolliert Hilde, wer durch das Eingangstor herein- und wer hinausdarf.

In Talca soll Hilde sich Anregungen für eigene Produkte holen, die sie dann im *Casino familiar* anbieten können. Das Restaurant

Casino familiar, Aushängeschild und gute Einnahmequelle der Colonia Dignidad, liegt fünfzehn Kilometer entfernt, in der Nähe der Kleinstadt Bulnes. Die deutsche Küche ist sehr beliebt bei den Chilenen, so wie man in Deutschland gern chinesisch essen geht. Eisbein mit Sauerkraut, Wiener Würstchen, Bier- und Räucherwurst, Enten-, Gänse- und Hirschbraten, Schwarzbrot mit Schinken, Gänseschmalz, Schokoladen-, Sahnetorten und Kuchen, Stollen, Spekulatius, Honigkuchen, alles selbst hergestellt. Für chilenische Familien und Touristen ist das *Casino familiar* ein beliebter Ausflugsort. Auch Pinochet und besonders Geheimdienstchef Manuel Contreras, »der Mamo«, schauen gern mal rein und genießen außer Speisen auch deutschen Service, deutsche Sauberkeit, deutschen Gehorsam und deutsche Perfektion. Kündigt Walter Rauff seinen Besuch im Casino an, sagt Schäfer: »Heute rauf ich mir die Haare.« Dann wissen die, die es verstehen sollen, der Gaswagen-Erfinder ist gemeint, der sich im tiefen Süden Chiles zur Ruhe gesetzt hat.

Als Gudrun und Wolfgang das erste Mal voneinander getrennt wurden, ließ Schäfer auch Gudrun im Fundo arbeiten, um sie zügig und so weit wie möglich aus Wolfgangs Blickfeld zu entfernen. Nicht Eifersucht ist der Grund; Schäfer will vor allem verhindern, dass seine sexuellen Übergriffe auf die Jungen auch bei den Frauen bekannt werden. In der Intimität einer nahen Beziehung sieht er das größte Risiko. Zu Recht.

Kellnern darf Gudrun allerdings nicht im *Casino familiar*, zu viel Freiheit, zu viel Risiko bedeutet der Kontakt mit den fremden Gästen, unter denen auch Deutsche sind. Nur manchmal darf sie die Tische abwischen. Zwar dürfen die Kellner und Kellnerinnen über die Bestellung hinaus nicht mit den Gästen sprechen, auch tragen sie falsche Namen am Revers, »Fritzl« oder »Gustl«, bayerisch klingt hier immer gut, aber Schäfer lässt Gudrun trotzdem lieber nur in der Küche arbeiten. Doch durch die Fenster sieht sie die chilenischen Paare draußen spazieren gehen, sieht, wie sie sich in den Arm nehmen. Da denkt sie an Wolfgang und spürt wieder Sehnsucht.

»Mir bricht es das Herz, wenn ich die Pärchen im Park spazieren gehen sehe, weil es mir nicht vergönnt ist, zu lieben«, sagt sie. Ausgerechnet zu Schäfer sagt sie das, denn der ist ja der Seelsorger hier und der Einzige, bei dem man sich aussprechen darf.

Innerhalb von einer halben Stunde muss sie ihre Sachen packen, kommt wieder weg vom *Casino familiar* und muss zurück ins Fundo. Kurt Schnellenkamp fährt den Wagen, ihre älteste Schwester ist Beifahrerin. Die beiden bedrängen Gudrun, zu reden, aber die schweigt. Die Angst, dass sie wieder ins Krankenhaus muss, »behandelt« wird, raubt ihr die Sprache. Und so kommt es dann auch.

Nun arbeitet sie also in der Käserei zusammen mit ihrer Schwester Hilde. Doch heute ist Hilde weg, und das ist Gudruns Chance. Es ist sehr aufregend: Sie muss es schaffen, dass Wolfgang sie sieht, um ihm ein Zeichen zu geben. Aber kein anderer darf es sehen. Dann muss sie den Schlüssel vom Keller kriegen und unauffällig in den Keller gehen. Wolfgang muss auf einem anderen Weg in Keller. Es reicht gerade für eine Umarmung, ein paar Worte, ein paar Küsse, ein wenig Zärtlichkeit. Dann treibt die Angst vor Entdeckung sie wieder auseinander.

Gudrun muckt auf, sagt Worte zu Schäfer, die sie nicht sagen darf und die ihr selbst tollkühn erscheinen: »Das ist hier ja wie in der Ostzone!« Ein fürchterlicher Vorwurf aus Sicht der Kolonisten, deren politische Einstellung in der Adenauer-Ära der Fünfzigerjahre stehen geblieben ist. Dann wird sie persönlich: »Seelsorger, was soll das eigentlich heißen? In meiner Bibel steht nichts von Seelsorger.« Das ist ein direkter Angriff auf Schäfer, den alleinigen Seelsorger der Kolonie. Da wird sie wieder »behandelt«. Ihre Erinnerung reicht dann immer nur bis zur Spritze. Und bis zum Gefühl eines starken Drehschwindels. Die Spritze gibt ihr jedesmal Dorothea Witthahn, die Ehefrau von Hartmut Hopp.

Die Fluchtversuche nehmen zu, das zwingt Schäfer zu einer Reaktion. »Wir halten keinen«, sagt er auch hier, wie schon im Jugendheim Heide, »jeder kann gehen, und keiner muss bleiben. Wer wegwill, bekommt seine Papiere. Aber er soll das nicht tun wie ein Dieb in der Nacht, er soll es sagen.«

Eines Tages nimmt sie Schäfer beim Wort, geht zu ihm und verlangt ihre Papiere. Drei Mal geht sie hin. Die Drei ist eine magische Zahl, vieles wird drei Mal getan oder gesagt hier. Vielleicht bedeutet das auch nur, immer wieder versucht sie, Schäfer umzustimmen. Sie lässt nicht locker. »Du hast es versprochen, jetzt halte dein Wort«, sagt sie. »Ich will meine Papiere haben, ich bleib hier nicht.«

»Wo willst du denn hin?«, fragt Schäfer scheinheilig.

»Zurück nach Österreich zu meinen Eltern«, antwortet sie. Das könnte dir so passen, Wagnerpest, denkt Schäfer. Gudrun zu ihren Eltern zurückzulassen, das wäre Munition für Wilhelm Wagner, den Schäfer vor zwanzig Jahren ins Gefängnis gebracht hat. Ein Insiderbericht über Folter in der Kolonie ist das Letzte, was Schäfer gebrauchen kann.

»Geh in die Küche und warte dort«, sagt Schäfer schließlich.

Kann das wahr sein?, fragt sich Gudrun. Habe ich ihn wirklich überzeugt? Weil ich so hartnäckig geblieben bin?

Sie geht hinüber ins Freihaus, genannt nach Eduardo Frei Montalva, dem chilenischen Präsidenten von 1964 bis 1970. Schäfer weiß immer einen Weg, sich einzuschmeicheln, und wenn es eine ehrende Namensvergabe ist. Frei starb 1982 an einer Senfgas- und Thallium-Vergiftung, für die die DINA verantwortlich gemacht wird. Da Schäfer mit Manuel Contreras befreundet ist, weiß er auch dies.

Nun wartet Gudrun in der Küche vom Freihaus und kann ihr Glück kaum fassen: Sie wird ihren Pass bekommen. Doch auch der Zweifel mischt sich in ihre Gedanken: Warum soll sie ausgerechnet in der Freihausküche warten?

Nach einer Weile wird die Tür geöffnet und Kurt Schnellenkamp kommt herein. In der Hand hält er einen Knüppel, fast einen Meter lang und fünf Zentimeter dick. Er geht auf sie zu, und ohne ein Wort zu sagen schlägt er auf sie los. Er schlägt, wohin er gerade trifft. Sie versucht, ihr Gesicht zu schützen, doch das hilft ihr nicht. Schnellenkamp schlägt, bis sie am Boden liegt.

»Steh auf«, befiehlt er, doch sie kann nicht. Da schlägt er weiter auf sie ein. Dann hebt er sie auf, wirft sie sich über die Schulter wie eine Rinderhälfte und bringt sie ins Kinderhaus, wo die 65-jährige Hanni Myslewitz die Aufsicht hat. Dort muss sie wochenlang allein in einem Einzelzimmer bleiben. Und wird »behandelt«.

Als sie wieder auf den Beinen ist, flieht sie. Unter einem Vorwand beschafft sie sich vorher ihren Pass, der unter Verschluss gehalten wird wie alle anderen.

»Ich möchte mir auch gern so eine hübsche Hülle für meinen Pass häkeln wie Dorothea sie hat«, sagt sie zu Ursula Schmidt, der Frau des Präsidenten. Ursula Schmidt leitet das Büro der Kolonie und hat die Pässe aller Kolonisten unter Verschluss. »Gib mir doch mal eben meinen, damit ich Maß nehmen kann.« Dieser Trick aus dem Nähkästchen weiblicher Klischees genügt, um die Aufpasserin einzunebeln. Gudrun bekommt den Pass, und noch in derselben Nacht flüchtet sie.

Als Gudruns Flucht entdeckt wird, beschimpft Schäfer Ursula Schmidt wüst und unflätig, nimmt ihr den Schlüssel für den Dokumentenschrank ab, sie verliert die Büroleitung und wird im Krankenhaus zwangsbehandelt. Im Beschimpfen ist Schäfer Meister, er macht es gern und vor allen. Mistvieh, Dreckstück, Teufelsbrut, Hurengeist sind Wörter, die ihm leicht über die Lippen kommen. »Dieses Weibstück frisst, was sie geschissen hat«, sagt er einmal zu Lotti Packmor.

Gudrun schafft es tatsächlich bis zur österreichischen Botschaft in Santiago. Aber sie weiß nicht mehr, wie. Die Erinnerung ist weg. Was bleibt, ist die Erinnerung an Schläge, als man sie zurückbringt ins Fundo.

Ihre Schwester in Österreich hört über das Auswärtige Amt in Wien davon. Sehr viel später erfährt Gudrun von ihr, wann das überhaupt war. Aus eigener Erinnerung weiß sie es nicht.

Aber sie weiß genau, dass sie immer wieder wegwill. Vorher

hat sie es zwei Mal geschafft, ein Stück außerhalb des Fundo, vom Wohnbereich, zu kommen, vielleicht fünfhundert Meter. Sie entdeckt eine schmale Lücke im Zaun, dicht an einer der Turbinen, mit denen die Kolonie ihren eigenen Strom erzeugt. Da klettert sie hindurch. Wegen des Gestrüpps muss sie am Zaun hochklettern. Sie kommt nicht weit.

Was sie noch nicht weiß: In jedem Zaunpfahl sind Sicherheitsanlagen. Sie hetzen Hunde hinter ihr her, einer stellt sie, springt sie an. Seine Pfoten auf ihrer Brust. Sie wagt nicht, sich zu rühren. Innerhalb des Zauns fährt der Wagen mit Hans-Jürgen Riesland und Karl van den Berg heran. Die schneiden den Zaun auf und wollen Gudrun überreden, zurückzukommen auf die andere Seite.

»Ich komm nicht mehr mit«, sagt sie, »ich will hier nicht bleiben. Lasst mich endlich gehen.«

»Nun komm doch erst mal«, sagen sie freundlich, »wir können doch alles besprechen, du kannst ja gehen, wenn du willst. Aber lass uns das doch nicht hier besprechen, lass uns das doch drinnen besprechen.«

»Drinnen«, das ist das Krankenhaus. Was dann mit ihr geschieht, weiß sie nicht mehr. Sie weiß es noch bis zum Krankenhaus. Das Krankenhaus ist der Schrecken. Wieder bekommt sie eine Spritze und soll entspannen. So weit reicht ihre Erinnerung.

Wolfgang wird nun für drei Jahre ans Meer geschickt zum Fischen, damit er Gudrun nicht sehen kann. Er arbeitet auf einem der drei großen Fischkutter der Kolonie. Nur in den Wintermonaten Juni, Juli, August ist er für drei Monate »zu Hause«. In diesem Zusammenhang von »zu Hause« zu schreiben, fällt schwer. Aber vier Jahrzehnte lang ist es das einzige Zuhause, das er hat. Manchmal darf Wolfgang auch im Sommer für eine oder zwei Stunden nach Hause, um Fische auszuladen. Meistens nachts.

Dann sucht er wieder nach Gudrun, hängt irgendwas an ihr Fahrrad. Ein kleines Geschenk. Einen Hinweis: Ich bin da.

Da nehmen sie ihr das Fahrrad weg.

Sie wollen uns unbedingt auseinanderbringen. Warum nur?, denkt sie. Zeitweilig gelingt es ihnen sogar; die kleinen grünen Pillen, die sie ihr geben, machen Gudrun ganz gleichgültig. Dann ist ihr alles egal, und das ist ein sehr angenehmes Gefühl. Ganz leicht wird ihr, so als ob sie innerlich schwebt. Da kommen sie mit einem Brief, den sie unterschreiben soll. In diesem Zustand kann sie kaum noch lesen, hat aber auch keinen Widerstand mehr. »Ich sage mich los von Wolfgang«, steht da. »Ich will nie wieder etwas mit Wolfgang zu tun haben und werde auch nie wieder etwas mit ihm zu tun haben.«

Sie ist kaum noch bei Verstand, aber sie weigert sich. »Das kann ich nicht unterschreiben. Wenn ich das unterschreibe«, sagt sie zu Schäfer, der ihr den Brief gebracht hat, »dann kann ich für Wolfgangs Leben nicht garantieren.«

»Das lass man meine Sorge sein«, meint Schäfer. »Sei froh, dass du ihn los bist, er ist ein Lügner und Betrüger. Er erzählt allen nur Lügengeschichten.«

Schließlich hat er sie so weit. Und sie unterschreibt.

Den Zettel mit ihrer Unterschrift zeigen sie Wolfgang.

Acht, vielleicht zehn Mal können die beiden zusammen sein in den Zeiten der Kolonie. Zehn Mal in vierzig Jahren.

Es ist eine bittere Zeit. Was dann folgt, ist noch härter: Sieben Jahre muss Gudrun im Krankenhaus verbringen, von 1988 bis 1995. An die ersten Monate erinnert sie sich überhaupt nicht. Die nächsten Jahre sind eine gleichförmige, dumpfe Zeit. Als sie eine Liste ihrer Tätigkeiten aufschreibt, fehlen ganze Jahre. Bis zum Jahr 2000 arbeitet und schläft sie in der Gärtnerei.

»Dass ich meinen Verstand behalten habe«, sagt sie sehr viel später, »das ist ein Wunder. Bei all den Mitteln, die sie angewandt haben, um mich zu zerstören.«

Wahrscheinlich wurde auch LSD in der Colonia Dignidad hergestellt. Es ist leicht zu produzieren, und einige von Gudruns damaligen Symptomen legen diese Vermutung nahe.

TEIL 3

Auf der Suche nach der gestohlenen Zeit
Chile – Deutschland 2000-2011

Man überlebt nicht alles,
was man überlebt.

Ilse Aichinger[73]

KAPITEL 23

Der Strick

Villa Baviera, Parral, Chile im März 2000, nachmittags

Wir schütteln den Staub
von unseren Füßen.
Gudrun und Wolfgang Müller

»Schäfer kommt nicht zurück ins Fundo!« – »Schäfer kommt nicht zurück ins Fundo!« Überall hört man es. Warum kommt er nicht? »Die Keile würden mit dem Finger auf ihn zeigen. Die würden ihn zerfetzen.« Die Gruppe der Keile wurde Mitte der Siebzigerjahre aus den sechs- bis fünfzehnjährigen Jungen gebildet. Aus den Keilen rekrutierte Schäfer seine Sprinter. »Die Keile würden ihn zerfetzen. Sein Badezimmer haben sie schon zertrümmert.«

Sofort taucht ein Bild auf im Kopf: Eine Meute verhungernder Jungen verfolgt einen Mann, zerfleischt ihn und frisst Stücke von ihm. *Plötzlich im letzten Sommer* heißt der Film, nach einem Theaterstück von Tennessee Williams. Gudrun kennt den Film von 1959 nicht, der wegen des Hays Code der US-Filmzensur die Homosexualität des Mannes ebenso verschleierte wie die Rolle der Jungen, die der Amerikaner für sexuelle Dienste bezahlte. Sie hat keine Ahnung, weshalb die Gruppe der Keile Schäfer zerfetzen würde. Es interessiert sie auch nicht.

1997 ist Schäfer untergetaucht, chilenische Mütter hatten ihn wegen sexueller Übergriffe auf ihre Kinder angezeigt. Es gibt polizeiliche Durchsuchungen auf dem Fundo. Erst versteckt Schäfer sich auf dem Fundo, dann organisiert Hartmut Hopp für seinen Herrn und Meister die Flucht und eine komfortable Unterkunft in Argentinien. Schäfer bestimmt die provisorische Führung und dirigiert nun von Argentinien aus. Im Prinzip geht alles weiter wie bisher. Manches lockert sich, aber immer noch herrscht die Angst. Viele Kolonisten fühlen sich sogar von Schäfer alleingelassen. Gudrun weiß nur, dass Schäfer fort ist. Warum, weiß sie nicht.

Schäfer kommt nicht zurück! Das ist der einzige Satz, der sie interessiert. Wenn Schäfer nicht zurückkommt, dann gilt auch das Nein nicht mehr, das sie Wolfgang dreizehn Jahre zuvor schriftlich geben musste.

Sie versucht, Wolfgang zu erreichen. Aber heimlich, denn die beiden dürfen immer noch nicht miteinander sprechen. Sie sieht keine Möglichkeit, ihn zu treffen. Alle in der Kolonie wissen, dass Paul Schäfer die Beziehung zwischen Gudrun und Wolfgang nicht duldet. Noch immer hat er die Macht, obwohl er seit vier Jahren fort ist. Auch für Gudrun sind viele Gedanken undenkbar. Was uns normal erscheint, kann sich in ihrem Gehirn keinen Raum schaffen. Etwa der Satz: »Ganz egal, was die sagen, ich gehe jetzt einfach zu Wolfgang und rede mit ihm!« Dieser Gedanke existiert nicht. Was soll sie tun?

Sie muss es auf Umwegen versuchen.

Da bittet sie Dieter Malessa, zu Wolfgang zu gehen und ihm zu sagen, dass ihr Nein nicht mehr gilt. Erst will Dieter nicht. Er windet sich. »Das ist schwierig, schwierig.« Aber er muss etwas wiedergutmachen. Vor vielen Jahren fing Schäfer einen freundlichen Blick zwischen Dieter und Gudrun auf. Nur einen Blick. Nicht mehr. Daraufhin wurde Gudruns Teilnahme an der Plattenaufnahme des Orchesters gestrichen, auf die sie sich so gefreut hatte. Und Dieter schenkte ihr nie wieder einen Blick. Diese Feigheit wirft sie ihm jetzt vor. Aber wer weiß, mit welcher Strafe Schäfer ihn getroffen hatte?

Schließlich gibt er nach. Zuerst erzählt er ihr, dass Schäfer sie vor mehr als dreißig Jahren abgrundtief schlechtgemacht habe, damit Dieter sie meide. Dann will er versuchen, den Kontakt zu Wolfgang herzustellen.

Am nächsten Morgen geht er zu Wolfgang. Aber auch Dieter

Malessa hat keine klare Sprache zur Verfügung. So vage, vorsichtig und mehrdeutig wie möglich sagt er: »Du brauchst doch eine Pflegerin oder Krankenschwester.« Wer nie an einem Ort war, wo alles Augen und Ohren hat, wo nichts geheim bleibt und wo alles Strafen nach sich ziehen kann, der kann sich nicht vorstellen, wie Kommunikation unter diesen Bedingungen funktioniert.

Wolfgang versteht die Bedeutung hinter den Wörtern. »Ich hab doch keine Aussichten mehr«, erwidert er traurig.

Dieter, leise: »Doch, das Nein gilt nicht mehr, soll ich dir sagen.«

In der Nacht zuvor wollte Wolfgang sich das Leben nehmen. Doch er hat es sich noch einmal überlegt. Den Strick hat er vernichtet. In den Ofen geworfen. Der ist verbrannt. Keine Spuren. Dann ist Wolfgang wie gewohnt an seine Arbeit gegangen. Bis Dieter kam.

Jetzt geht Wolfgang zu ihr. Nimmt den direkten Weg.

»Nicht hier«, sagt Gudrun sofort und schaut sich ängstlich um, »woanders.«

Schäfer ist seit Jahren fort. Aber die Angst hat er dagelassen. Sie ist tief verinnerlicht, Gudrun kann nicht anders. Sie treffen sich etwas später am Bienenschuppen. Gudrun weiß nicht, dass auch dort Abhöranlagen eingebaut sind. Vielleicht wäre es ihr jetzt auch egal.

Einige Meter weiter werden Stoffe zerfetzt und zu Matratzen verarbeitet, alles ist voller Staub. Wolfgang und Gudrun stehen mitten in der Staubwolke und sind glücklich.

Wenn sie später davon erzählt, schweigt sie erst eine Weile; es fällt ihr nicht leicht, die Szene und ihre eigenen Empfindungen zu beschreiben, vielleicht möchte sie die kostbaren Gefühle ganz für sich behalten. Vielleicht aber weiß sie gar nicht, wie sie ihre Gefühle beschreiben soll, sie ist so ungeübt darin.

Ganz lange halten sie sich in den Armen. Dann sagt sie: »Wolfgang, das Nein gilt nicht mehr. Ich musste das damals unterschreiben, das haben sie mir abgezwungen. Ich habe so oft geweint deshalb, nachts, wenn es keiner gesehen hat. Es gab sogar Zeiten, wo ich dich gar nicht mehr gemocht habe, sogar das haben sie erreicht. Aber dann habe ich dich wieder sehr vermisst.«

Ein Jahr lang müssen die beiden noch kämpfen, bevor die Führungsclique ihnen erlaubt zu heiraten. Die Idee, dass eigenständige, unabhängige Entscheidungen möglich sind, muss sich erst Raum schaffen in ihren Gedanken, sich einnisten.

Nach der alten Strategie Schäfers versuchen einige die Beziehung zu hintertreiben: üble Nachrede, Diffamierung, Lügen. Auch sie können noch nicht anders.

Das Fundo ist wirklich zu dem Ort geworden, den Schäfer sich erträumt hatte: Vierzig Jahre lang konnte ihm niemand reinriechen. Mehr noch, es konnte niemand dort reinkommen, wenn Schäfer es nicht wollte. Und rauskommen konnte auch keiner ohne Gefahr für Leib und Leben. Ein riesiges, zum Teil undurchdringliches Gelände, aus dem ein Paar ohne Auto und ohne Geld und ohne fremde Hilfe nicht wegkommt. Geringe oder gar keine Kenntnisse der spanischen Landessprache taten ein Übriges. Einiges hat sich geändert. Im Kartoffelkeller werden keine Regimegegner mehr gefoltert. In diesen Räumen wohnt inzwischen die Gruppe der Komalos. Komalos werden die unverheirateten Männer genannt, die Schäfer von Anfang an begleitet haben. Einige sind froh, endlich ein eigenes Zimmer zu bekommen. Egal, wie klein es ist. Mit den anderen zusammen war es noch enger. Eine Zeit lang musste Gudrun mit fünfzehn anderen Frauen in einem Raum schlafen.

Doch Gudrun und Wolfgang machen auch eine gute neue Erfahrung: Gemeinsam sind wir stark!

Am 4. April 2001 ist es endlich so weit. Sie heiraten. In einer kargen Amtsstube in Catillo. Die Fahrt dahin ist voller Angst: Hoffentlich kommt jetzt nicht noch einer und verhindert es. Immer wieder dreht Gudrun sich im Wagen um, schaut aus dem Rückfenster und erwartet, dass sie verfolgt werden und dass die Hochzeit nicht stattfindet. Als beide das Dokument unterschrieben haben, atmen sie auf. »Das kann uns keiner mehr nehmen.«

Nun kommt die Hochzeitsreise. Das Fundo dürfen sie auch jetzt noch nicht verlassen. Man weist ihnen ein Zimmer im Jägerhaus im Nordtal zu. Hier hat Schäfer Station gemacht, wenn er auf der Jagd war. Nun sind sie allein, aber es ist ihnen unheimlich. Frei fühlen sie sich nicht. Am nächsten Tag begreifen sie, warum. Morgens erscheint Rudi mit einer Krankenschwester an ihrer Tür; die Schwester gibt Wolfgang die tägliche Insulinspritze, und Rudi Cöllen macht eine eindeutige Bemerkung über die Ereignisse des vergangenen Abends. Da begreifen sie, dass ihr Zimmer im Jägerhaus mit Abhöranlagen verwanzt ist. Sie wollen von dort weg, doch erst lässt man sie nicht. Rudi Cöllen bedrängt sie zu bleiben. Gab ihr nächtliches Gespräch nicht genug her? Drei Tage müssen sie bleiben, dann dürfen sie wieder fort. Verheiratet sind sie nun, aber niemand feiert mit ihnen. Oder freut sich gar mit ihnen. Zusammenleben dürfen sie auch nicht.

Aber sie bekommen Taschengeld – den Gegenwert von zwölf Euro im Monat. Davon stottern sie einen kleinen Fernseher ab und beginnen langsam die Welt dort draußen mit eigenen Augen zu sehen.

Gudrun erhofft sich Unterstützung von ihren Geschwistern – zunächst vergeblich. Eine der Schwestern ist in der Führungsclique verankert, als Frau zwar, und das ist hier weniger wert. Aber seit 1999 ist Hartmut Hopp der Schwager ihrer Schwester Hilde, und das bindet. Sie hat Einblick in Dinge, die nicht nach außen dringen dürfen.

Auf höchster Ebene

Die Zwangsarbeit dauert an, für Gudrun in der Wäscherei, für Wolfgang auf dem Bau. Immer noch erhält er Psychopharmaka, hochdosiert, die ihn in einen psychischen Nebel versetzen. Gleichzeitig muss er gefährliche Arbeiten ausführen, muss Dächer reparieren, Hauswände streichen und dabei auf Leitern steigen. Eines Tages soll er ein Wespennest im Dach einer Schule in der Stadt

Parral entfernen; dabei verliert er das Gleichgewicht, stürzt ab und bricht sich ein Bein. Die Verletzung ist so schwer, dass er in ein Krankenhaus außerhalb der Kolonie gebracht wird. Die Medikamente, unter anderem Neuroleptika, die er nicht braucht, an die sein Körper aber gewöhnt ist, gibt man ihm nicht mit – die fremden Ärzte sollen nichts davon erfahren. So macht Wolfgang außer seiner Beinoperation noch einen kalten Entzug durch, der ihn fast das Leben kostet.

»Was für Medikamente nimmt Ihr Mann?«, fragen die Ärzte Gudrun, »von einem Beinbruch allein kann er so einen schlechten Allgemeinzustand nicht haben.«

»Ich weiß es nicht«, sagt sie, »aber es sind sehr viele.« Sie fragt in der Kolonie nach, bettelt bei Hartmut Hopp um Auskunft. Man sagt es ihr nicht.

Derweil kämpft Wolfgang um sein Leben.

Dabei hat er noch Glück. Wenige Tage später, am 14. Februar 2002, stürzt ein anderer vom selben Dach. Karl Stricker, *Kuddel,* der viele Fluchtversuche in den Sechziger- und Siebzigerjahren hinter sich hat und seither ebenfalls mit Psychopharmaka vollgestopft wird, kann sich nicht mehr festhalten und rutscht ab. Ein Jahr hatte Wolfgang seinen einzigen Freund heimlich mit großen Mengen Kaffee versorgt, als Gegengift zur Zwangsmedikation. Es half ein wenig. Doch nun liegt Wolfgang im Krankhaus, und niemand kümmert sich um Kuddel. Weil keiner von ihrer geheimen Abmachung weiß, bringt niemand ihm Kaffee. So stürzt der 65-Jährige ab und stirbt. In der nächsten Woche wäre seine Hochzeit gewesen, endlich sollte auch er heiraten dürfen.

Elf Tage später, am 23. Februar 2002, lässt sich Bundeskanzler Gerhard Schröder die Umstände des Todes von Karl Stricker vom chilenischen Präsidenten Ricardo Lagos erläutern. Soweit möglich. Und soweit die Zeit reicht, denn in der halben Stunde, die den beiden zur Verfügung steht, geht es vor allem um Kupfer, Geld und um die chilenische Kriegsmarine. Weitere Einzelheiten werden nicht bekannt, da sich das Gespräch bei einem Gipfeltreffen in Stockholm »auf höchster Ebene« bewegt.[74]

Heimlich besuchen Wolfgang und Gudrun nun »die Verräter«, wie Aussteiger genannt werden, die die Kolonie verlassen haben, aber noch in der Nähe wohnen. Deren Geschichten lassen sich die beiden erzählen, und ihnen gehen die Augen auf. Gudrun erfährt zum ersten Mal von Folterungen und Morden an chilenischen politischen Gefangenen durch den chilenischen Geheimdienst DINA. Von der Amnesty-International-Broschüre, welche diese Verbrechen vor 25 Jahren anprangerte, hatte Gudrun noch nie gehört – obwohl auch sie am Hungerstreik gegen Amnesty International und die Veröffentlichungen des Magazins *Stern* teilnahm. Und Wolfgang beginnt, die Folter an Regimegegnern in den Siebziger- und Achtzigerjahren mit anderen Augen zu sehen. Gudrun erfährt, wer die Massengräber ausgehoben und wieder zugeschüttet hatte. Sie erfährt, wer sie dann wieder geöffnet hatte, um die Toten herauszuholen und zu verbrennen. Und wer die Asche im Perquilauquén verstreute, damit die Fluten alle Spuren vernichten, das erfährt sie auch.

Besichtigung der Vergangenheit

Im Jahre 2005 entschließen sich Gudrun und Wolfgang, ihr Fundo, die »Villa Baviera«, die ehemalige Colonia Dignidad zu verlassen. Und für immer hinter sich zu lassen. Kurz vor ihrer Abreise kommt Eva Schaak auf Gudrun zu. Eva ist nun die Witwe von Alfred Schaak. Auch Alfred Schaak starb in Deutschland eines verdächtigen Todes – kurz nachdem zwei Beauftragte von Paul Schäfer ihn unter Druck gesetzt hatten, sein Testament zu machen.

Eva Schaak zögert, sie wirkt verlegen, ringt sich dann aber durch, blickt Gudrun in die Augen und sagt: »Kann ich dich was fragen? Es ist vielleicht peinlich, aber ich möchte dich gern was fragen.«

»Du kannst mich alles fragen«, antwortet Gudrun, »ich will versuchen, dir zu antworten.«

Eva Schaak: »Weißt du eigentlich, dass du damals, als die Sache mit Alfred Matthusen war, diese Liebesgeschichte, dass du damals geschlagen worden bist?«

Gudrun weiß es nicht. Sie weiß nur von ihrer Schuld. »Dass ich Schuld hatte, habe ich akzeptiert, ich, nicht nur er. Ich hatte ja zugelassen, dass wir intim zusammen waren. Aber dass sie mich geschlagen haben, das weiß ich nicht. Ich weiß es nur bis zu meiner Schuld, alles andere ist weg.«

Was nach der Schuld kam, setzt sie sich mühsam aus den Berichten der anderen zusammen. Drei Zeugen erzählen ihr davon. Eva Schaak ist die Erste; sie weiß auch von der Zwangsabtreibung in Heide. Und sie nennt andere. Zu einem von ihnen, Johannes Bechtloff, der sich 1961 von der möglichen Privaten Socialen Mission trennte und seither in Hamburg lebt, nehmen Gudrun und Wolfgang 2007 in Deutschland Kontakt auf.

Bechtloff freut sich spontan über ihren Anruf und darüber, dass sie frei sind. Als sie sich treffen, erzählt er den beiden, wie es damals war. Dass er dabei sein und zusehen musste, wie sie Gudrun mit Kabelenden zusammenschlugen. Nicht er schlug, aber Gerhard Mücke. Und der Mücke soll sich umgedreht und gefragt haben: »Will denn keiner außer mir?«

Aber keiner wollte.

»Und wofür das alles?«, fragt Johannes Bechtloff, und man hat das Gefühl, er fragt sich selbst. »Für das Natürlichste von der Welt«, antwortet er, »zwei junge Leute, die sich liebhaben.« Er schüttelt den Kopf – ob über die Strafaktion oder über den jungen Bechtloff von damals, bleibt offen.

Johannes Bechtloff, Hauslehrer und Erzieher in der Privaten Socialen Mission, erzählt zögernd, was er, der so begeistert zu Schäfer übergelaufen war, dort an brutalen Praktiken erlebte. Noch nach fünfzig Jahren ist er nicht mit sich im Reinen, hadert immer noch mit sich, weil er Schäfer nicht früher durchschaut hat. Weil er als gebildeter, erfahrener Mann und als Familienvater, als Prediger einer Baptistengemeinde auf diesen gefährlichen Betrüger hereinfiel. »Ich verstehe mich selbst nicht mehr.« Diesen Satz hat er sicher schon oft gesagt. Gudrun ist ihm dankbar, dass er ihr ein Stück ihrer Erinnerung zurückgegeben hat.

So erfährt sie, dass sie schon in Deutschland gefoltert wurde. Dass sie in Chile mehrere Fluchtversuche machte, nicht nur einen. Einmal sei sie bis zur österreichischen Botschaft in Santiago de Chile gekommen, sagt man ihr. Zerlumpt und verdreckt sei sie dort aufgetaucht, aber sie habe die ganzen dreihundert Kilometer bewältigt. Den Pass immer bei sich. Das alles weiß sie jedoch nicht aus eigener Erinnerung und könnte es vor keinem Gericht beschwören. Diese Stellen in ihrem Gedächtnis sind weiße Flecken, zugedeckt womöglich. Vielleicht aber auch für immer gelöscht durch Elektroschocks, Psychopharmaka und monatelange Isolation im Neukra.

Das alles weiß Gudrun nur, weil es Menschen gibt, die ihr endlich die Wahrheit sagen.

Jetzt erst erfährt sie, dass in der Kolonie Waffen hergestellt wurden. Viele Waffen. Und dass ihr Mann, ihr Wolfgang, von der DINA in Kampftechniken ausgebildet wurde und zurecht den braunen Gürtel im Karate tragen würde, wenn Schäfer es zugelassen hätte. Und dass Wolfgang Maschinenpistolen zusammengebaut hat. »Wir haben die israelischen nachgebaut«, sagt er, »die waren gut.«

Inzwischen kennt Gudrun auch den Bericht von Paul Schäfers Schulfreund Willi Georg, den dieser 1966 nach seiner Trennung von der Gruppe und nach seiner Auswanderung nach Australien verfasste. Auch Willi Georg bezeugt die schweren Misshandlungen, die Gudrun erleiden musste.

Gudruns Geschwister, die vierzig Jahre in der Kolonie lebten, erzählen ihr, in welcher Verfassung sie nach ihrer Flucht bis zur österreichischen Botschaft in Santiago de Chile wieder in die Kolonie zurückgebracht wurde: zerlumpt, verdreckt, kaum bei Sinnen. Sie haben es mit eigenen Augen gesehen. Sie wissen auch, dass Gudrun über Monate hinweg im Krankenhaus isoliert gehalten, versenkt wurde. Einmal mussten sie ihre Schwester auf Schäfers Geheiß dort besuchen, um sich davon zu überzeugen, dass diese verrückt geworden war. Sie erlebten eine Frau, die nicht sprechen konnte, nur lallte, deren aufgeschwemmtes Gesicht sie kaum wiedererkannten. Aber dass sie verrückt war, glaubten sie nicht. Doch bevor Schäfer gebannt war, fanden die Geschwister keine Möglichkeit, miteinander darüber zu sprechen.

Als Nächstes versucht Gudrun, die Erinnerungen an ihren Fluchtversuch zurückzuerlangen. Diese dreihundert Kilometer Flucht will sie wieder in Besitz nehmen, denn sie sind ihr Erfolg, ihr Triumph über die Gefängniswärter. Wie konnte sie das schaffen? Etwas, was nur wenige geschafft haben.

Doch bisher ist ihren Versuchen, im Meer des Vergessens gerade diese einzelne Insel wiederzuentdecken, kein Erfolg beschieden. Auch mit therapeutischer Hilfe nicht. Zwischen dem Abend, als sie sich die Herausgabe ihres Passes erschwindelte, und dem Moment, als sie wieder zu sich kam, klafft immer noch eine Lücke von vielen Monaten, vielleicht Jahren.

Es gibt viele solcher Lücken in Gudruns Gedächtnis. Und sie ist nicht die Einzige, der es so geht. »Das haben sie mir aus dem Gedächtnis geholt«, sagt sie dann entschuldigend. Sie ringt um jeden Fetzen. Aber vielleicht macht es Sinn, wenn manche Erlebnisse verborgen bleiben.

Traumatherapeuten raten inzwischen zu großer Vorsicht im Umgang mit verborgenen Erinnerungen. Dr. Arne Hoffmann[75], Arzt und Psychotherapeut in Köln, warnt: »Mit der guten Erinnerung kann die schreckliche Erfahrung eng verbunden sein. Und beide können zusammen wiederauftauchen. Das sollte man nicht erzwingen. Traumaüberlebende könnten überflutet werden von Erinnerungsbildern an erlittene Gewalt, die sie nicht verkraften können.«

Doch eine Frage beschäftigt Gudrun weiter: Warum erinnert sie sich nur genau bis zu dem Punkt, an dem sie sich die Schuld gibt, weiß aber nicht mehr, was danach geschah? Sie weiß, dass sie schon in Siegburg auf diese Weise gefügig gemacht wurde, damit sie nichts verrät, nichts verweigert, nichts ihren Eltern erzählt. Dieser Gedächtnisraub macht sie immer wieder zornig. Sie erinnert sich an das Krankenzimmer. Aber was mit ihr gemacht wurde, weiß sie nicht. Kurz vor ihrer Abreise aus Chile spricht sie die *Doctora* an, Gisela Seewald, die Ärztin der Kolonie.

»Was ist mit mir passiert«, fragt sie, »wenn ihr wieder mal gesagt habt, ich müsste mich entspannen? Ich erinnere mich an die Spritze, aber was war danach?«

Gudrun weiß nun von den Elektroschocks, aber sie will es aus dem Mund der Täterin hören. Sie will die Konfrontation mit der Ärztin. Erst will die nicht mit der Sprache rausrücken, aber Gudrun ist stärker geworden. Sie beharrt darauf, bohrt so lange, bis die andere nachgibt.

»Du hast Elektroschocks bekommen«, gesteht Gisela Seewald schließlich.

»Und was sollten die bewirken?«, fragt Gudrun.

»Gedächtnislücken«, ist die knappe Antwort.

Ja, denkt Gudrun später, das macht Sinn. Wenn ich die Erinnerungen behalten hätte, wäre ich wohl gar nicht mit nach Chile gefahren.

Vieles liegt noch im Verborgenen, nicht nur bei Gudrun.

In wessen Auftrag und mit wessen Billigung wurde dieses zielgenaue Löschen von Erinnerungen an den erwachsenen Bewohnern und an den Kindern der Kolonie erprobt? Darauf gibt es noch keine Antwort.

Eine Erklärung, die allein auf Paul Schäfer verweist, genügt nicht.

Mina Wagner

Einen glücklichen Augenblick gibt es, als Gudruns Mutter und die jüngste Schwester in die Kolonie kommen. Der Freund der Schwester hat das eingefädelt. Es sind ihre ersten privaten Besucher von draußen. Zum ersten Mal nach vierzig Jahren sieht sich die Familie wieder.

Unbeschwert ist Gudrun nicht, auch wenn die Fotos, die der

Freund der Schwester macht, so erscheinen. Immer noch passen alle hier auf, was sie sagen, immer noch werden sie überwacht. Die Geschwister trauen sich gegenseitig nicht. So wartet Gudrun einen kurzen Moment ab, als sie allein mit ihrer Mutter ist, dann flüstert sie ihr zu: »Mama, ich war es nicht, die Papa ins Gefängnis gebracht hat.«

»Das weiß ich«, antwortet die 89-jährige Mina.

Gudruns Vater ist schon lange tot, seine Rolle in dem Familiendrama bleibt in den gemeinsamen Gesprächen ausgespart. Sie wollen die alte Mutter schützen, die nun drei Jahre bei ihren Kindern in Chile lebt. Als zwei von ihnen zurück nach Österreich gehen, folgt sie ihnen und kann mit 93 Jahren sterben, nachdem sie all ihre Kinder noch einmal gesehen hat.

Gudrun weiß bis heute nicht genau, weshalb ihr Vater im Gefängnis war. Manchmal allerdings kommt das bedrohliche Wissen ihr nahe.

»Hilde behauptet wohl, sie sei missbraucht worden«, sagt Gudrun nachdenklich und fügt an: »Ich weiß es nicht, ich habe nie mitgekriegt, dass so etwas passiert ist zu Hause.«

In diesem Moment greift Wolfgang schützend ein. »Von dem Papa glaube ich das nicht.« Wolfgang Müller war niemals in Gudruns Elternhaus. Ihre Eltern kennt er nur von kurzen Begegnungen im Jugendheim in Siegburg-Heide. Zwar wohnte auch Gudruns Vater ein Jahr lang dort und arbeitete ohne Bezahlung für die Sekte, aber die Bereiche der Väter und der Jungen waren getrennt, sodass gegenseitig kein Einblick möglich war. Wolfgangs Einwand soll Trost spenden und beruhigen.

Gudrun ist lange überzeugt, dass ihr Vater nichts Böses getan hat; später quält sie sich mit der Frage, ob tatsächlich etwas geschah mit dem Papa. Erinnern kann sie sich nicht, und so geht sie auf Spurensuche. Eine ihrer Schwestern gesteht ihr, von Kurt Schnellenkamp vor Gericht zu dieser Aussage gedrängt worden zu sein. Schnellenkamp habe ihr seinen Traum erzählt, in dem Wilhelm Wagner seiner eigenen Tochter zu nahe tritt. Träume sind direkte Botschaften von Gott, glauben immer noch viele in der

Gemeinschaft. Aber warum sollte Gott gerade Schnellenkamp als Überbringer dieser Nachricht auswählen? Dass Träume auch gefälscht werden von bösen Menschen, konnte sich das niemand vorstellen? Dann schreibt Gudrun einen Brief an die Schwester, die damals den ersten Stein auf den Vater warf. Diese lebt noch in Chile. Die Schwester antwortet, dass sie ihren Frieden mit Gott gemacht habe. Darüber hinaus sei sie niemandem Rechenschaft schuldig.

Gudruns Bruder Basti erfährt erst nach seiner Rückkehr nach Deutschland, dass der Vater im Gefängnis war. So aufgespalten war die Welt, die Paul Schäfer sich mit seinen willigen Helfern errichtet hatte, dass fünfzig Jahre lang nicht einmal diese Information von Schwester zu Bruder wandern konnte.

Gudruns jüngste Schwester Hedi hat inzwischen vier Kinder. Die sechs Geschwister in der Kolonie bekamen dort kein einziges. Hedi hat alle Zeitungsartikel über ihre Familie gelesen. Sie weiß, dass Schäfer ihre Schwestern benutzt hat, um ihrer Mutter das Sorgerecht für sie zu entziehen. Mit der Begründung, der Vater hätte sich auch an ihr vergangen. »Nein«, sagt Hedi, »der Papa hat mir nie was getan.«

Die ganze Wahrheit wird wohl nicht ans Licht kommen. Vielleicht aber wird sich eines Tages doch jemand dieser Familiengeheimnisse annehmen – möglicherweise die nächste Generation: Nach Schäfers Verurteilung heiratete auch Gudruns Bruder Basti, noch in der Kolonie. Inzwischen ist er Vater geworden.

KAPITEL 24

Heimkehr in ein fremdes Land

Um den Überlebenden den Weg in eine freiere Welt zu ermöglichen, bieten das Auswärtige Amt und die deutsche Botschaft in Chile den Kolonisten in der Villa Baviera seit 2005 Information und Beratung an.

Doch immer noch fehlt das politische Eingeständnis von Versäumnis und Verwicklung in die Machenschaften der Kolonie zur Zeit des Putsches und der Militärdiktatur von Augusto Pinochet. Schon im Mai 1977 machte Amnesty International die Verbrechen der Colonia Dignidad öffentlich.[76] Dass Schäfers Straftaten dem Auswärtigen Amt in Bonn aber schon 1966 bekannt waren, belegt Bärbel Günz in ihrer Diplomarbeit über die Anfänge der Sekte in Deutschland.[77] 1988 förderte eine Bundestagsanhörung weitere Menschenrechtsverletzungen zutage. 1993 erschien die Dokumentation von F. P. Heller über die Colonia Dignidad als Folterlager. Heller beobachtet die Sekte von den Siebzigerjahren Jahren bis heute.[78]

Da die Colonia Dignidad in Waffengeschäfte und andere wirtschaftliche und politische Interessen verschiedener Länder verwickelt ist, bringen Nachforschungen einen auch in die Nähe anderer abgeschotteter Systeme – Botschaften, Auswärtige Ämter, Geheimdienste – und ihrer Darstellung von Wirklichkeit. Diese Ämter haben ihre Akten nur bedingt geöffnet. Obwohl inzwischen auch die Bundesrepublik Deutschland gesetzlich verpflichtet ist, nach dreißig Jahren Einblick in geheime Staatsakten zu gewähren, wird dieser immer wieder verwehrt, wenn es um die Colonia Dignidad geht. Warum? »Um die Opfer zu schützen«, ist eine Antwort. Die Wahrheit nicht auszusprechen, war noch nie ein guter Opferschutz. Nachgefragt hat auch der Berliner Doktorand Jan Stehle. Seit 2008 forscht er über »Deutsche Außenpolitik und Menschenrechte: Der Fall Colonia Dignidad«. Die ablehnende Antwort des Auswärtigen Amtes (AA): »Einsichtnahme in die Archivakten [...] ist geeignet, [...] der deutsch-chilenischen Zusammenarbeit schweren, möglicherweise irreparablen Schaden zuzufügen.« Zwei Klagen beim Berliner Verwaltungsgericht und zwei Jahre später – kurz nach der Flucht von Hartmut Hopp aus Chile – gab das AA nach. Nun darf der Forscher der Freien Universität Berlin zweihundert bis dreihundert Aktenbände durchlesen. Kopien darf er nicht anfertigen.

So scheint die Geschichte zweier »kleiner Leute« – der Verkäuferin Gudrun aus Graz und des Malers Wolfgang aus Lutter am Barenberge – eine politische Affäre mit höchster Geheimhaltungsstufe zu bleiben.

*

Lange Zeit verhalten sich die Kolonisten abwehrend oder feindselig den Außenstehenden, den »Weltmenschen« gegenüber. Die meisten fühlen sich als Verräter, wenn sie Fremden überhaupt zuhören. Einige besuchen ihren *tío permanente* regelmäßig im Gefängnis, versorgen ihn mit Leckerbissen und Informationen, holen Aufträge und Befehle ab. Auch alte Frauen machen sich auf den Weg; jedes Mal müssen sie sich vor den Gefängniswärtern ausziehen und sich einer Leibesvisitation unterziehen, damit keine Waffen hineingeschmuggelt werden. Eine demütigende Prozedur. Sie kommen dennoch wieder.

Dann entschließt sich eine Gruppe von etwa fünfzig Personen, an Gesprächen mit dem Psychotherapeutenteam von Niels Biedermann teilzunehmen. Die Mitarbeiter des Teams verfassen später mehrere Aufsätze über ihre Arbeit. Darin schildern sie sehr offen, wie sie die Gemeinschaft in der Villa Baviera erlebten: »Wir waren zuvor bereits Zeugen von Menschenrechtsverletzungen unter der Militärdiktatur Pinochets geworden, aber eine derartige Gemeinschaft war uns noch nie zu Augen gekommen. Mitunter hatten wir den Eindruck, das alles könne und dürfe nicht wahr sein. Der Grund für unsere Bestürzung lag in den zutiefst abnormen und menschenverachtenden Herrschafts- und Gehorsamsstrukturen der ehemaligen ›Colonia Dignidad‹«.[79]

Gudrun und Wolfgang gehören zu den Ersten, die um Gespräche, Information und um Psychotherapie bitten. Sie hören aufmerksam zu. Irgendwann sagen sie: »An diesem Ort, an dem Blut klebt, wollen wir nicht bleiben.« Sie schreiben Briefe für die Gemeinde, die sie auch vorlesen: »Wir schütteln den Sand von unseren Schuhen.« Dann verlassen sie die Kolonie und das Land Chile, um nie wiederzukommen.

Am 4. November 2005, nachmittags um 14.30 Uhr landen sie in Düsseldorf auf dem Flughafen. In einer Welt, die ihnen fremd ist.

Auch Indianer kennen Schmerz[80]

Erst in Deutschland wagt Wolfgang, seiner Frau von den Vergewaltigungen und Misshandlungen durch Paul Schäfer zu erzählen, die stattfanden, bis Wolfgang 30 Jahre alt war. Nach seiner Flucht nach Argentinien hatte Schäfer Wolfgang – und vermutlich vielen anderen Männern – einen Brief überbringen lassen, in dem stand: »Wenn du darüber sprichst, was nachts war, lass ich dich umbringen. Wenn du diesen Brief gelesen hast, verbrenn ihn.« Dass er den Brief tatsächlich verbrannt hat, ärgert Wolfgang lange. Auch aus der Ferne besaß Schäfer noch viel Macht.

Es ist ein furchtbares Kapitel in Wolfgangs Leben. Darüber zu sprechen, löst viele Gefühle aus; Scham, Wut, Hass sind nur einige davon.

Viele Männer werden Opfer sexueller Gewalt[81]; die wenigsten sprechen darüber. Über die Angst. Über den Ekel. Über den Schmerz. Über die Demütigung. Aber es gibt etwas, das noch mehr lähmen kann: Wenn es sich gut anfühlt, denken manche, es wäre keine Gewalt. Dann habe ich es gewollt. Sonst hätte ich keine Erektion bekommen. Oder? Bin ich also homosexuell? Ein Gefühlswirrwar und viele Irrtümer. Erziehungswissenschaftler Dirk Bange findet klare Worte: »Sexuelle Gewalt gegen Jungen hat (…) mit Homosexualität so wenig zu tun wie die Vergewaltigung eines Mädchens mit Heterosexualität.«[82] Es geht um Gewalt. In »Auch Indianer kennen Schmerz« berichten Bange und Ursula Enders, die Leiterin von »Zartbitter Köln«[83], über Erkenntnisse aus der gemeinsamen Beratungsarbeit zu sexueller Gewalt gegen Jungen.

»Wir kamen ja gerade erst in die Pubertät«, erzählt Wolfgang Müller zögernd. »Und dann merkten wir, dass das nach all den Schmerzen locker macht. Was ist denn das? Das macht ja so locker. Und der machte das immer wieder. Und irgendwann merkte man, dass es einen auch zog. Das ist ja das Verrückte, das Gespaltene. Wir mussten gespalten denken.«

Sich aus dieser giftigen Mischung von sexueller Gewalt, Sehnsucht nach Liebe, von Folter, Befriedigung und Angst zu befreien, die in Paul Schäfers Reich herrschte, ist sehr schwer. Immer wieder geht Wolfgang zu einem Therapeuten, um sich auszusprechen und von seinem heutigen Alltag zu berichten. Der Therapeut empfiehlt Wolfgang, über die erlittenen Qualen zu sprechen, auch mit anderen. »Dabei können Sie nur gewinnen«, sagt er.

Und so beginnen Gudrun und Wolfgang erst mit 60 Jahren eine Sprache für die Liebe zu lernen. Über Sexualität zu reden haben sie kaum geübt. Der gesamte Wortschatz fehlt ihnen. Über weibliche und männliche Körperreaktionen wissen sie anfangs wenig. Niels Biedermann empfiehlt den Kolonisten, Filme über Sexualität anzuschauen, es können ruhig Pornos sein, sagt er. In Deutschland werden sie eifrige Fernsehzuschauer; Gudrun bevorzugt die Nachmittagsserien, Wolfgang schaut eher nachts. Oft fällt es ihnen leichter, über die Erlebnisse des anderen zu reden. So gibt Wolfgang Auskunft über die Beziehung zwischen Gudrun und Alfred, erzählt, wie viel Schmerz diese Liebe ihr bereitete.

Und Gudrun weiß, wie sehr Wolfgang gekämpft hat, um seinen Freund Karl Stricker mit Kaffee und mit viel Zuspruch am Leben zu halten, und wie sehr er ihn vermisst.

»Eigentlich lernen wir uns erst richtig kennen, seit wir in Deutschland sind«, sagt Gudrun.

Wolfgang ist so sanft zu ihr wie am Anfang. »Ich habe immer akzeptiert, wenn sie mal nicht mag. Was soll ich denn machen? Ich will sie doch nicht kaputt machen, und ich will sie nicht verlieren. Ich hab sie doch gerade erst gefunden.«

Manchmal denkt er an den Moment auf der Zeltfreizeit in Groß Schwülper zurück, als er neun Jahre alt war und ein Mädchen sah, bei dessen Anblick er dachte: Das ist sie. Meine Frau. Er hat, sagt er, auch keine weitere Liebschaft gehabt, bis jetzt, bis ins Alter.

Alltag und ein wenig Freude

Seit 2005 leben Gudrun und Wolfgang Müller nun in Deutschland. Zwei unauffällige, bescheidene Menschen, die ihren Weg suchen. Nicht den, den Paul Schäfer ihnen bestimmt hat. Nicht den des fundamentalistischen Predigers Ewald Frank aus Krefeld, der 2004 nach der Öffnung der Kolonie in einer Blitzaktion nach Chile reiste, um die verwirrten, verlassenen Schäflein zu taufen. Wie viele Taufen diese Menschen wohl schon erlebt haben? Und jede richtiger als die davor?

Anfang 2008 sagen sie viele Stunden lang vor der Staatsanwaltschaft Bonn über ihre Erfahrungen aus. Von den Beamten, die extra angereist waren, hörten sie nie wieder. Irgendwann wird das Verfahren eingestellt.

Dreimal sind Wolfgang und Gudrun in Deutschland schon umgezogen. Viele Gespräche für dieses Buch finden in ihrer zweiten Wohnung statt. Sie hat einen schmalen Balkon, den die beiden liebevoll mit Stiefmütterchen, bemalten Tonfiguren, Vogelhäuschen, Kräutern und vielen bunten Kleinigkeiten geschmückt haben. Über die Gestaltung ihres Balkons, ihrer Wohnung, die Auswahl ihrer Möbel, ihrer Tapeten, ihres Wandschmucks selbst zu entscheiden, ist ein überwältigendes neues Privileg für beide. Nur wer sein Leben in einem Gefängnis ohne Zeitung und Fernsehen verbracht hat, weiß, was das bedeutet. Welche Herausforderung das mit sich bringt.

Einmal Ruderboot fahren, spazieren gehen, wann sie wollen, einfach mal nichts tun, das sind die kleinen Vergnügen, die sie sich leisten.

Eine Weile versucht Wolfgang als Handwerker Fuß zu fassen. Gern ist er auf Baumärkten unterwegs, gibt Ratschläge bei Malereibedarf. Er wirkt so fachkundig, dass eine Anstellung möglich scheint. Aber er braucht einen Gesellenbrief. Da schreibt er an seinen alten Meister in der Villa Baviera, Gerhard Mücke, den Mauk, den er seit 1958 kennt, unter dessen Aufsicht er in der Colonia Dignidad Autos gesandstrahlt und neu lackiert hat. Darunter auch Autos der »Verschwundenen«.

Er bittet Mauk, ihm einen Gesellenbrief oder wenigstens ein Empfehlungsschreiben zu schicken; er wisse doch, wie gern und wie gut Wolfgang arbeite. Das sei nicht möglich, lässt Mücke ihm ausrichten.

»Sie haben mich und Wolfgang nicht kleingekriegt«, erklärt Gudrun, »weil der eiserne Wille da war, zu überleben, sich durchzukämpfen und immer wieder neue Kraft und Hoffnung zu schöpfen von unserem Herrgott, der über uns steht und der das Leben in der Hand hat.«

Erstaunlicherweise scheint keines der langjährigen Mitglieder der Colonia Dignidad, die für dieses Buch Interviews gaben, den Glauben an Gott verloren zu haben.

Wolfgang und Gudrun sind beide körperlich krank. Durch die Zwangsarbeit sind ihre Knochen und Gelenke schwer geschädigt. Gudrun leidet immer wieder an Drehschwindel, den sie auf die Folter und die Elektroschocks zurückführt. Einmal ist sie schon mit dem Fahrrad vor ein Auto gefallen. Da hat sie das Fahrradfahren aufgegeben. Auf einem Ohr ist sie taub. »Von den Ohrfeigen«, bestätigt ihr ein Arzt. Vier Operationen am Gehörgang hat sie hinter sich. Das Schlagen hat danach nicht aufgehört.

Wolfgangs Diabetes ist die Folge von Stress und Trauer, erfährt er von einem anderen Arzt. Dass sie jahrzehntelang mit Medikamenten vollgepumpt wurden, wissen sie. Aber niemand sagte ihnen, was diese enthielten. Auf anfängliche Fragen hieß es nur: »Das brauchst du.« Die Weigerung, die Medikamente zu schlucken, zog Zwangsmaßnahmen nach sich.

Die Information, welche Medikamente sie bekamen, verdanken die beiden Waltraud Schaffrik. Waltraud, das kleine Mädchen, das 45 Jahre zuvor mit den Worten »Das Graubrot wird nicht morgen, sondern übermorgen gebraucht« auf den Lippen unter den Weinranken der Pergola den Anna-Weg entlang zur Bäckerei auf dem Fundo ging. Waltraud hat inzwischen Bernd geheiratet, den kleinen Jungen, den sie damals an der Hand hielt. Waltrauds Vater, Alfred Schaak, musste bis Mitte der Achtzigerjahre in Deutschland bleiben und die Schäfer-Ladenkette leiten. Eva Schaak sah ihren Mann nach 1962 erst 1975 zu einem kurzen Besuch wieder. Zehn Jahre später, am 11. Oktober 1985, starb er ganz plötzlich in Siegburg mit deutlichen Anzeichen einer Vergiftung. Sein Leichnam wurde von Hartmut Hopp nach Chile gebracht und dort bestattet.

Bernd ist der Sohn des querschnittgelähmten Helmut Schaffrik, der Paul Schäfer nach Chile folgte. Dort wurde auch er von seiner Familie getrennt, er wurde verlacht, missachtet und systematisch mit Elektroschocks misshandelt. Nur selten half ihm jemand, so wie Wolfgang Müller, der Helmut im Rollstuhl durch den Sand schob, wenn keiner guckte.

Mit 37 Jahren durfte Waltraud eine Ausbildung zur Krankenschwester beginnen. Diese Ausbildung brachte ihr viel Wissen, das ihr bis dahin vorenthalten worden war: woher die Babys kommen, zum Beispiel. Und wie man mit ihnen umgeht. Eines Tages sagte die Dozentin im Säuglingspflegekurs: »Wenn ein Baby eine Spritze bekommen soll, geben Sie ihm die Spritze nie in seinem Bettchen. Nehmen Sie es aus dem Bettchen und gehen Sie dafür in den Nebenraum. Das Bettchen ist sein sicherer Ort, wo ihm keine Schmerzen zugefügt werden dürfen.« Da brach Waltraud weinend zusammen.

Zu ihrer Ausbildung gehörte auch Medikamentenkunde. Hierfür hatte Waltraud sich schon immer interessiert. Sie hatte die vielen Pillen gesehen, die die meisten der Colonia-Dignidad-Bewohner erhielten, hatte sich Farbe und Form eingeprägt, manchmal auch Namen sehen können. Sie hatte die schweren Veränderungen beobachtet, die die Medikamente bei den Menschen verursachten. Als sie nun im Unterricht die Namen der Pillen, deren Indikationen und Nebenwirkungen lernte, war sie zutiefst entsetzt: Ganz normale, gesunde Menschen hatten hochdosiert Medikamente gegen schwere psychische Krankheiten erhalten, Schizophrenie, Psychosen, Epilepsie etwa. Der einzige Grund: Es waren Menschen, die sich Schäfer widersetzten oder ihm aus dem einen oder anderen Grund nicht genehm waren.

Viele Kolonisten, die nach Deutschland zurückkehren, gehen zuerst nach Krefeld zu Ewald Franks »Freier Volksmission«. Dort erhalten einige dreihundert Euro als Startgeld und das Angebot der Taufe und einer neuen seelisch-geistigen Heimat. Gudrun und Wolfgang bekamen – wie andere auch – noch Küchenmöbel dazu.

Seit 2003 ist Ewald Franks »Freie Volksmission« in Krefeld bevorzugte Anlaufstelle für viele Rückkehrer aus der Colonia Dignidad. Dorchen Hopp besucht dort Gottesdienste. Sie ist Ehefrau von Hartmut Hopp, dem »Kronprinzen« von Paul Schäfer und »Außenminister« der Colonia Dignidad, in Chile rechtskräftig verurteilt wegen Beihilfe zum Kindesmissbrauch und 2011 vor Haftantritt nach Deutschland geflüchtet. Hartmut Hopp, der kleine Junge aus dem Film über die Anfänge der Privaten Socialen Mission in Siegburg, der »Struppi«, der Liebling von Paul Schäfer.

Ewald Frank, durch die Branham-Evangelisation 1955 zur Gründung eines eigenen Missionswerks inspiriert, war damals auch Paul Schäfer begegnet. Schäfer war mit sieben Anhängern dort. Dass Alfred Matthusen und Gerhard Mücke dabei waren, wussten Gudrun und Wolfgang. Aber von Walter Laubes Teilnahme erfahren sie erst im Oktober 2004. Bei einer großen Versammlung im Freihaus der Villa Baviera ruft Ewald Frank alle namentlich auf, die wie er 1955 an der Karlsruher Erweckung teilgenommen hatten. Man fotografiert ihn mit dieser Gruppe. Dann nennt er den achten Namen, Paul Schäfer, und Anwesende hören, wie Frank sagt: »Aber dessen Stimme passte eher auf den Kasernenhof.«

Damals versteckte sich Paul Schäfer noch in Argentinien.

Gudrun und Wolfgang bleiben nicht bei Ewald Frank in Krefeld. Zu viel erinnert sie dort an ihr Leben in der Kolonie. Ganz besonders die Einstellung zu Frauen. So beginnen sie, selbstständig und so unabhängig wie möglich zu leben. Das ist schwer. Rentenbeiträge wurden für sie nie eingezahlt. Wolfgangs Eltern hatten jahrzehntelang 300 DM pro Monat an die Kolonie überwiesen, Schäfer hatte es eingesackt. Das Erbe von Wolfgangs Eltern landete ebenfalls dort: 147 311,54 DM für den Verkauf eines Hauses.

»Zeig mal, ich hab so was noch nie gesehen«, sagte Kurt Schnellenkamp. Am 25. September 1995 begleitete er Wolfgang zur Entgegennahme des Schecks nach Santiago. Und sobald Wolfgang den Empfang bestätigt hatte, entriss Schnellenkamp ihm das Papier. Um es nie zurückzugeben.

Wolfgang und Gudrun sind mittellos. Der Ämter-Dschungel, der sich vor Hartz-IV-Empfängern auftut, bedeutet für die beiden eine besondere Hürde. Aber sie bewältigen die Herausforderungen dieser neuen Welt mit außerordentlicher Tapferkeit.

Die kleinen grünen Pillen und der Struppi

Sehr vorsichtig nehmen sie Kontakt auf zu anderen deutschen Überlebenden der Colonia Dignidad. Wem können sie trauen? Überlebende eines Wahnsystems aus Misstrauen, Bespitzelung, Lügen, Verrat und Folter können zunächst niemandem trauen. Selbst der eigenen Familie nicht.

Irgendwann melden sich Bernd und Waltraud Schaffrik auch

bei Gudrun und Wolfgang Müller. Sie mailen und telefonieren. Dann folgen erste Besuche. Da sie nicht in derselben Stadt leben und die billigsten Reisemöglichkeiten nutzen müssen, bedeutet ein persönliches Gespräch von vier Stunden eine Tagesreise. Und hinterher mehrere Tage Erholung. Der Blick in die gemeinsame Vergangenheit kostet viel Kraft. Aber er bringt auch Trost und vor allem Erkenntnisse, die weiterführen.

So kann Waltraud berichten, dass die kleinen grünen Pillen, die Gudrun viele Jahre auf Verordnung von Hartmut Hopp erhielt, vermutlich Meleril heißen. Und dass Wolfgang wohl über Jahre hin jeden Monat ein Medikament namens Modecate gespritzt wurde. Modecate enthält den Wirkstoff Fluphenazin. Dieses Medikament wurde 1961 in Deutschland eingeführt. Hat Schäfer es damals mit nach Chile genommen?

Nun erfahren Wolfgang und Gudrun, dass beides Neuroleptika sind, die schizophrenen Patienten bei katatoner Schizophrenie oder bei akuten psychotischen Anfällen verschrieben werden. Der Grundstoff Fluphenazin wird in der Tiermedizin eingesetzt, um Tiere während des Transports ruhigzustellen. Streng verboten ist es, Pferden dieses Mittel bei Dressurwettbewerben zur Beruhigung zu spritzen, um sie »rittig« zu machen.

Einige der möglichen Nebenwirkungen sind:

Parkinson-Syndrom, Lethargie, Schwindelgefühle, Delir, Veränderungen im *EEG*, Mundtrockenheit, verstopfte Nase, Erhöhung des Augeninnendrucks, Obstipation, Miktionsstörungen, Diarrhoe, Hypertonie, Hypotonie, Tachykardie, Leberfunktionsstörungen, sexuelle Funktionsstörungen, Menstruationsstörungen, Gewichtszunahme, Störung des Glukosestoffwechsels, Hirnödeme. Bei hospitalisierten psychotischen Patienten unerwartete, ungeklärte Todesfälle.

Als sie das endlich wissen, zeigen Gudrun und Wolfgang den verantwortlichen Arzt der Klinik der Colonia Dignidad und später der Villa Baviera wegen Mordversuchs und schwerer Körperverletzung an: Dr. Hartmut Hopp. Das hat sich bisher noch kein anderer Bewohner der Colonia Dignidad getraut.

Eine mutige Tat. Doch sie macht die beiden noch ein wenig einsamer. Ein Teil ihrer Familie bricht den Kontakt ab. Und Gudruns Schwägerin, die in der Kolonie zur selben ausgegrenzten Gruppe gehörte wie Waltraud, ist der Meinung, Hartmut habe sich sehr geändert, man könne ihm das nicht antun. Dann gibt sie Gudrun noch einen Spruch aus der Bibel mit: »Wer unter euch ohne Sünde ist, der werfe den ersten Stein.« In Johannes 8,7 steht diese bekannte Mahnung Jesu an die Schriftgelehrten und Pharisäer, als sie eine Frau steinigen wollten, die Ehebruch begangen hat. Schäfer hat die Kolonisten gelehrt, Bibelzitate als Waffe einzusetzen.

Zu der Ehebrecherin gewandt, soll Jesus hinzugefügt haben: »Gehe hin und sündige hinfort nicht mehr.«

Am 20. August 2011 schreibt Hartmut Hopp anlässlich eines Artikels von Redakteur Alexander Alber einen Leserbrief an die *Westdeutsche Zeitung*[84]:

Bezüglich Ihrer Veröffentlichung vom 19.8.2011 mit dem Titel: GEFLÜCHTETER SEKTEN-ARZT LEBT VON SOZIALHILFE erlaube ich mir, Ihnen folgende Stellungnahme zu übermitteln: Zunächst möchte ich emphatisch erklären, dass ich weder zu Kindesmissbrauch noch Menschenrechtsverletzungen noch irgendwelchen anderen strafrechtlichen Verstößen gleich welcher Art zu irgendeinem Augenblick Beihilfe oder andere Beteiligung gehabt habe. Alle Behauptungen, die das Gegenteil zu manifestieren versuchen, sind Verleumdungen.

Soweit es sich um Behauptungen chilenischer Behörden handelt, die mich solcher Taten bezichtigen wollen, stellen sie eine flagrante Verletzung meiner Rechte dar.

Was nun den von Ihnen veröffentlichen Artikel betrifft, bezeichnet mich besagter Artikel als den früheren »Außenminister« der Sekte Colonia Dignidad. Diese Behauptung ist unzutreffend und irreführend, da ich während meiner beruflichen Mitarbeit in der Colonia Dignidad, wo ich im Anschluss an meine Ausbildung ab dem Jahre 1978 den Arztberuf ausgeübt habe, außer der ärztli-

chen Leitung des lokalen Krankenhauses nie irgendeine offizielle oder inoffizielle Repräsentationsrolle gespielt habe [...] Bezüglich der Bemerkungen meiner angeblichen Beihilfe zum sexuellen Missbrauch von Kindern, erlaube ich mir festzustellen, dass in mehr als 10 Jahren Ermittlung von Seiten chilenischer und deutscher Behörden gegen Paul Schäfer keines der zahlreichen Opfer, kein Zeuge und auch sonst niemand eine belastende Aussage gegen meine Person formuliert hat, da ich unter anderem bis zum Jahr 2002, d.h. 5 Jahre nach dem Verschwinden Schäfers, genau wie viele andere, von solchen verabscheuungswürdigen und perversen Verbrechen keinerlei Information hatte.

Du sollst nicht falsch Zeugnis reden (2. Mose 20, 16)

Schmerzhaftes Wachstum

Eines Abends geschieht etwas Schreckliches. Ein Freund aus der gemeinsamen Vergangenheit ruft an. »Stellt sofort das Fernsehen an«, sagt er, »da läuft ein Film über das Dritte Reich, die KZs. Das war wie bei uns.«

Wie in der Colonia Dignidad, meint er.

Wolfgang schaltet den Fernseher an; eine Weile sehen sie der Qual der anderen zu und denken an die eigene. Plötzlich greift Wolfgang zur Fernbedienung. »Wo ist die Fernbedienung?«, ruft er dabei.

»Aber du hast sie doch in der Hand«, wundert sich Gudrun.

»Das ist nicht die Fernbedienung«, brüllt er und schleudert sie weg. Dann beginnt er zu toben und die Einrichtung zu demolieren. Mit der konzentrierten Kraft des Karatekämpfers.

Nach einer Weile ruft Gudrun den Notarzt. »... Und bitte bringen Sie ein paar starke Männer mit«, fügt sie noch hinzu. Im Krankenhaus behandelt man Wolfgang auf Schlaganfall. In seinem Gehirn zeigen sich keine Spuren davon. Dass es ein Flashback gewesen sein könnte, getriggert durch den Dokumentarfilm über die Nazizeit, ist eine Idee, für die es in diesem Krankenhaus noch kein Konzept gibt. Wolfgang hat eine diagnostizierte chronische posttraumatische Belastungsstörung. Doch Kontakt zu seinem Therapeuten wird nicht hergestellt.

Einen großen Teil der Jahre in Deutschland verbringt Wolfgang im Krankenhaus. Die Zwangsarbeit hat seine Knochen und Gelenke schwer geschädigt. Seine Diabetes ist kaum in den Griff zu bekommen. »Die haben Sie vom Kummer«, sagt ihm ein weiterer Arzt.

Gudrun und Wolfgang leben von der sogenannten Grundsicherung und müssen sich im deutschen Bürokraten-Dschungel zurechtfinden. Meistens allein. Ganz auf sich gestellt wohnen sie zwei Jahre in einer Wohnung im zweiten Stock ohne Fahrstuhl. Doch die Belastungen, mit wenig Geld, wenig Hilfe, ganz allein zurechtzukommen, sind zu schwer. Sie ziehen in ein Seniorenheim.

Seit 2008 muss Wolfgang viele Monate im Krankenhaus und in verschiedenen Reha-Kliniken verbringen. Er kämpft, um nicht mehr auf den Rollstuhl angewiesen zu sein, in den ihn nun doch ein Schlaganfall geworfen hat. Immer noch ist er lieb und sanft. Manchmal aber taucht etwas auf, das eigentlich gar nicht zu ihm gehört.

Bei einem Straßenfest im Gedränge der Menge versucht Wolfgang, Gudrun etwas zu sagen. Aber Gudrun kann ihn nicht hören; die Nebengeräusche sind zu laut für das eine Ohr, mit dem sie noch ein wenig hören kann. In dieser Situation der Hilflosigkeit und Ohnmacht bricht sich aus Wolfgang die Wut des einst so starken Mannes Bahn, und er, der nun im Rollstuhl sitzt, schreit. Gudrun dreht sich zu ihm.

»Fünfmal habe ich dich gerufen!«, schimpft er.

»Ich habe dich gar nicht gehört«, sagt sie.

Da schreit er es: »Du lügst!«

Diese Beschuldigung trifft Gudrun tief ins Herz. Wie viel tausend Male musste sie das in der Kolonie hören! Es ist eine von Schäfers Lieblingsbeschimpfungen. Auf dieses Wort sind sie alle konditioniert; Angst und Panik löst es aus. Am liebsten würde sie Wolfgang hier stehen lassen, hilflos. Aber das tut sie nicht. Sie schiebt ihn zurück ins Heim. Sie ist sehr verletzt, möchte weinen. Aber sie tut es nicht.

»Du musst dich bei mir entschuldigen«, sagt sie zu ihm.

»Wofür denn?« Wolfgang weiß nicht, was sie meint. Sie erzählt es ihm. Er kann sich nicht vorstellen, dass er diese Worte gesagt hat.

»Wenn du dich nicht entschuldigst, komme ich nicht zurück«, sagt sie und geht.

Wolfgang kann ihr nicht folgen. Er ist verzweifelt. Er weint. Er erinnert sich nicht, dass er gesagt hat, was sie ihm vorwirft. Aber wenn er sich nicht entschuldigt, kommt sie nicht wieder.

Schließlich entschuldigt er sich.

Es ist gut möglich, dass gar nicht Wolfgang diese Worte geschrien hat. Sondern Paul Schäfer, der immer noch eine Nische in Wolfgangs Kopf besetzt hält und bei tiefen Ohnmachtsgefühlen sein böses Haupt hebt. Es bedarf guter therapeutischer Unterstützung, um ihn auch von dort zu vertreiben.

Doch Wolfgang und Gudrun fangen immer wieder von vorn an, sie geben nicht auf, und sie kommen immer ein kleines Stückchen weiter. Sie klagen nicht, sie wirken zufrieden. Ein Paar, das an der Armutsgrenze lebt, das kaum etwas besitzt.

Aber sich.

NACHWORT

Es ist fast ein Wunder, dass die Sektensiedlung Colonia Dignidad ohne gewaltige Explosion oder befohlenen Selbstmord abzusterben scheint – *not with a bang, but with a whimper* – nicht mit einem Knall oder einem angeordneten Selbstmord, sondern mit einem Wimmern.[85]

Etwa 150 Menschen leben noch auf dem *Fundo*, wie sie ihre Kolonie nennen. Täter, Opfer, Mitläufer nebeneinander. Miteinander. Sie alle sehen sich als Opfer. Doch manche der deutschen Kolonisten waren mehr als nur willige Helfer. Einige waren mit Leidenschaft bei der Sache. Davon spürt man nichts, wenn der alte Kurt Schnellenkamp in »Deutsche Seelen«[86], einem Film über die Villa Baviera ohne Paul Schäfer, im selben Ton sanfter Ahnungslosigkeit über Nazi-Deutschland spricht wie über die Verbrechen der Colonia Dignidad. Doch nicht nur Gudrun Müller erlebte die gewalttätige Seite des früheren SS-Mannes Schnellenkamp, Paul Schäfers Mann fürs Grobe seit Mitte der Fünfzigerjahre bis über Schäfers Tod hinaus.

Ein halbes Jahrhundert existiert die deutsche Siedlung in Chile nun, erst Colonia Dignidad, dann Villa Baviera genannt. Zur Feier ihres 50-jährigen Bestehens bringen die Kolonisten im Sommer 2011 eine Hochglanz-Broschüre mit vielen schönen Landschaftsaufnahmen und Farbfotos der wichtigsten Gebäude heraus: *50 Jahre Chile 1961-2011 Villa Baviera*

Historisch ist das nicht korrekt, aber der 88-jährige Verfasser Johannes Wieske nimmt es nicht so genau, denn der Name Colonia Dignidad macht sich weltweit nicht mehr so gut. Wieske verfasste 1976 die erste Broschüre zum fünfzehnjährigen Bestehen der Colonia Dignidad. Ein umtriebiger alter Herr, Bauingenieur, Architekt und Statiker, wie er stolz auf der letzten Seite der Broschüre vermerkt, aus der er jovial herauslächelt, weißhaarig, mit Vollbart und kleinem Wohlstandsbäuchlein. Er stützt sich auf den Ausguss einer hölzernen Wasserpumpe, durch die das Wasser in den Trog plätschert, im Hintergrund des Fotos tanzen Männer und Frauen in Dirndl, Lederhose, weißen Kniestrümpfen und frechem Käppi vermutlich einen Schuhplattler. In der Ferne schneebedeckt die Anden.

Es fehlen weder Zippelhaus, Freihaus, *Casino familiar* noch Ställe, Silos, Lagerhallen, Turbinen, Mühle, Bäckerei, Steinbrechanlage, Krankenhaus. Weder Friedhof noch Oktoberfest. Auf Abbildungen von Folterkellern und Massengräbern allerdings verzichtet Johannes Wieske. Das könnte dem Tourismus schaden. Vielleicht. Wie sehr die jetzigen Bewohner auf diese Erwerbsquelle setzen, zeigt ihre Homepage[87]: Wo früher gefoltert wurde, kann man jetzt Ferien machen, Feste feiern, sogar Prachthochzeiten veranstalten. Aber dem Gedenken an die Opfer wird kein Platz eingeräumt. Warum auch? Wir sind alle Opfer, sagt die jetzige Führungsclique, und wir haben von nichts gewusst.

Ein Frösteln stellt sich ein, wenn man die Produktpalette sieht: Bierwurst, Kuchen und eine Schlachtplatte; das spanische Wort *carnicería* ist mit »Blutbad« übersetzt. Ein hellsichtiges Versehen des Google-Übersetzungsprogramms.

Die Liste der Verbrechen, die an den Kindern begangen wurden, ist lang. Es ist eine Qual, sie zu lesen, es ist eine Qual, sie zu beschreiben. Was für eine Qual muss es gewesen sein, sie zu erleiden. Außer der körperlichen und seelischen Folter wuchsen sie in einer Welt ohne Farbe auf, trotz gelber Mimosenwälder vor schneebedeckten Berggipfeln unter blauem Himmel. Johannes Wieske steht für Kontinuität. Er hatte schon die Baracke in Heide umgebaut und überwachte von 1959 bis 1960 den Bau des neuen Jugendheims. Die Texte der Broschüre hat er auch gereimt:

Es ist nun fünfzig Jahre her,
als wir herkamen übers Meer
und gründeten im Chileland
was heute allen ist bekannt.
Wir mussten viele Jahre bauen
Und taten es mit Gottvertrauen
Und immer wieder neuem Mut
Was langsam wurde, war dann gut.
Bis alles das entstanden war,
was man nimmt heut mit Augen wahr,
und überwinden taten wir
das, was uns traurig machte hier.
Davon wir wollen nichts mehr sagen
und niemals mehr darüber klagen.

Was das war, »was uns traurig machte hier«, lässt er offen. Doch Trauer ist kein ausreichendes Gefühl für Folter, Sklaverei, Zwangssterilisation, Mord, sexuelle Gewalt gegen Kinder, Waffenhandel und welche Verbrechen noch begangen wurden. Doch das Schweigegebot, das Paul Schäfer verhängte, gilt noch. Es zeichnet sich keine Veränderung der inneren Einstellung ab. So mahnt auch die Broschüre:

Wer die Ruhe hat gefunden,
der zählt zu den Gesunden,
die auch können stille sein,
wenn der Blitz schlägt manchmal ein.

Dann folgen Bilder von Gräbern auf dem Friedhof der Villa Baviera.

Eine weitere Passage bezieht sich auf die Vergangenheit. Sie ist kurz und voller Lügen: »Wir kamen 1961 hier nach Chile mit der Absicht, den Opfern des Erdbebens von 1960 zu helfen, insbesondere den Waisenkindern, die ihre Eltern im Erdbeben verloren hatten. Man kann diese aufrichtigen Absichten nicht infrage stellen mit dem Wissen, das dann später über das Verhalten des Leiters dieser Gemeinschaft bekannt wurde. Die Geschichte der sogenannten ›Colonia Dignidad‹ ist ein bedauerlicher Abschnitt unserer Vergangenheit, die vor den chilenischen Gerichten geklärt ist bzw. noch geklärt wird. Der ehemalige Leiter ist inzwischen verstorben.«

Keinem einzigen erdbebengeschädigten Chilenen wurde geholfen. Die Verbrechen Schäfers kannten viele schon in Deutschland. Und er war nicht der einzige Verbrecher in der Kolonie.

Der alte Film aus der Frühzeit der Sekte gibt unbewusst Antwort auf diese Tendenz zum Verdrängen. Während im Hintergrund Marschmusik spielt, reimt der Sprecher von damals:

Doch auch das Wenige, das wir gezeigt,
beweist, dass die Vergangenheit nicht schweigt.

Vielleicht werden es erst die Enkel sein, die nicht schweigen, sondern sich mit der Geschichte ihrer Großväter und Großmütter auseinandersetzen.

Es sind wenige, denn nur die Oberschicht in der Colonia Dignidad durfte Kinder zeugen. Doch behalten durften sie sie nicht. Familien gab es keine, Kinder wurden von Tanten in Gruppen erzogen – eher: abgerichtet. Kurt Schnellenkamp gehörte zu den Herrschern, er hatte viele Kinder. Klaus, eines von ihnen, wuchs in der Kolonie auf, ohne seine Eltern zu kennen. Diese privilegierte Geburt bewahrte die Kinder nicht vor Folter, Angst und Vergewaltigung. Klaus Schnellenkamp berichtet davon in seinem Buch *Geboren im Schatten der Angst*. Doch Bücher von Überlebenden der Colonia Dignidad kann man an einer Hand abzählen.[88] Die meisten schweigen bis heute. Die Eltern chilenischer Kinder brachten den Stein ins Rollen, der Paul Schäfer schließlich doch unter sich begrub. Scham, wohl auch Schuldgefühle rauben den meisten deutschen Opfern bis heute die Sprache.

Gudrun und Wolfgang aber berichten, was ihnen geschah. Und was sie taten. Die Aussagen von Gudrun und Wolfgang Müller sind durch Dokumente, Fotos, Akten und Zeugen gestützt. Ich habe mich besonders bemüht, auch Zeitzeugen zu finden, die in Berührung mit dem Schäfer-Regime kamen, aber rechtzeitig den Absprung schafften, also nicht mehr verwickelt sind. Wie in einer Zeitreise versucht diese Recherche auch die Atmosphäre und das Lebensgefühl der Fünfzigerjahre spürbar zu machen, auf deren Fundament der »Erfolg« Paul Schäfers möglich wurde. Einige der Zeitzeugen sind achtzig Jahre oder älter. Gerade sie halfen, die Atmosphäre zu vermitteln, denn diese Generation hat dramatische Erlebnisse gespeichert, aber kaum Gelegenheit bekommen, sie zu verarbeiten. Wenn sie davon berichten, ist es so präzise und präsent, als wäre das alles gestern geschehen.

Besonders berührend war es, die Begegnung zwischen Wolfgang Müller und Ernst-Wolfgang Kneese mitzuerleben. Beide waren von ihren Müttern in den Fünfzigerjahren Paul Schäfer in Obhut gegeben, besser: ausgeliefert worden. Beide wurden 1961 als vierzehn- bzw. fünfzehnjährige Jungen nach Chile entführt und meinten, zu einem Ausflug nach Dänemark aufzubrechen. Dem einen, Ernst-Wolfgang Kneese, gelang 1966 mit 21 Jahren die Flucht nach Deutschland. Der andere sah das Land, in dem er geboren war, erst an der Schwelle zum Alter wieder. Beide hatte Paul Schäfer misshandelt und missbraucht. Als der eine flüchtete, zwang Schäfer den anderen auszusagen, der Geflüchtete hätte ihn zu homosexuellen Handlungen verführt. Dafür kam Ernst-Wolfgang ins Gefängnis: Homosexualität war 1966 in Chile eine strafbare Handlung.[89]

Vierzig Jahre später saßen sich die beiden wieder gegenüber: Ohne Schwierigkeit schlugen sie den spielerischen Ton der gemeinsamen Kindheit in den Fünfzigerjahren an. Verstehen und Verzeihen waren längst geschehen.

Gründer destruktiver Sekten schaffen Parallelwelten: Dort herrschen andere Regeln, es gelten andere Gesetze als in der Welt draußen, eine andere Moral bestimmt den Alltag, ein vollkommen anderes Glaubenssystem zieht ein in die Herzen der Menschen, man kennt andere Symbole, deren Bedeutung der Außenwelt verborgen bleibt. Und man spricht in einer anderen Sprache. Diese Sprache verstehen nur die Eingeweihten, und es gibt keine Wörterbücher.

Auch wenn Sektenmitglieder noch fähig sind, zu erkennen, dass sie Hilfe brauchen, können sie dies vielleicht schon nicht mehr auf eine Weise deutlich machen, die von der Außenwelt verstanden wird. Wenn ihnen die Flucht in die Freiheit gelungen ist und sie kehren trotzdem wieder zurück in ihre geschlossene Welt, nachdem andere Sektenmitglieder Kontakt zu ihnen hatten, dann hält die Außenwelt das gern für Freiwilligkeit – sie hatten doch die Wahl. Aber was für eine Wahl hat man, wenn die Sekte schon den Verstand und das Herz des Menschen besetzt hat?

All dies dient dem Machterhalt des Herrschers, mag er sich Hohepriester, Guru, General, Führer oder auch Großvater nennen, wie David Berg aus Kalifornien, der Gründer der »Kinder Gottes«.[90] Oder plump vertraulich »Onkel«, sogar »ewiger Onkel« oder »Jesus«, wie Paul Schäfer aus Troisdorf bei Köln, der in feindlicher Übernahme die Herzen Hunderter treuer Anhänger in Besitz nahm, diese mit falschen Hoffnungen, Lügen und Drohungen oder ganz ohne Erklärung nach Chile entführte, sie wie Sklaven hielt und schließlich zu Helfershelfern von Folterern in einer Militärdiktatur machte.

Sprache – *Die Keile werden ihn in der Luft zerreißen!*

Die veränderte Sprache ist ein wichtiges Element der Kontrolle. Sehr bald schon können sich Gefangene solcher Sekten nicht mehr mit ihren früheren Freunden, mit ihren Verwandten verständigen.

Und sie werden von diesen nicht mehr verstanden. Menschen, Orte, Vorgänge, Rituale, Arbeit – alles trägt andere Namen, und vertraute Wörter erhalten eine fremde Bedeutung. Die Private Sociale Mission e.V. in Siegburg bei Köln hieß in Chile Colonia Dignidad – Kolonie der *Würde*. Unwürdiger als dort kann der Umgang mit Menschen kaum sein.

Da gibt es *Hallalis*, *Spechte* und *Grüne*. Das klingt spielerisch, nach Pfadfinderjargon. Die *Kampftruppe Dornbusch* hat schon einen anderen Unterton, aber verstehen können es Nichteingeweihte genauso wenig. Wer *Omas* und *Herren* sind, lässt sich vermuten – eine unterschiedliche Wertschätzung von Männern und Frauen deutet sich an.

Aber was ist mit *Komalos*, *Heilsarmee* und *Edelweißen*? Was sind *Dragoner*, *Schranzen*, *Falken* und *Feuerwache*? Was *Mäuse*, *Flöhe* und *Große Knappen*? Was sind die *Vögel*, über die nur hinter vorgehaltener Hand und in Andeutungen gesprochen wurde? Was hat es mit den *Sprintern* auf sich? Warum zerschlugen die *Keile* das Badezimmer von Paul Schäfer?

Was sind *Wohltaten*, wie kann man *den Teufel blamieren*, und was schrieb man in ein *besonderes Vorkommnisheft*? Wer ist *Biber*, wer *Onkel Bäcker*, was geschieht, wenn *der Pito ruft*, und wer ist der *tío permante*? Das erinnert an eine Geheimsprache, die Kinder sich ausdenken, um einander etwas mitzuteilen, ohne dass die Eltern verstehen können, worum es geht. Mit ihren spielerischen Geheimsprachen schaffen sie sich ein wenig Kontrolle in der übermächtigen Welt der Erwachsenen.

Vielleicht ist der Ursprung mancher Sekten gar nicht so fern von diesem kindlichen Gefühl der Ohnmacht. Einem Gefühl, das manche später durch Inszenierungen von Allmacht zu bekämpfen suchen, indem sie zu Tätern werden. In ihren destruktiven Systemen unterwerfen sie abhängige Anhänger demselben Gefühl, unter dem sie früher gelitten haben: unentrinnbar, ohnmächtig ausgeliefert zu sein. So wird aus dem Versuch, etwas Bedrohliches zu bekämpfen, indem man es neu inszeniert, ein Gefängnis für die nächsten Opfer. Auch wenn manche es mit Sicherheit verwechseln.

Sexuelle Gewalt

Sexuelle Misshandlungen sind ein Bestandteil vieler Sekten. Manche der Führer leben eine abweichende Sexualität aus – Paul Schäfer war Päderast, er hatte eine Fixierung auf präpubertäre Jungen von 7 bis 14 Jahren –, und die Führungsclique tolerierte und bediente dieses Verhalten. Der tiefere Grund aber liegt in der destruktiven Macht sexueller Gewalt, die die Persönlichkeit des Opfers zerstören kann. Sexualität, sexuelle Identität sind tief in der Persönlichkeit verwurzelt. Wenn hier Angriffe stattfinden und kein Schutz möglich ist, verschwinden die Grenzen und jedes Gefühl von Sicherheit. Menschen werden beliebig manipulierbar und ausbeutbar.

Parallelwelten

Wer über Sekten und destruktive Kulte schreibt, bekommt es schnell mit einer gespaltenen Wahrnehmung zu tun. Andere Moralsysteme führen zu anderen Wirklichkeiten.

Wolfgang Müller, dessen Leben dieses Buch nachzeichnet, erzählte von den Besuchen des chilenischen Militärdiktators Pinochet. Bei seiner Übernachtung dort, so Wolfgang, seien Pinochet und dessen Ehefrau Lucía Hiriart Rodríguez heimlich beim Sex auf Tonkassetten aufgenommen worden. Warum das? Die Antwort: um ihn erpressen zu können. Ich wunderte mich: Wie kann man jemanden erpressen, der einem vollkommen legalen Vergnügen nachgeht: Sex mit der Gattin? Hat er etwas besonders Perverses gemacht? Die Antwort war verblüffend: Ja, er hatte Sex mit ihr. Und welchen Zweck hätte die Veröffentlichung solcher Dokumente, die doch nur den Aufnehmenden bloßstellen würde? Konnte ich das glauben?

Wolfgang Müller berichtete in konspirativem Ton davon, als ginge es um das größte Verbrechen. Dann kam ich darauf: Für ihn ging es ja um das größte Verbrechen. Sex war in der Colonia Dignidad bei schwerer Strafe verboten. Wolfgang lebte in einer Welt, in der Männer und Frauen nicht einmal Blicke tauschen durften. Geschweige denn Körperflüssigkeiten.

Heranwachsende Jungen durften keine Erektion bekommen. Schon gar nicht beim Anblick von Mädchen. Gleichzeitig aber erlebten diese Jungen, wie sich Paul Schäfer, der *tío permanente*, der »Daueronkel«, wie er sich gern nennen ließ, ständig an den Jungen um ihn herum sexuell bediente. Bis heute haben die wenigsten den Mut, darüber zu sprechen. Das größte Verbrechen aber: Sex mit dem anderen Geschlecht.

Schäfer ließ alles aufzeichnen, was in den Zimmern gesagt wurde und geschah. Irgendwas Brauchbares ist immer dabei, wird er gedacht haben, und wenn ich es ihnen einfach vorspiele, um sie zu demütigen. Auch Pinochet ließ heimlich aufzeichnen, rechnete aber nicht damit, dass man ihn, General Pinochet, abhörte. Auch Schäfer selbst wurde abgehört: Erwin Fege, ein Kolonist und Elektronikfachmann, installierte Wanzen in Schäfers Schlafzimmer. Die meisten Aufzeichnungen aber fertigte DINA-Chef Manuel Contreras an. Doch Contreras, »der Mamo«, kann derzeit an sein Material nicht heran; er verbüßt eine Gefängnisstrafe von 289 Jahren aus 25 Gerichtsverfahren wegen Entführung, Verschwindenlassen von Menschen und Mord.

Da große Mengen Material aus der Kolonie – 70 000 »Seelsorgeakten« und andere Dokumente sowie Ton- und Filmaufnahmen – immer noch unter Verschluss in Chile lagern, gibt es auf viele Fragen noch keine Antworten.

Mitläufer und die Macht der Umstände

Kein Paul Schäfer dieser Welt kann ein System wie die Colonia Dignidad allein errichten und erhalten. Er braucht viele Helfer. Und viele, die wegschauen.

Dass Helfer und Mitläufer in Diktaturen oft ganz normale Menschen sind, unter anderen Umständen freundliche, hilfsbereite Nachbarn, wissen wir seit Langem. Einige Studien in den Sechziger- und Siebzigerjahren versuchten zu klären, wie der Rückfall des zivilisierten, kultivierten Deutschland in die Barbarei des Hitler-Faschismus mit organisierten Massenmorden möglich war. Die Milgram-Studie[91] zeigte 1961, wie leicht es ist, 65 Prozent der Menschen dazu zu bringen, anderen schwere Stromschläge zu versetzen, wenn man sie in ein hierarchisches Befehlssystem einbindet und wenn die Opfer nur zu hören, aber nicht zu sehen sind. 1971 folgte das Stanford-Experiment[92] des amerikanischen Psychologen Philip Zimbardo. Zimbardo ging noch einen Schritt weiter: Studenten, die freiwillig an diesem Experiment teilnahmen, wurden willkürlich in Gefangene und Wärter aufgeteilt und unter Gefängnisbedingungen beobachtet. Die Studenten – vorher mit Persönlichkeitstests auf (relative) Normalität überprüft – verschwanden sehr schnell in ihren jeweiligen Rollen. Gefangene wurden zu namenlosen Nummern, Wärter versteckten sich in Uniformen und hinter verspiegelten Brillen, verloren ihre Empathie und wurden brutal. Schon nach drei Tagen zeigten die Gefangenen extreme Stressreaktionen, die Wärter entwickelten sadistische Verhaltensweisen, sogar die Versuchsleiter gerieten in den Sog. Nach sechs Tagen musste das Experiment, das auf zwei Wochen angesetzt war, von einer externen Person abgebrochen werden. Alle Beteiligten waren tief schockiert. Eines war klar geworden: Das Potenzial zum Bösen liegt in den meisten von uns. Ob es sich Bahn bricht, hängt von den Umständen ab. Gruppendruck, unkritischer Gehorsam, ein starres System von Rollen und Vorschriften sind ein Nährboden für die Entstehung einer Diktatur. Erziehung zur Zivilcourage würde helfen, dem entgegenzuwirken.[93]

35 Jahre später veröffentlichte der Versuchsleiter Philip Zimbardo[94] eine Aufarbeitung seines damaligen Experiments, das auch ihn nachhaltig erschüttert hatte. In seinem Buch *Der Luzifer-Effekt – Wie gute Menschen böse werden*[95] zieht er den Bogen bis zu den Folterkammern von Abu Ghraib.[96]

Und dort ebenso wie in der Colonia Dignidad stellt sich die

Frage: Wann wäre der Moment gewesen, Einhalt zu gebieten? Viele gute und gutgläubige Menschen waren in der deutschen Kolonie in Chile versammelt. Viele waren unglücklich und verzweifelt dort. Einigen gelang die Flucht. Manche schafften es bis zur deutschen oder zur österreichischen Botschaft in Santiago, bevor sie von ihren Folterern eingeholt und zurückgeschafft wurden.

Doch warum gab es in mehr als vierzig Jahren niemals eine Revolte? Dass so systematisch, wirkungsvoll und nachhaltig Vertrauen und Bindung vernichtet und verhindert werden können, bedarf sorgfältiger Aufarbeitung. Sie muss öffentlich sein, damit alle daraus lernen. Nicht nur wieder ein kleiner Kreis, um es zum Machtmissbrauch zu benutzen.

»Es war nicht alles schlecht«, sagen viele der Überlebenden; auch Gudrun sagt das manchmal. Was war schön? »Die Natur, die Musik, das Gemeinschaftsgefühl«, sagen sie.

Es war nicht alles schlecht, sagten viele nach dem Zusammenbruch des Dritten Reiches, als Beispiel nannten sie Autobahnen und Gemeinschaftsgefühl.

Nicht alles war schlecht in der DDR. Natürlich nicht. Und genau das ist das Gefährliche daran.

Deutsche Hilfe für die Opfer der Colonia Dignidad?

Um den Überlebenden der Sekte Colonia Dignidad nach der Verurteilung von Paul Schäfer den Weg in eine freiere Welt zu ermöglichen, stellte das Auswärtige Amt zusammen mit der Deutschen Botschaft in Chile den Kolonisten in der Villa Baviera ab 2005 Information, Beratung und ein kleines Team von Psychotherapeuten als Unterstützung zur Seite.

Diese unterstützende Maßnahme für die Bewohner der Villa Baviera wurde vom Bundestag genehmigt und finanziert. Der Bundeshaushaltsplan 2011 sieht für »Maßnahmen zur Integration der Villa Baviera in die chilenische Gesellschaft« den Betrag von

245 000 Euro vor. Den Löwenanteil erhält die GiZ, die Deutsche Gesellschaft für Internationale Zusammenarbeit[97]. Unter Titel Nr. 687 43 – 29 sind im Einzelnen aufgeführt:

- Psychotherapeutische und seelsorgerische Betreuung sowie Sozialfürsorge (neuer EKD-Pastor Bauschert, Psychotherapeut Dr. Biedermann, Sozialfürsorgerin Medel) in Höhe von 25 370 Euro;
- Bildungsprojekte (Kindergarten und Schule, Lehrerbildungsinstitut Humboldt, LBI) in Höhe von 78 000 Euro;
- Betriebsberatung GTZ (und SES) in Höhe von 130 000 Euro.

Maßnahmen zur Integration von Opfern der Colonia Dignidad in die *bundesdeutsche* Gesellschaft sind nicht vorgesehen. Das ist ein deutliches Zeichen: Die Opfer sollen bleiben, wo sie sind. Und mit ihnen das Problem. Daher fehlt immer noch das politische Eingeständnis von Schuld und Verwicklung in die Machenschaften der Kolonie zur Zeit der Militärdiktatur von Augusto Pinochet. Wie dieses Buch mit der exemplarischen Geschichte von Wolfgang und Gudrun zeigt, wurden deutsche Behörden 1961, 1966, 1977 und 1988 unmissverständlich auf die Verbrechen der Schäfer-Sekte aufmerksam gemacht: In den Sechzigerjahren tauchten die ersten Flüchtlinge auf, Anzeigen und Zeitungsrecherchen folgten. 1977 brachte eine Broschüre von Amnesty International weitere Menschenrechtsverletzungen ans Licht[98]. Spätestens da wusste auch das Auswärtige Amt in Bonn Bescheid. 1988 folgte eine Bundestagsanhörung. Der *Stern* begleitet die Enthüllungen seit 1977; 1988 und 1998 kamen dazu Bücher des *Stern*-Reporters Gero Gemballa heraus, 1993 und 2006 erschienen Dokumentationen von F. P. Heller über die Colonia Dignidad als Folterlager. Friedrich Paul Heller ist das Pseudonym von Dr. Dieter Maier, der die Colonia Dignidad seit den Siebzigerjahren beobachtet. Damals arbeitete Maier bei Amnesty International und erlebte mit, wie Flüchtlinge von Folter in einer Deutschensiedlung in Chile berichteten. »Wir haben das anfangs alle nicht geglaubt«, sagt er heute. Nach vielen Gesprächen und Recherchen waren sie klüger.[99] Später erschienen zwei eindrucksvolle autobiografische Bücher von Flüchtlingen (Vedder, Schnellenkamp).

Kein Politiker kann sagen, er hätte nichts gewusst.

Prävention

Häufige und gern gesehene Gäste der Privaten Socialen Mission und später der Colonia Dignidad unter Generalverdacht pädosexueller Abweichung zu stellen, ist damals wie heute als diskriminierend tabuisiert. Doch die Geschichte der Colonia Dignidad zeigt, wie gefährlich dieser politisch korrekte blinde Fleck ist. »Sie werden schon nichts Böses im Sinn haben – diese optimistische Voreingenommenheit schützt nur die Täter«, sagt Kriminalpsychologin Anna Salter. Salter muss es wissen: Sie hat den meisten pädokriminellen Serientätern in US-Gefängnissen in die Augen geschaut.

Alle, die beruflich mit Kindern arbeiten wollen, sollten einer sorgfältigen Überprüfung ihrer persönlichen Motive unterzogen werden. Auch Politiker. Früher traute man sich nicht, dies zu denken. Heute eher. Man kann es sachlich betrachten: Die meisten von uns wünschen sich einen Arbeitsplatz gemäß ihren Neigungen. Aus der Sicht von Menschen, deren sexuelles Interesse sich auf Kinder richtet, ist es normal, die Nähe von Kindern zu suchen. Wer von ihnen diese Gefühle nicht zügeln kann, wird kriminell – aber aus seiner Perspektive fühlt es sich normal an. Das nicht zu vergessen, ist ein guter Kinderschutz.

Aberglaube und Ohnmacht

Immer wenn mir die Arbeit an diesem Buch schwer wurde, sah ich sie vor mir, die Gebetsvierecke in der Privaten Socialen Mission, der Colonia Dignidad, der Villa Baviera, wie sie auf Knien liegen, sich demütigen, beschimpfen, zu Gott schreien. Und vielleicht darum beten, dass dieses Buch nicht erscheint.

Auch durch solche Fantasien entsteht Macht. Doch es sind Zuschreibungen, die nur wirksam werden, wenn wir an sie glauben. So schob ich sie beiseite.

Und dann stellte ich mir vor, dass Gott das aggressive Gekreisch all dieser verfeindeten Interessengruppen hier unten, die sich auf Teufel komm raus nicht einigen können, wer von ihnen das Rennen macht beim Endspurt in das Himmelreich, doch ziemlich auf den Geist gehen müsste. Und dass es wirklich mit dem Teufel zugehen müsste, wenn Gott auf dieses Geschrei hörte.

Ulla Fröhling, Dezember 2011

DANK

Viele Menschen haben mit ihren Erinnerungen zu diesem Buch beigetragen. Ihnen danke ich ganz besonders. An erster Stelle

Gudrun Müller, geb. Wagner, und **Wolfgang Müller**. Sie sind durch mehr als vier Jahrzehnte Verrat und Misstrauen gegangen. Niemandem konnten sie vertrauen. Nur einander. Jetzt neu zu erlernen, dass es anders sein kann, ist eine große Aufgabe und eine Gratwanderung. Die Sehnsucht, bedingungslos vertrauen zu können, ist deutlich zu spüren. Die Angst ebenfalls.

Johannes Bechtloff und **Christel Bechtloff** standen von 1957 bis 1960 unter Paul Schäfers Einfluss. Dann verließen sie die Private Sociale Mission. Johannes Bechtloff arbeitete danach nicht mehr als Prediger, sondern in einer Hamburger Behörde. Das Ehepaar Bechtloff hat acht Kinder und vierzig Enkelkinder. Ein kleines Dorf. Wäre es Schäfer und seinen Anhängern gelungen, sie mit nach Chile zu nehmen, dann wären die meisten von ihnen nie zur Welt gekommen.

Bis zu seinem Tod im Jahr 2010 konnte Johannes Bechtloff sich nicht verzeihen, dass er in eine solche Abhängigkeit zu Schäfer geraten war, statt diesen früh zu durchschauen. Bis in die Neunzigerjahre führte die Colonia Dignidad immer wieder Prozesse gegen Einzelpersonen und Institutionen. Sie griff Flüchtlinge, Medien, Politiker, Amnesty International an. Trotz massiver Einschüchterungsversuche fand Johannes Bechtloff den Mut, für die Angegriffenen und gegen die Colonia Dignidad auszusagen. Noch in hohem Alter gab er ein ausführliches Interview für dieses Buch.

Harry Friedrich gehört zur Freikirchlichen Gemeinde Groß Schwülper, die sein Großvater gegründet hatte. Er stand Schäfer von Anfang an kritisch gegenüber. Einige seiner Verwandten aber gingen mit nach Chile. Er stellte mir sein über Jahrzehnte gesammeltes Material über die Private Sociale Mission zur Verfügung.

Ida Ritz heiratete 1966 und nahm den Namen Gatz an. Sie bekam zwei Söhne und arbeitete bis 1994 als Hebamme. Dass sie ihre Schwester nicht davon abhalten konnte, Schäfer nach Chile zu folgen, belastete sie schwer. 2001 reiste sie mit mehreren ihrer Schwestern nach Chile, um Gertrud zu besuchen. Die Reise entwickelte sich zu einer Art Entführung. Nach großen Anpassungsschwierigkeiten lebt Gertrud jetzt wieder in Deutschland. »Du wirst die Tür öffnen für die anderen«, sagte Ida zu ihr. Und so kam es auch.

Mitte der Achtzigerjahre löste sich Hugo Baar von der Sekte, legte ein Schuldbekenntnis ab und sagte 1988 vor der Kommission des Deutschen Bundestages aus. Ida Gatz nahm Kontakt zu ihm auf, um über die dramatische Abschiedsszene im Treppenhaus zu sprechen und über den Druck, den er ausgeübt hatte. »Ich kann mich gar nicht daran erinnern«, sagte er.

»Viele haben von Schäfer gelernt«, sagt Ida. »Auch Willi Georg, der später in Australien eine eigene Sekte aufmachte.«

Was half ihr, sich von Schäfer zu lösen und nicht mit nach Chile zu gehen? Ida Gatz' bemerkenswerte Antwort ist auf der Homepage zum Buch nachzulesen: *www.unser-geraubtes-leben.de*

Ernst-Wolfgang Kneese lebte von 1957 bis 1966 unter Schäfers Einfluss. Nach seiner Flucht kämpfte er jahrzehntelang um Gerechtigkeit und Hilfe für die Opfer der Kolonie, um Aufarbeitung des geschehenen Unrechts und um Offenlegung der Täter im Hintergrund. Zusammen mit seiner Frau **Heike Kneese** gründete er 1997 den Verein Flügelschlag e.V. zur Unterstützung der Betroffenen. Gemeinsam sorgten sie für Aufklärung über die Verbrechen der Colonia Dignidad, für anwaltliche Unterstützung in Chile und somit auch dafür, dass Paul Schäfer verfolgt, verhaftet, verurteilt und bestraft werden konnte. Dadurch bekamen die überlebenden Insassen der Villa Baviera die Chance auf ein menschenwürdiges Leben, in dem ihre Rechte respektiert werden. Dafür erhielt Ernst-Wolfgang Kneese 2008 das Bundesverdienstkreuz.

Lilli V. lernte Paul Schäfer und seine Gruppe 1957 kennen. Sie kam nur auf Wochenendbesuch ins Jugendheim. Aber ihr Bruder ging mit nach Chile, wo er immer noch lebt. Ihr gutes Gedächtnis und ihre Fotos halfen mir sehr.

Waltraud Schaffrik, geb. Schaak, und **Bernd Schaffrik** wurden 1962 in der Colonia Dignidad geboren. 2006 kamen sie nach Deutschland. Durch die erlittene körperliche und seelische Gewalt wurden sie arbeitsunfähig und sind frühberentet. Sie trugen viele wichtige Erfahrungen und Erkenntnisse bei, da sie in einen destruktiven Kult hineingeboren wurden und jahrzehntelang abgeschottet von der Welt leben mussten. Besonders Bindungsforschern könnten sie viel erzählen. Bernd Schaffrik danke ich für seine detaillierten Schilderungen der Sicherungssysteme Schäfers, Waltraud Schaffrik für den Einblick in den Umgang mit Medikamenten in der Colonia Dignidad.

Hussain Siam, der Junge, den Paul Schäfer auf dem Postamt in West-Jerusalem kennenlernte und den er dem Vater mit Lügen abschwatzte, lebt heute in den USA. Über das Internet nahm er Kontakt zu mir auf. Sein Sohn Jamil plant ein Buch über das Leben seines Vaters. Dann meldete sich auch der Vater Hussain, der sich in den USA – integrativ – Hugh nennt:

Von: Hugh Siam
Gesendet: Donnerstag, 15. Oktober 2009 05:06
An: Ulla Fröhling

Hello Ulla, wie geht's diese Tage. Ich habe mich sehr gefreut dass mein Sohn Jamil hat dich kennengelernt … Auf jeden Fall ich freue mich auch, dass Du die Lumpen in Dignidad schon kennst, da ich glaube dass mein bester Freund Dir daruber erzahlt hat. Wie Du weisst Wolfgang hat vieles gemacht und ist auch abgehauen aus der Dignidad in 1966, als ich auch abhaute und dann wurde ich gefunden von den Lumpen und dann wurde ich in das Gefangnis gelegt und immer wieder geschlagen und ich dachte dass ich bald sterbe … Na ja … also im Jahre 1966 wurde ich mit Gunter Reiss nach Nord Amerika Los Angeles geschickt und wurde alles mogliche versprochen aber nichts passierte. Sie hatten $ 100 für den ersten Monat September 1966 geschickt und ein paar Monate später habe ich sogar diese billige Summe nicht mehr gekriegt und only Allah weiss, was ich machen musste um genug Geld um mich zu versorgen. Dann kam der Hugo Baar und wollte was machen. Aber der hatte zuviel gelogen und ich habe ihn rausgeschmissen aus meinem Apartment und den Gunter auch …

Naja vielen Dank für Deine Hilfe zu meinen Jungs Jamil und Ali. Ali ist verheiratet und hat einen kleinen schonen Sohnchen. Ich werde seine Bilder Euch zeigen wenn wir nach Deutschland kommen. Ich liebe meine Sohne Jamil und Ali und meine Tochter Janan sehr. Meine Tochter ist auch verheiratet und hat 2 jungs and eine Tochter, sie alle sind klein aber mit der Zeit werden sie gross. Sie ist verheiratet mit einem Palestinenser (Amerikaner), er ist sehr tüchtig und arbeitet auch mit Computern wie Janan (meine Tochter).

Während des Mailwechsels schreibe ich Jamil, dem Sohn, dass ich in seinem Buch auch ein Kapitel darüber erwarte, was die Geschichte des Vaters für die ganze Familie bedeutet und was die Folgen für ihn als Sohn sind. Seine Antwort:

Ja, mein Buch wird bestimmt ein persönliches Kapitel enthalten. Die Colonia-Dignidad-Erfahrung hat meinen Vater zweifellos fürs Leben gezeichnet, emotional, körperlich, und mental, und das war deutlich in der ganzen Zeit, die ich ihn kenne. Aber ich will nicht nur ein Buch schreiben über seinen posttraumatischen Stress und die anderen Folgen aus dieser Erfahrung. Transgenerationelles Trauma ist sehr interessant und ein Hauptmotiv für mein Buch. Was meinem Vater und Wolfgang und all den anderen geschah, geschah ja nicht nur ihnen, sondern es hatte auch Folgen für ihre Familien. Ein Palästinenser in einem Nazi-Camp, das ist eine sehr tragische und ironische Geschichte, finde ich.

Zum ersten Mal hat er mir 1993 von seiner Geschichte erzählt, da war ich zwölf. Er hat mir sehr viele Details erzählt, und ich erinnere mich an alles, was er gesagt hat. Er ging damals durch eine schwierige Zeit wegen einer Trennung von meiner Mutter. Ich glaube, die emotionale Überlastung hat ihn irgendwie in Kontakt mit den Ereignissen in der Kolonie gebracht und er musste einfach Dampf ablassen. Immer noch erinnere ich mich ganz lebhaft an unsere Gespräche, seine Geschichten von Fluchtversuchen, wie er es schaffte zu entkommen, wie er vergewaltigt und fast zu Tode geprügelt wurde von den Nazis …

Wir haben zusammen viele Sommer in Jerusalem verbracht, und ich habe meinen Großvater oft gesehen, während ich aufwuchs. In den Neunzigerjahren besuchte er uns sogar mal in Boston. Leider ist er 2004 gestorben. Er hat sich immer schuldig gefühlt und war traurig, weil er seinen Sohn nach Deutschland gehen ließ.[100]

Mehr Erinnerungen von Hugh/Hussain Sian auf der Homepage zum Buch: *www.unser-geraubtes-leben.de*

Wertvolle Hinweise verdanke ich:

Sonja Chevallier, Hamburg, Ärztin und Schriftstellerin, las stilsicher und fachkundig Korrektur, behielt den Überblick und befreite mich von vielen medizinischen und anderen Irrtümern.

Dr. Dieter Maier, Frankfurt, Lateinamerikaexperte mit dreißig Jahren Rechercheerfahrung zur Colonia Dignidad. Ihm danke ich dafür, dass er dieses Manuskript Korrektur las und mich vor vielen Fallstricken – besonders den theologischen – bewahrte.

Alle verbleibenden Fehler sind meine eigenen.

Dr. Arne Hoffmann, Leverkusen, EMDR-Institut Deutschland, Peter Liebermann, Leverkusen, Facharzt für Psychiatrie und Psychotherapie, und Dr. Bernd Sonntag, Köln, Klinik für Psychosomatik und Psychotherapie, erweiterten nachhaltig das Helfernetz für einige Rückkehrer aus der Colonia Dignidad.

Helmuth Jipp, Hamburg, Medienanwalt: Wie immer, wenn es brennt. Renate Rennebach, Berlin, Mitglied der Enquete-Kommission »sog. Sekten und Psychogruppen« des Deutschen Bundestages, Vorsitzende der Renate-Rennebach-Stiftung für Opfer ritueller Gewalt, erhellte politische Hintergründe.

Dipl.-Psych. Ulrich Wilken, Institut für systemische Studien e.V., Hamburg, begleitete zwei Jahre lang supervisorisch meine Bemühungen – ohne Schaden zu nehmen –, das destruktive System der Colonia Dignidad zu begreifen und darzustellen.

Und immer wieder mein herzlicher Dank an Lothar Fröhling für unermüdliche Recherchen, besonders zu den zeitlichen Orientierungshilfen vor vielen Kapiteln. Und dafür, dass er das alles (nur) noch einmal ausgehalten hat. Er erstellt auch die Homepage zum Buch *www.unser-geraubtes-leben.de.* Sie enthält viele weiterführende Informationen sowie Fotos und Einblicke in das Leben von Gudrun und Wolfgang Müller.

ANHANG

ANMERKUNGEN

[1] Der offizielle Name lautete »Sociedad Benefactora Educacional Dignidad«, auf Deutsch: »Wohltätige und Erzieherische Gesellschaft Würde«.

[2] Zur Begriffsklärung pädophil – pädosexuell – pädokriminell siehe Anhang. Die englische Sprache macht diese Unterschiede nicht.

[3] Anna Salter (2006)

[4] *Child Abuse Causes Lifelong Changes to DNA Expression and Brain:* Patrick O McGowan, Aya Sasaki, Ana C D'Alessio, Sergiy Dymov, Benoît Labonté, Moshe Szyf, Gustavo Turecki, Michael J Meaney, »Epigenetic regulation of the glucocorticoid receptor in human brain associates with childhood abuse«, in: Nature Neuroscience 12, 342-348 (22. Februar 2009)

[5] DINA = Dirección de Inteligencia Nacional *(Leitung des Nationalen Geheimdienstes),* chilenische Geheimpolizei (1973 bis 1977), von Augusto Pinochet eingerichtet und vom Chef des chilenischen Geheimdienstes der Armee, General Manuel Contreras, geleitet. 1978 wurde DINA in CNI *(Zentrale Nationale Information)* umbenannt. DINA- und CNI-Angehörige wurden von der US School of the Americas trainiert. (http://de.wikipedia.org/wiki/Direcci%C3%B3n_Nacional_de_Inteligencia)

[6] Ernst-Wolfgang Kneese hieß früher ebenfalls Müller, nahm aber später den Namen seiner Frau an. In der Kolonie gab es drei Jungen namens Wolfgang Müller. Um Verwechslungen zu vermeiden, wird hier durchgängig der Name Kneese verwendet.

[7] Stockholm-Syndrom: Menschen in extremen Situationen der Unfreiheit, z.B. bei einer Entführung, können eine positive Beziehung zu ihren Entführern aufbauen und eine negative zu ihren Befreiern: http://de.wikipedia.org/wiki/Stockholm-Syndrom; http://www.kriminologie.uni-

hamburg.de/wiki/index.php/Stockholm-Syndrom. Bekanntes Beispiel: Die Millionenerbin Patty Hearst wurde 1974 entführt, solidarisierte sich mit ihren Entführern, der Symbionese Liberation Army, und verübte zusammen mit ihnen einen Banküberfäll. Auch ein James-Bond-Film (*Sag niemals nie*) greift das Thema auf: Bei einem Training versagt Bond, weil er dieses Risiko ignoriert – er befreit eine Geisel und wird von ihr mit einer Waffe angegriffen.

8 1978 brachten sich 923 Mitglieder der amerikanischen Sekte Volkstempler in Jonestown, im Dschungel Guayanas, um – bzw. wurden von anderen Mitgliedern ermordet. 1993 verbrannten 81 Menschen im Anwesen der Davidianer-Sekte in Waco/Texas. 1994, 1995, 1997 nahmen sich 73 Mitglieder der Sonnentempler in Kanada, der Schweiz bzw. Frankreich das Leben oder wurden von anderen Mitgliedern ermordet. 1997 wurden 39 Mitglieder der Sekte Heaven's Gate in Santa Fee bei San Diego in Kalifornien tot aufgefunden.

9 Ulla Fröhling (2008) *www.vaterunserinderhölle.de*

10 Urteil im Prozess gegen Paul Schäfer Schneider, Kurt Herbert Schnellenkamp Nelaimischkies, Rudolf Hans Cöllen Franzkowsky wegen Mordes, Verbrechen gegen die Menschlichkeit und Mitwisserschaft am 27.11.2008. Verzeichnis N° 12.293–2005 (Mordfall Miguel Becerra), bes. Schriftstücke 1142 bis 1196

11 In Anlehnung an Matthäus 10,14.

12 Name geändert

13 Bundestagsanhörung 22.2.1988 http://coloniadignidad-prot.blogspot.com/2007/01/die-wrde-des-menschen-wurde-mit-fen.html

14 Opfer der destruktiven Sekte Colonia Dignidad – seien sie in der Kindheit hineingeraten oder später hineingeboren worden, wurden in Unwissenheit gelassen über die Vorgänge der Welt. Deshalb stehen diese Vignetten aus dem bundesdeutschen Alltag über einzelnen Kapiteln. So können auch Betroffene leichter einen Zeitbezug herstellen – wie schon in meinem Buch *Vater unser in der Hölle*.

15 Anna Salter (2001), (2007)

16 Peter Wensierski (2007). www.heimkinder-ueberlebende.org. Verein ehemaliger Heimkinder http://veh-ev.info/. Runder Tisch Heimerziehung http://www.rundertisch-heimerziehung.de/

[17] * Name geändert. Pseudonyme sind beim ersten Auftreten mit einen * gekennzeichnet.

[18] Neues Testament, 1. Brief an die Korinther 14

[19] http://www.psyn-journal.com/article/S0925-4927%2806%2900121-1/abstract

[20] http://news.sciencemag.org/sciencenow/2006/11/02-03.html; http://www.psihijatrija.com/bibliografija/radovi/Koic%20E%20GLOSSOLALIA%20COLLEGIUM.pdf

[21] Kokain hatte schon früher eine Hochphase: Auch Sigmund Freud empfahl es seiner Verlobten – gegen Migräne und Müdigkeit.

[22] http://www.h-ref.de/krieg/polen/bromberg/bromberger-blutsonntag.php

[23] Bruno Gröning (1906-1959) aus Danzig trat nach seiner Rückkehr aus russischer Kriegsgefangenschaft in den Fünfzigerjahren als »Geistheiler« auf, ohne medizinische oder heilpraktische Ausbildung. Den Bruno-Gröning-Freundeskreis gibt es bis heute; die christlichen Kirchen stufen ihn als Sekte ein. »Gröning bezeichnete sich als Sender einer Heilswelle, die ähnlich einer Radiowelle um die Welt pulst« – um 9.00 und um 21.00 Uhr ist sie über Deutschland –, »auf die sich ein Kranker, analog wie beim Radio, einstellen kann. Zur Verbesserung des Empfangs kann man sich einer von Gröning selbst besprochenen Stanniol- oder Aluminiumkugel bedienen. Vorbedingung für den Empfang ist eine rückenfreie Sitzhaltung, bei der sich weder Arme noch Beine überkreuzen dürfen, um Kurzschlüsse zu vermeiden.« (/www.agpf.de/Groening.htm gespeichert am 30.06.2010)

[24] Die Veranstaltung kann man sich heute auf YouTube anhören: http://www.youtube.com/watch?v=Fyy1kZFHxO8 (gehört am 18.12.2010). Damalige Übersetzung; Übersetzer vermutlich Ewald Frank.

[25] Zum Vergleich: Die Einnahmen der evangelischen Landeskirche betragen acht bis zehn Prozent von der Lohn- bzw. Einkommenssteuer. 2009: pro Kopf und pro Jahr in der Evangelischen Kirche 184,66 Euro Kirchensteuer; in den Freikirchen zwischen 800 und 1 300 Euro. Geschätzte 1 Million Freikirchler gibt es in Deutschland.

[26] Dialika Krah: *Der Lord will Sex*, *Der Spiegel* 45 /2008, http://www.spiegel.de/media/0,4906,19293,00.pdf

[27] * Name geändert. Pseudonyme, die mehrmals auftreten, sind nur beim ersten Mal mit einem * gekennzeichnet.

[28] »Männerschweiß ist sexy«, formuliert eine Studie zu sexuellen Botenstoffen ihre Erkenntnisse: http://www.pressetext.ch/news/000415007/maennerschweiss-ist-sexy/. Und 3sat fügt beruhigend hinzu, dass »die Pheromonwirkung beim Menschen anders als bei den Tieren nicht zu reflexartigen Reaktionen zu führen scheint« (in Unkenntnis von Patrick Süskinds Roman *Das Parfüm*?).

[29] Dieses und weitere bisher unbekannte Details publizierte Bärbel Künz (2010) in ihrer Diplomarbeit über die Anfangsphase der Colonia Dignidad: S. 23.

[30] Was mag das für eine Atmosphäre gewesen sein, was für eine Faszination? Man stelle sich die Village People vor mit ihrem Hit »Y.M.C.A.«, dann bekommt man ein Gefühl, was die Jungen damals packte.

[31] Name geändert

[32] Fleur Flückiger (2006), S. 4-5.

[33] Gero Gemballa (1998), S. 55-57.

[34] Peter Wetzels (1997) Online: http://www2.jura.uni-hamburg.de/instkrim/kriminologie/Online_Publikationen/Gewalterfahrungen%20in%20der%20Kindheit%20%28Wetzels%202007%29.pdf

[35] In der DDR blieben homosexuelle Handlungen ab Ende der Fünfzigerjahre straffrei.

[36] Wörtlich zitiert, alle Schreibfehler im Original. Ebenso bei allen weiteren Mitteilungen Schäfers.

[37] http://www.bbc.co.uk/news/uk-wales-12694115

[38] F. Willi Georg, Salisbury, 21. Juli 1966

[39] Ibid.

[40] Die Rundbriefe 3 bis 11 fehlen. Vielleicht gab es sie nie. Frühere Mitglieder geben an, dass der Eindruck reger Mitgliederinformation erweckt werden sollte, als Hugo Baar hinzukam.

[41] Nach: *Kolonie der Qualen*, Sonderausgabe *Rhein-Sieg-Anzeiger* 1997, S. 9 (Autor: Marc Del Din). Nelte war Verteidiger von Wilhelm Keitel bei den Nürnberger Kriegsverbrecherprozessen. Keitel war Chef des Oberkommandos der Wehrmacht, zum Tod durch Erhängen verurteilt, am 16.10.1946 hingerichtet.

[42] Offenbarung. 22,11

[43] 53 Js 210/68

[44] Nach: *Kolonie der Qualen.* Marc Del Din. Sonderdruck des *Kölner Stadt-Anzeiger* 1997

[45] Beide Namen geändert.

[46] Apg 2,44-45

[47] Dante Alighieri: *Die Göttliche Komödie*, Inferno III, 9 (»Das Höllentor«)

[48] Die Kloster- oder Rattenlinien waren vom US-Geheimdienst CIC eingerichtet worden, die katholische Kirche leistete Beihilfe. Argentinien war das Ziel der meisten Nazi-Täter auf diesem Kontinent.

[49] Rundbrief Nr. 18, April 1957

[50] Auf S. 298 ff. wird sie weitererzählt.

[51] http//www.unicef.de/fileadmin/content_media/projekte/themen/PDF/UN-Kinderrechtskonvention.pdf

[52] *Der Spiegel*, Nr. 24/1960. S. 56

[53] Siehe Nachwort S. 291 + FN 91

[54] Alle Zitate in diesem und dem nächsten Absatz stammen aus der Zeugenaussage von U.K. am 7.11.1988 im Zivilprozess der Colonia Dignidad gegen Hugo Baar AR 276/88

[55] Vereinfacht formuliert. Spiegelneurone wurden 1995 entdeckt. Joachim Bauer (2005): *Warum ich fühle, was du fühlst: Intuitive Kommunikation und das Geheimnis der Spiegelneurone.* Hamburg, 2005

[56] Künz a.a.O. 2010, S. 63

[57] Bauer, Susanne (2009).

Susanne Bauer, Professorin für Musiktherapie an der Universität der Künste in Berlin, gehört zum psychologischen Team unter Leitung von Niels Biedermann, das den Kolonisten Ausstiegshilfe bietet. Eine wichtige Arbeit, um Genuss und Freude an der Musik zurückzuholen

[58] F. P. Heller (2011)

[59] 1. Mose 3,17-19

[60] Selbstzeugnis Waltraud Schaffrik

[61] »I have given up just about everything. I have cut every tie. I have burned every bridge. I've turned my back on the world. I can't afford to doubt. I have to believe.« Aus: *When Prophecy Fails.* London, 2008, S. VII

L. Festinger, H. W. Riecken, S. Schachter: *When Prophecy Fails.* Minneapolis 1956 (dt. Theorie der kognitiven Dissonanz)

http://de.wikipedia.org/wiki/Kognitive_Dissonanz

[62] http://www.ai-aktionsnetz-heilberufe.de/aktuelles/biedermann.pdf

[63] Wie schnell so eine willkürliche Ausgrenzung vor sich gehen kann, zeigte das Stanford-Experiment schon 1971. Siehe Anhang S. 290 ff.

[64] Beste Zusammenstellung der Begriffe bei Heller (1993, 2006)

[65] http://www.gwu.edu/~nsarchiv/NSAEBB/NSAEBB8/nsaebb8.htm.

[66] http://www.menschenrechte.org/lang/de/rezensionen/helmut-frenz

[67] Schäfer-Erfindung: Hier kippte ein Wagen mit drei Doktoren um.

[68] Ausführlich: Heller (1993), S. 108 ff.

[69] Aussage von Lotti Packmor. Bundestagsprotokoll Nr. 10 vom 22.02.1988 des Unterausschusses für Menschenrechte S.10/157 http://www.agpf.de/Colonia-Bundestagsprotokoll.htm

[70] Zitiert aus Amnesty International: Colonia Dignidad, S. 4

[71] Möglicherweise auch Badilla.

[72] http://en.wikipedia.org/wiki/Eugenio_Berr%C3%ADos#cite_ref-6

[73] Ingeborg Rabenstein-Michel, Françoise Rétif, Erika Tunner (Hrsg.): *Ilse Aichinger. Misstrauen als Engagement.* Würzburg 2009, S. 59

[74] El Sur, 24.02.2002, aus: http://www.agpf.de/Colonia.htm gelesen am 04.04.2011

[75] Facharzt für Psychotherapeutische und Innere Medizin, Mitbegründer der Deutschsprachigen Fachgesellschaft für Psychotraumatologie (DeGPT) http://www.emdr-institut.de/0300_hofmann/index.php

[76] Amnesty International: *Colonia Dignidad – Deutsches Mustergut in Chile – Ein Folterlager der DINA.* Mai 1977

[77] Bärbel Günz: *Die Colonia Dignidad zwischen spiritueller Freistatt und instrumentalisiertem Zwangskollektiv.* 2010. Eine hervorragende Arbeit, die eine Fülle öffentlich bisher unbekannter Informationen zutage fördert.

[78] F.P. Heller (1993), ders. (2006)

[79] Niels Biedermann, Judith Strasser, Julian Poluda: *Colonia Dignidad – Psychotherapie im ehemaligen Folterlager einer deutschen Sekte.* Zeitschrift für Politische Psychologie, Jg. 14, 2006; http://www.ai-aktionsnetz-heilberufe.de/aktuelles/biedermann.pdf

[80] Dirk Bange, Ursula Enders: *Auch Indianer kennen Schmerz. Sexuelle Gewalt gegen Jungen.* Köln 1995

[81] Zwischen 4 % und 14 %

[82] Dirk Bange: *Homosexualität und sexuelle Gewalt gegen Jungen.* http://projekte.sozialnetz.de/homosexualitaet/medien/bange_sex_gewalt_gg_jungen.pdf. Mehr dazu in: Dirk Bange (2007)

[83] Zartbitter Köln e.V., Kontakt- und Informationsstelle gegen sexuellen Missbrauch an Mädchen und Jungen. Sachsenring 2-4, 50677 Köln. http://www.zartbitter.de

[84] http://www.wz-newsline.de/polopoly_fs/1.745650.1314115384!/menu/standard/file/HWH-WZ190811b.pdf

[85] »This is the way the world ends / This is the way the world ends / This is the way the world ends / Not with a bang, but with a whimper«, T.S. Eliot, *The Hollow Men*, 1925

[86] »Deutsche Seelen«, Dokumentarfilm von Martin Farkas und Matthias Zuber, 2009. http://www.deutsche-seelen.de/index.html

[87] www.villabaviera.cl

[88] Efraim Vedder (2007), Klaus Schnellenkamp (2007)

[89] Auch die deutsche Justiz hielt damals noch am § 175 aus der Zeit des Nationalsozialismus fest.

[90] Celeste Jones, Kristina Jones, Juliana Buhring: *Nicht ohne meine Schwestern.* Bergisch Gladbach 2009

[91] Experiment von Stanley Milgram, 1961 in New Haven/USA. Getestet wurde die Bereitschaft durchschnittlicher Personen, autoritären Anweisungen zu gehorchen, selbst wenn sie in direktem Widerspruch zu ihrem Gewissen stehen. (http://de.wikipedia.org/wiki/Milgram-Experiment)

[92] http://de.wikipedia.org/wiki/Stanford-Prison-Experiment

[93] Seither haben viele Bücher, Filme und TV-Shows das Experiment nachgespielt. Einige sind dabei, es zu überholen.

[94] http://zimbardo.socialpsychology.org/

[95] Philip Zimbardo: *Der Luzifer-Effekt. Die Macht der Umstände und die Psychologie des Bösen.* Heidelberg, 2008; http://www.lucifereffect.com/

[96] http://www.prisonexp.org/

[97] Bis zum 31.12.2010, GTZ, Gesellschaft für technische Zusammenarbeit

[98] Amnesty International: *Colonia Dignidad – Deutsches Mustergut in Chile – Ein Folterlager der DINA.* Mai 1977

[99] F.P. Heller (1993), ders. (2006)

[100] Aus dem Amerikanischen übersetzt von U.F.; Umlaute eingefügt

LITERATURVERZEICHNIS

Dirk Bange: *Sexueller Missbrauch an Jungen: Die Mauer des Schweigens.* Göttingen 2007.

Joachim Bauer: *Warum ich fühle, was du fühlst: intuitive Kommunikation und das Geheimnis der Spiegelneurone.* Hamburg 2005.

Susanne Bauer: *The Meaning of Music in a German Sect in Chile: Colonia Dignidad.* In: *Voices: A World Forum for Music Therapy.* Berlin 2009.

Auch online: http://www.julius-stern-institut.de/sites/musiktherapie/content/e41898/e42040/infoboxContent42050/TheMeaningofMusicinaGermanSectinChile_ger.pdf

Niels Biedermann, Judith Strasser, Julian Poluda: *Colonia Dignidad – Psychotherapie im ehemaligen Folterlager einer deutschen Sekte,* Zeitschrift für politische Psychologie, Jg. 14, 2006, Nr. 1+2, S. 111-127. www.ai-aktionsnetz-heilberufe.de/aktuelles/biedermann.pdf .

»Der Bundeshaushalt 2011«. Bundesministerium der Finanzen: Berlin.

www.bundesfinanzministerium.de/bundeshaushalt2011/pdf/epl05/s0502.pdf, S. 11.

Fleur Flückiger: *Die organisatorische Binnenstruktur von religiösen Sekten,* Online-Publikation des Soziologischen Seminars der Universität Zürich 2006, S. 4-5.

Ingo Heinemann (Hrsg.): *Colonia Dignidad: Protokoll einer Anhörung des Bundestages 1988 zu Menschenrechtsverletzungen und Freiheitsberaubung,* 22.02.1988. In: AGPF – Aktion für Geistige und Psychische Freiheit Bundesverband Sekten- und Psychomarktberatung e.V.: Bonn. http://www.agpf.de/ColoniaBundestagsprotokoll.htm [22.07.2008]

Gero Gemballa: *Colonia Dignidad: Ein deutsches Lager in Chile.* Reinbek bei Hamburg 1988.

Ders.: *Colonia Dignidad: Ein Reporter auf den Spuren eines deutschen Skandals.* Frankfurt a.M. 1998.

Monika Gerstendörfer: *Der verlorene Kampf um die Wörter – Opferfeindliche Sprache bei sexualisierter Gewalt. Ein Plädoyer für eine angemessenere Sprachführung.* Paderborn 2007.

Friedrich Paul Heller: *Colonia Dignidad: Von der Psychosekte zum Folterlager.* Stuttgart 1993.

Ders.: *Lederhosen, Dutt und Giftgas. Die Hintergründe der Colonia Dignidad.* Stuttgart 2006, 2008, 2011.

Ders.: *Die Letzten der Letzten: Die Frauen in der Colonia Dignidad. Ideen und Informationen zum Weltgebetstag der Frauen.* Berlin 2011.

Ders.: *Pinochet – eine Täterbiographie.* Stuttgart 2012

Bärbel Künz: *Die Colonia Dignidad zwischen spiritueller Freistatt und instrumentalisiertem Zwangskollektiv.* Köln 2010.

Lorena Mazuré Loos: *Perspektiven der deutsch-chilenischen Minderheit in Chile auf Colonia Dignidad.* Diplomarbeit. Wien 2009. Auch online: http://othes.univie.ac.at/4235/1/2009-03-16_0448041.pdf

Lutherbibel. Revidierte Fassung von 1984. Stuttgart 1993.

Anna Salter: *Dunkle Triebe – Wie Sexualtäter denken und ihre Taten planen.* München 2006.

Dies.: *Where does safety lie?* Vortrag ISSD-Konferenz 3.12.2001, New Orleans.

Klaus Schnellenkamp: *Geboren im Schatten der Angst. Ich überlebte die Colonia Dignidad.* München 2007.

Heinz Schneppen: *SS-Standartenführer Walther Rauff: Organisator der Gaswagenmorde.* Berlin 2011.

Efraín Vedder: *Weg vom Leben. 35 Jahre Gefangenschaft in der deutschen Sekte Colonia Dignidad.* Berlin 2005.

Peter Wensierski: *Schläge im Namen des Herrn: Die verdrängte Geschichte der Heimkinder in der Bundesrepublik.* München 2007.

Peter Wetzels: *Gewalterfahrungen in der Kindheit – Sexueller Mißbrauch, körperliche Mißhandlung und deren langfristige Konsequenzen.* In: *Interdisziplinäre Beiträge zur kriminologischen Forschung,* Band 8. Baden-Baden 1997. Auch online: www2.jura.uni-hamburg.de/instkrim/kriminologie/Online_Publikationen/Gewalterfahrungen%20in%20der%20Kindheit%20%28Wetzels%202007%29.pdf (Stand: September 2011)

ADRESSEN

Archive
Hamburger Institut für Sozialforschung
Mittelweg 36
20148 Hamburg

Der Bundesbeauftragte für die Unterlagen des Staatssicherheitsdienstes der ehemaligen Deutschen Demokratischen Republik
Karl-Liebknecht-Straße 31/33
10178 Berlin

Vereine
Flügelschlag e.V. Gegen Kindesmissbrauch durch Sekten
Wolfgang und Heike Kneese
23843 Bad Oldesloe
Am Poggensee 1
Tel. 0 45 31-8 80 18 93

Heinemann, Ingo, AGPF Aktion für Geistige und Psychische Freiheit
Bundesverband Sekten- und Psychomarktberatung e.V.
Grabenstraße
153579 Erpel
Tel. 0 26 44-98 01 30; Fax 0 26 44-98 01 31
E-Mail: Ingo.Heinemann@t-online.de
Internet: www.Ingo-Heinemann.de/#IH oder: www.AGPF.de

»Seit ich denken kann, wollte ich meine Schwestern aus der Sekte befreien.«

Kristina Jones

Celeste Jones/Kristina Jones/
Juliana Buhring
NICHT OHNE MEINE SCHWESTERN
Gefangen und missbraucht in einer Sekte – unsere wahre Geschichte
Erfahrungen
432 Seiten
Mit 8 Seiten s/w Bildtafelteil
ISBN 978-3-404-61647-3

Kristina, Celeste und Juliana wurden in einer Sekte groß, die den Missbrauch an Kindern nicht nur billigte, sondern sogar zum Sex mit Minderjährigen aufforderte. Die Schwestern wurden schon früh voneinander getrennt und lebten in verschiedenen Missionsstationen der Gemeinschaft überall auf der Welt. Doch ihnen gelingt die Flucht aus den Fängen der Sekte, und es wartet ein Wiedersehen auf sie. In diesem Buch erzählen sie von den seelischen Grausamkeiten und der Gewalt unter dem Deckmantel des Glaubens. Es ist ein schmerzvoller Bericht – aber auch das Zeugnis einer mutigen Befreiung.

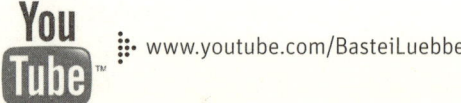